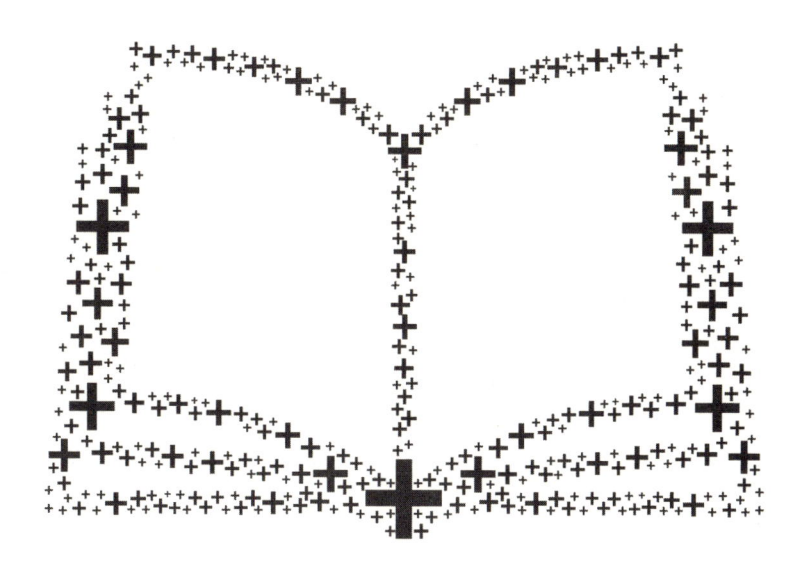

"互联网+"与文化发展研究系列丛书

互联网时代的
阅读产业

文化部"十三五"时期文化改革发展规划重大课题

蒋多 杨矞 著

知识产权出版社
全国百佳图书出版单位

图书在版编目（CIP）数据

互联网时代的阅读产业/蒋多，杨翛著. ——北京：知识产权出版社，2016.1

（"互联网+"与文化发展研究系列丛书/范周主编）

ISBN 978-7-5130-3913-0

Ⅰ.①互… Ⅱ.①蒋…②杨… Ⅲ.①网络出版—产业发展—研究 Ⅳ.①G230.7

中国版本图书馆CIP数据核字（2015）第274125号

内容提要

有人把互联网当作继造纸术、印刷术后的第三次阅读革命。正像蒸汽机和电力的发明曾经改变世界一样，互联网的出现和广泛应用也使当下的世界发生了根本性的变化。信息化与网络化的滚滚车轮，在全球化的商业引擎的加速推进之下，促使人类亘古以来对于阅读的需求与期待、形态与方式发生巨变，并开始慢慢塑造出一个前所未有的机遇与挑战、希望与风险并存的崭新产业——互联网阅读产业。

责任编辑：卢媛媛　　　　　　　　责任出版：孙婷婷

互联网时代的阅读产业
HULIANWANG SHIDAI DE YUEDU CHANYE

蒋　多　杨　翛　著

出版发行：知识产权出版社 有限责任公司		网　　址：http://www.ipph.cn	
电　　话：010-82004826		http://www.laichushu.com	
社　　址：北京市海淀区马甸南村1号		邮　　编：100088	
责编电话：010-82000860转8597		责编邮箱：31964590@qq.com	
发行电话：010-82000860转8101/8029		发行传真：010-82000893/82003279	
印　　刷：保定市中画美凯印刷有限公司		经　　销：各大网上书店、新华书店及相关书店	
开　　本：720mm×1000mm　1/16		印　　张：18	
版　　次：2016年1月第1版		印　　次：2016年1月第1次印刷	
字　　数：320千字		定　　价：45.00元	

ISBN 978-7-5130-3913-0

出版权专有　侵权必究
如有印装质量问题，本社负责调换。

序　言

阅读的历史几乎与人类文明同步。先民们通过双眼去识别信息，动作、符号都成为最初的阅读对象。当人类拥有文字之后，真正意义上的阅读就开始了，书籍和阅读也由此成为人类文明传承的主要载体。人类通过连贯的文字传承族群的历史和生存的经验，那些掌握着良好阅读能力的人，自然也就变成了群体中智慧的代言人和制度的守卫者。

无数的变革造就了阅读史，各种新发明也在塑造阅读的未来。技术推动着阅读形态和结构的演变，展示着人类智慧的足迹。从最早的莎草纸到羊皮纸，从简策、帛书到纸张，大批印刷书籍开始填充世界各地的家庭书架和图书馆。同样，电子纸张和其衍生物电子图书，无疑宣告了阅读领域另一个划时代革命的到来。有人把互联网当作继造纸术、印刷术后的第三次阅读革命。正像蒸汽机和电力的发明曾经改变世界一样，互联网的出现和广泛应用也在使当下的阅读发生根本性的变化。阅读进入以往纸质印刷品不曾涉足的领域，现代阅读活动日益丰富，耐人寻味。首先，阅读出版物不再仅仅是纸质的印刷品，屏幕阅读已经成为全球数十亿人的日常生活方式。互联网技术能够帮助人们实现对大量纸质阅读内容的归类、存档，并低价出售，阅读变得低廉且容易获得。随着互联网技术的发展，小说、教材、新闻等各种资讯信息、学习材料都会存储在电脑里，并实时更新。人们可以不受时间、地域、语言、国别限制，随时随地进行阅读。纸质阅读日益退居历史的主要舞台，已经成为不可逆转的事实。

更加重要的是，信息化与网络化的滚滚车轮，在全球化商业引擎的加速推进之下，促使人类亘古以来对于阅读的需求与期待、形态与方式发生巨变，即便是那些被认为是这个国家里最保守、最被动的人群也已经深刻感受到互联网的力量。当我们发现手持屏幕、低头阅读已经成为现代社会的一种集体仪式时，当偏远山区的农民也开始拿起手机获取知识和信息时，没有人会再反对这样的观点——互联网阅读的时代真的来了。人们的关注点不再是静态的图书概念，而是动态的行为过程，从思考，到写作，到编辑，到再写作，再到分享、编辑、阅读、思考，等等。互联网推动了阅读方式的延伸，也不断扩展、加速、影响和重新定义着"图书出版"的过程。与此同时，从作者、出版者开始，到相关阅读设施如图书馆、书屋、书店、内容平台，再到新兴的阅读介质与阅读终端如电子书、智能手机、平板电脑等，阅读所具备的内容的丰富性、介质与终端的多样性、读者群体的普及性和选择的复杂性也在互联网时代实现了数倍的放大效应和各种变化的可能。

因此，这是一个前所未有的大转折时期。这种大转折表现在：阅读介质由传统介质向新兴介质过渡，纸张一统天下的时代已经终结，多介质或者多屏阅读的时代已经到来；阅读的内容由有限向无限延伸，少数人写给少数人看的时代已经结束，人人都是作者，人人都可以提供内容，云存储、云出版等内容海量传播成为可能；阅读由小众化向大众化转变，过去受制于文化水平、阅读设施、阅读产品的诸多因素，阅读是少数人的享受，随着农家书屋、阅读推广、特别是智能手机的普及，阅读真正成为大众化的行为。

通过对这个转折时期的记录与分析，特别是对转折过程中各个方面所表现出来的创新与苦楚的记载，将为我们认识和度过这个转折时期提供某种可以选择的方向和道路，也因而慢慢塑造出一个机遇与挑战、希望与风险并存的崭新领域——互联网阅读产业。在中国，这一产业诞生于21世纪以来不可逆转的数字化浪潮，发展于翻天覆地的媒体变革进程之中。特别是随着传统媒体与新兴媒体的融合发展和"全民阅读"行动蔚然成风，信息被赋予更加眩目的传播方式和接收体验，传统的出版观念、经营手段和盈利模式很大程度上已经不再适应市场变化的需求，读者的阅读习惯和阅读兴趣正发生着深刻改变，传统媒体下的读者加速向新媒体分流，互联网阅读作为一个产业的产业格局、产业价值链构成、企业文化、产品与服务等正在进行不断的裂变与重构。

当然，有人乐见互联网催生了阅读方式的多样化，也有人惊呼互联网带来的是另一种"阅读危机"。其实互联网阅读产业本身是随着互联网基础技术和阅读技术的改变而形成的，随着互联网信息技术的快速发展，新兴网络应用的普及，读者的阅读方式和阅读习惯发生了翻天覆地的变化。读者已经不再满足于传统简单的文字阅读以及固态的图片阅读，开始追求更加多样化、个性化的表达方式，即利用文字、图片、视频、音频等多种表达方式的有机组合，接收更加丰富多彩的阅读内容。互联网时代的阅读产业遵循着这样一个基本逻辑：技术的进步引发阅读产品的革新，阅读产品的革新引导阅读习惯的改变，而唯一不变的就是人类阅读需求本身。从这个意义上说，阅读从未远离，阅读无处不在。

2015 年 11 月

目录

背景篇

第一章　时代潮：阅读的迁移与融合 /003
　　一、融合——新旧媒体的"世纪佳缘"/003
　　二、拥抱数字化 /009
　　三、全民阅读 /019
　　四、实体书店的 SOS/027
　　五、App 之战 /038

第二章　阅读史：阅读的功能与特征 /044
　　一、传统阅读——作者为王 /044
　　二、现代阅读——生产为王 /046
　　三、后现代阅读——读者为王 /048

第三章　危机感：阅读的现实与忧患 /051
　　一、功利阅读，乐趣尽失 /051
　　二、纸书终结，老生常谈 /054
　　三、视觉奴隶，丧失思考 /058
　　四、碎片信息，缺乏深度 /064

现状篇

第四章　大变革：互联网时代的转型之痛 /071
　　一、坍塌中的传统出版 /071
　　二、向死而生 /078

第五章　新生态：互联网与阅读产业 /084
　　一、当我们谈起阅读，我们在谈什么 /084
　　二、互联网时代的阅读 /086
　　三、作为阅读产品基础的技术 /089
　　四、素描：阅读产品的生态 /093
　　五、变化：阅读产业链中的环节 /121

第六章　多样性：互联网时代的阅读特征 /135
　　一、边走边看 /135
　　二、跨屏阅读 /140
　　三、读者＝作者 /146
　　四、我读我独 /152
　　五、独"阅"不如众"阅" /156
　　六、阅读的第 N 感 /160
　　七、阅读无处不在 /166
　　八、书香渐浓 /171

反思篇

第七章　旁观者：一场并非多余的批判 /177
　　一、"全民阅读"，你准备好了吗？ /177
　　二、内容为王 /187
　　三、没有免费的午餐 /193
　　四、众"阅"时代来临 /198
　　五、作家的平民化 /204

六、众口不难调，"读"爱这一口 /210

七、"你的数据就是我的依据" /214

八、"大阅读"时代的来临 /219

九、读万卷书，只需一个屏 /226

十、传统出版遇夕阳，数字出版正青春 /235

十一、版权保护，势在必行 /239

十二、品牌为帆，驶向远方 /244

未来篇

第八章　预言家：阅读文明的未来 /251

一、未来的一天 /251

二、阅读的未来 /252

三、阅读的归宿 /266

主要参考资料 /268

后　记 /274

背景篇

人类文明的进步总是与阅读同在。我们的时代正在发生从工业文明向信息文明的深刻变革。而在中国，即便那些被认为是这个国家最保守、最被动的人群也已经深刻感受到互联网的力量。当我们发现手持手机、低头阅读已经成为现代社会的一种集体仪式时，当偏远山区的农民也开始拿起手机获取知识和信息时，没有人会再反对这样的观点——互联网阅读的时代真的来了。

有人把互联网当作继造纸术、印刷术后的第三次阅读革命。正像蒸汽机和电力的发明曾经改变世界一样，互联网的出现和广泛应用也使当下的世界发生了根本性的变化。信息化与网络化的滚滚车轮，在全球化商业引擎的加速推进之下，促使人类亘古以来对于阅读的需求与期待、形态与方式发生巨变，并开始慢慢塑造出一个前所未有的机遇与挑战、希望与风险并存的崭新产业——互联网阅读产业。

第一章　时代潮：阅读的迁移与融合

一、融合——新旧媒体的"世纪佳缘"

进入 21 世纪以来，随着科技的发展和进步，媒体发生了翻天覆地的变革，已经由先前单一报纸的概念发展成包含广播、电视、手机、互联网、物联网等在内的融合概念。媒介之间的界限日益模糊，媒介融合时代已经形成，并日渐成熟。

2014 年是中国媒体融合的元年。传统媒体与新兴媒体融合发展开始扩展到社会生活的方方面面，并提升到国家战略层面。2014 年 8 月 18 日，习近平主持召开的中央全面深化改革领导小组第四次会议审议通过《关于推动传统媒体和新兴媒体融合发展的指导意见》，强调推动传统媒体与新兴媒体融合发展，要遵循新闻传播规律和新兴媒体发展规律，强化互联网思维，坚持传统媒体和新兴媒体优势互补、一体发展，坚持先进技术为支撑、内容建设为根本、机制创新为动力、重点项目为抓手、队伍建设为基础，把各项工作抓到位，推动传统媒体和新兴媒体在内容、渠道、平台、经营、管理等方面的深度融合。[1] 这既为媒体融合发展指明了方向，也提供

1　邵培松. 传统媒体和新兴媒体融合发展路径刍议［J］. 新闻世界，2015（2）.

了明确的道路。

（一）解读媒体

相较于近几年势头迅猛的新兴媒体，传统媒体是一种更容易界定大众传播的方式。简单来讲，它们是这样一种平台：借助某种机械装置，定期向社会公众发布信息，提供教育及娱乐。报刊、户外、通信、广播、电视等以传统形式传播信息的传媒工具都可以算在这一范畴。传统媒体与我们日常生活、学习、工作等方方面面都有十分密切的关系。

传统媒体的信息传播特征相对鲜明。一种是以报刊等纸质媒体为主要传播工具的固态信息记录方式，方便随身携带和阅读。但由于纸质媒体本身固有的弱点和缺陷，无法实现信息的主动传播，信息的即时性和有效性大打折扣。另一种是以广播电视等流媒体为主要传播方式，内容更加丰富多彩，传播方式多样，不仅熟练使用图片和文字等固态的形式，更是善于运用视频、语音等多媒体形式吸引眼球。其传播速度快，时效性强，且富于变化，更能够实现定时定点定位传播。但由于流动性过大，信息难以保存和重复阅读，读者被动阅读的状态也并未改变。

"新媒体"这一概念最先是由戈尔德马克（P.Goldmark，美国）于1967年提出的，是相对于报纸、广播、电视等传统媒体而言，借助于大数据、互联网通信、物联网、云计算等智能技术，通过手机、电脑、数字电视等智能终端，向读者传递信息和服务的新兴媒体形态。新媒体具有以下几个主要特征：第一，新媒体建立在互联网、物联网、卫星通信、移动通信等智能技术之上，主要通过智能手机、电脑、数字电视等载体实现，具有无线和有线两种形式。第二，新兴媒体在传播方式上更加多元化和富有组合性，能够综合利用文字、图片、视频、音频等多媒体形式，在信息传播上具有跨时空和跨媒体的特征。第三，新媒体能够实现信息传播全时段、全方位、无死角的覆盖。只要能接收到信号，读者就可以通过新兴媒体实现随时随地、不受时空限制的信息阅读。第四，新媒体是媒体融合的真正状态，既包括网站、论坛、博客等网络媒体，也包括电子报、电子书、数字电视等数字媒体，更包括短信、微信、微博等无线移动媒体，当然，还包括卫星网络。新媒体的出现，彻底实现了媒介的无边界化。借助于新媒体，报纸能够突破传统媒体的界限，创造出电子报这种典型的新兴媒体形态，广播电视领域也在探索数字广播和数码电视等新兴业态的道路上愈加成熟。

尽管如此，新媒体并不恪守固态，而是随着互联网信息技术的更新换代而不断变化。正如清华大学熊澄宇教授所言，新媒体相对于旧媒体是不断创新和发展的，任何与互联网、计算机、移动通信相关的新媒体形态都可称为新媒体。未来，随着新媒体工具的出现，新媒体的形态将不仅仅局限于与网络信息技术相关的信息传播和服务，一切都有可能。

（二）融合的力量

新兴媒体的快速发展，对人类社会的信息接收方式和使用方式产生了巨大的影响，不仅冲击了传统媒体的发展格局，打破了传统媒体独霸天下的地位，还使传统媒体承受了前所未有的"经济危机"，如受众骤减、收益萎缩、产业地位下降，等等。在新兴媒体迅速崛起、媒体融合不可逆转的发展态势下，传统媒体必须重新审视自己的发展方向和产业定位，谋求转型。值得庆幸的是，尽管新兴媒体具有传播速度快、信息量大、受众群体广泛、能够随时随地接受信息、及时满足受众的信息需求等优点，但是由于其信息发布的随意性和信息传播者的不受控制性、可匿名性，信息的权威性和真实性大打折扣，在这方面，传统媒体仍然具有不可替代的地位。

新兴媒体和传统媒体各具特色、各有利弊。当前，随着信息技术的快速发展，传统媒体与新兴媒体融合成为不可逆转的趋势。传统媒体与新兴媒体融合能够充分发挥不同媒体形式的优点，取长补短，互助共生，实现资源的优化配置，不仅能够挽救传统媒体的衰落，给予其迅速崛起的发展契机，更能对新兴媒体的发展环境和格局有一定的促进和监督作用，实现信息传播和信息接收的有序发展，推动整个媒体产业的全面优化升级及持续快速发展。

"媒体融合"概念最早是由美国马萨诸塞理工大学教授浦尔在《自由的科技》一书中提出的，他认为媒体融合更多强调的是不同媒体的多功能化、一体化发展的态势。美国新闻学会媒体研究中心主任安德鲁·纳齐森（Andrew Nachison）将"融合媒体"定义为"印刷的、音频的、视频的、互动性数字媒体组织之间的战略的、操作的、文化的联盟"，强调"媒体融合"更多是指各个媒体在战略、操作和文化层面上的合作和联盟。[1] 20世纪90年代，随着计算机数字技术的不断发展，媒体融合快速发展。1997年，葛林斯丁和迦拿总结概括前人的研究成果，给予"融合"新的概念内涵，认为"融合"即随着技术的发展，为适应时代的发展而出现的媒介边界萎缩、模糊乃至消融的现象。同年，欧洲委员会将"融合"定义为"产业联盟和合并、技术网络平台和市场等三个角度的融合"。[2] 由此，学者们开始在更为广阔的空间和视角中探索和定义"媒介融合"的概念。2005年，蔡雯在《新闻传播的变化融合了什么——从美国新闻传播的变化谈起》一文中，首次将"媒体融合"作为一个研究概念引入中国。[3] 中国人民大学新闻学院喻国明教授在《传媒经济学》中认为，随着信息技术的发展，各种媒介的发展都将以信息技术为依托，以互联网、物联网、计算机、卫星电缆等为载体。数字技术改变了获得数据、现象和语言三种基本信息的时间、空间及成本，信息在同一个平台上得到整合，媒体间的互换性与互联性得到加强，媒体一体化趋势日趋明显。[4]

总体上看，狭义的媒体融合是指媒介形态的融合。传统媒体则通

---

1 唐金龙.新形势下媒体融合变迁初探［J］.新闻研究导刊，2014（18）.
2 刘颖悟，汪丽.媒介融合的概念界定与内涵解析［J］.传媒，2012（1）.
3 谷红.产业视角下中国媒介融合研究的演进路径和核心议题——2005-2009年中国媒介产业融合研究综述［J］.国际新闻界，2010（3）.
4 唐金龙.新形势下媒体融合变迁初探［J］.新闻研究导刊，2014（18）.

过采用新兴媒体的表现形态，产生一种新的媒体形态，如电子报、网页新闻、电子书等。广义的媒体融合不仅仅包括媒体形态的融合，而且包含传播方式、传播技术、信息接收、组织结构等方方面面的融汇贯通。媒体融合具有以下几个特征：第一，合作性。合作是融合的基础。无论是不同媒体之间，还是同一媒体之间，传播技术、传播内容、传播手段等都是在合作中展开的。媒体的更替是交互进行的，不是一种媒体对另一种媒体的完全替代，而是随着旧媒体的不断发展、衰退、转化，新兴媒体慢慢产生、发展、成熟。这是一个漫长的过程，在这个过程中，旧媒体不会完全消失，而是在不断探索、适应、挣扎中寻求新的发展机遇，直至转化成为最适合新形态下社会需求的形态，从而得以继续发展。2014年4月，刘奇葆在《人民日报》上发表文章《加快推动传统媒体和新兴媒体融合发展》，指出传统媒体和新兴媒体的关系经历了三个发展阶段：传统媒体建设新兴媒体阶段，传统媒体和新兴媒体互动发展阶段，传统媒体和新兴媒体融合发展阶段。[1]第二，媒体与受众的互动性加强。从目前媒体的运作来看，这种互动已成为不可或缺的环节，而在媒体融合中，互动将更为明显。同时，媒体融合将不断满足和丰富读者的阅读需求，优化媒体信息传播功能。第三，媒体融合不是一个固态目标，而是一个动态进程。媒体融合需要在技术的支持下实现，新技术的发展和运用使媒体融合的水平和层次不断得到提升，并将随技术的发展而发展。

（三）融合阅读

随着信息技术日新月异的发展和互联网的迅速普及，媒体融合涉及媒体组织结构、传播方式、传播内容、传播手段等方方面面。随着传统媒体与新兴媒体的融合发展，信息被赋予更加眩目的传播方式和接收体验，传

---

[1] 刘奇葆. 加快推动传统媒体和新兴媒体融合发展［N］. 人民日报，2014-04-23.

统阅读产业的出版观念、经营手段和盈利模式很大程度上已经不再适应市场变化的需求，读者的阅读习惯和阅读兴趣正发生着深刻改变，传统媒体下的读者加速向新媒体分流。阅读产业的产业格局、产业价值链构成、企业文化、产品与服务等正处于不断变革之中。

与一般媒体相同，阅读媒体包括两种含义：第一，阅读内容与服务的生产机构，如报社、出版社、新闻集团等。第二，阅读内容与服务的传播媒介，即报纸、图书、杂志、网页等。从技术角度，阅读媒体分为纸质阅读媒体、电子阅读媒体、网络阅读媒体和数字阅读媒体。在媒体融合的背景下，阅读媒体呈现日益融合的态势。狭义的阅读媒体融合是指媒介形态的融合。传统媒体通过采用新兴媒体的表现形态，产生了一种新的媒体形态，如电子报、手机新闻等。广义的阅读媒体融合则是包含媒体形态、传播方式、传播技术、信息接收、组织结构等方方面面的融合，具体形式包括阅读内容融合、终端融合、网络融合。内容融合是指数字化技术推动新旧媒体阅读内容的融合，使大规模生产成为可能。读者不仅可以随时随地进行阅读，并且可以自主选择阅读内容。在这个过程中，阅读内容的生产和传播是交互进行的，阅读内容不断丰富充盈着读者的阅读需求，同时，读者的阅读需求也不断推动阅读内容的多元化。网络融合，是指通过电信网、广播电视网和互联网的技术改造，实现网络的互联互通、资源共享，改变了传统的信息传播渠道，满足了读者随时随地、个性化的阅读需求。终端融合即阅读信息资源载体的融合，如 App、电子阅读器等。随着移动通信技术和移动终端设备的发展与普及，移动终端日益成为阅读信息资源的重要载体和传播平台。由于读者阅读需求的多样化和个性化，在阅读资源信息的传播过程中，越来越多的阅读媒介应运而生，并且根据读者的阅读习惯和需求，通过不同的媒介组合，传递到读者手中，从而产生不同的阅读产品链和服务链。未来，随着信息技术的快速发展，读者的阅读终端选择将更加丰富多彩。

随着互联网技术的快速发展，新兴媒体吸引传统媒体读者的速度如此之快、力度如此之大，以至于任何想要忽视这一情况的传统媒体都将遭受灭顶之灾。办法显而易见，传统阅读媒体主动与新兴阅读媒体融合。有远见的全球阅读媒体早已开始行动。美国《纽约时报》《华尔街日报》、美国有线电视新闻网（Cable News Network, CNN），英国的《金融时报》《卫报》等很早以前就开始了媒体融合的探索，并取得一些成效。《纽约时报》早在 2006 年就专门设置研发中心，研制电子阅读器，开发移动阅读终端。2013 年，《纽约时报》数字阅读产品付费订阅户达到 76 万，比 2012 年同比增长 19%。2014 年 5 月，《纽约时报》发布长达 96 页的《2014 纽约时报创新报告》，明确提出未来发展目标"在继续将'生产世界上最好的新闻'作为核心使命的前提下，加快'从一份生产丰富、有吸引力的数字内容的报纸'到'一个同时出版丰富、有吸引力报纸的数字公司'的转变。"

二、拥抱数字化

随着互联网信息技术的快速发展，3G、4G 网络应用普及，三网融合态势不可逆转，读者的阅读方式和阅读习惯发生了翻天覆地的变化。读者已经不再满足于传统静态的文字阅读和图片阅读，开始追求更加多样化、个性化的阅读方式，即利用文字、图片、视频、音频等多种表达方式的有机组合，接收更加丰富多彩的阅读内容。以网络和流媒体等高新技术为依托的数字化阅读便因此产生了，而它开启了传播内容与传播媒介的"互联化"。目前，数字化阅读形态多种多样，已经发展成网络图书、网络游戏以及移动阅读、移动游戏等多种业态。

（一）数字出版滥觞

1. 转型升级

随着互联网通信技术的快速发展，世界进入数字化时代，电子报、电子书、数字电视、移动图书等新兴阅读载体和阅读形式层出不穷，读者的阅读习惯和阅读环境也随之发生改变。传统的阅读媒介和阅读渠道已不能满足读者多样化、个性化的阅读需求，电子报、电子书、数字电视、移动图书等新兴阅读媒体呈现蓬勃发展态势。

在媒介融合的推动下，出版行业的市场格局和竞争形态出现了巨大的变化。随着经济的飞速发展、互联网的普及，我国的出版产业也处于数字化加速转型升级的阶段。一方面，传统的出版产业和企业通过数字化的生产和传播方式，实现了转型升级，报网互动、台网互动、社网互动不断出现。在此过程中，传统的出版内容资源通过数字化的生产方式进行简单的技术转化，并通过新兴媒体技术得以广泛传播，使得传统阅读内容资源得以充分、有效地利用和传播。另一方面，已有的数字出版紧抓移动互联网的发展契机，加快进军智能手机、Kindle、iPad等移动阅读终端市场，实现移动数字化出版。从全球的角度来看，以法国阿歇特出版集团（Hachette Book Group）、德国施普林格出版集团（Springer Group）、美国康泰纳仕集团（Condé Nast Publications Inc）、加拿大汤姆森集团（The Thomson Corporation）、英国培生集团（Pearson Group）和企鹅集团（Penguin Books）为代表的传统出版集团加大了在数字化生产领域基础设施建设上的投资力度，推动传统内容出版资源向数字化出版领域的转型升级；由亚马逊推出的电子书阅读器Kindle迅速抢占电子图书市场，重构图书出版格局；脸书（Facebook）、雅虎（Yahoo）、谷歌（Google）、苹果（Apple）等一批互联网行业巨头，凭借强大的技术基础和用户资源纷纷进入数字出版领域，并在较短时间内迅速抢占行业霸主地位，打破了传统出版集团"一统天下"的产业格局。与国外较为成熟的数字出版市场格局相比，我国数字出版正处于快速转型升级期，中国出版集团、长江传媒集团、凤凰出版集团、时代出版、新华传媒、中南出版等一批传统出版企业加快了数字化转型升级步伐，中国移动、中国联通、中国电信三大运营商，方正、汉王等硬件制造公司，盛大、腾讯、网易、搜狐、新浪等IT公司立足专业优势，纷纷从不同领域进军数字出版。媒介融合打破了出版产业的产业格局，催生出数字出版业态，在改变传统出版生产内容和生产环境的同时，给予其新的发展机遇，为产业的可持续发展提供了更为广阔的空间。

2. 政策驱动

在中国，政府常常是新趋势的主要推动者，不同层级与部门的管理者通过一系列的政策引导行业发展。为推动数字出版的发展，政府部门出台了一系列扶持和推进数字出版产业的政策措施。2008年4月，新闻出版总署连续出台四个规章《图书出版管理规定》《电子出版物出版管理规定》《音像制品制作管理规定》《出版专业技术人员职业资格管理规定》，从内容范围上概括了图书、电子、音像等出版物的全部范围，是出版业深化改革实践的重要依据。2010年1月，新闻出版总署颁布《关于进一步推动新闻出版产业发展的指导意见》，提出要使数字出版、网络出版、手机出版等战略性新兴产业领域的发展水平和速度达到世界先进水平；基本建立起统一开放、竞争有序、健康繁荣的现代出版物市场体系和技术先进、覆盖全面、传输快捷的现代传播体系。特别是2010年8月，新闻出版总署颁布《关于加快我国数字出版产业发展的若干意见》，提出要以数字化带动新闻出版业现代化，构建传输快捷、覆盖广泛的现代新闻出版传播体系；形成一批数字出版龙头企业；打造数字出版产品和品牌；构建要素完整、结构合理、水平先进、效益良好、多方共赢的数字出版产业发展新格局，把数字出版产业打造成新闻出版支柱产业。到"十二五"末，我国数字出版总产值力争达到新闻出版产业总产值的25%，整体规模居于世界领先水平。在全国形成8~10家各具特色、年产值超百亿元的国家数字出版基地或国家数字出版产业园区，形成20家左右年主营业务收入超过10亿元的具有国际竞争力的数字出版骨干企业。到2020年，传统出版单位基本完成数字化转型，其数字化产品和服务的运营份额在总份额中占有明显优势。

3. 比较优势

"数字出版"源自"桌面出版"(Desktop Publishing, DTP),最早是由美国 Aldus 公司(后被 Adobe 公司收购)总裁保尔·布雷纳德于 1986 年向世界发售其页面排版软件 Aldus PageMaker 时提出的。我国的数字化出版始于方正飞腾等排版软件的出现。北京大学谢新洲教授是我国进行数字出版研究的"第一人",他在《数字出版技术》一书中提出,数字出版是将从编辑加工制作生产到发行传播过程中的所有信息以二进制代码的形式存储于光、磁、电等介质,然后通过计算机或类似设备来使用和传递信息的出版形式。数字出版强调出版内容、生产模式、运作流程、传播载体、阅读消费习惯与阅读形态的数字化,包括网络出版、互联网出版、电子出版、在线出版与跨媒体出版等多个概念。强调数字出版过程中信息的电子化及灵活性特征,关注数字出版过程中的信息管理和传播特性。[1]

《关于加快我国数字出版产业发展的若干意见》则对数字出版作出如下界定:数字出版是指利用数字技术进行内容编辑加工,并通过网络传播数字内容产品的一种新型出版方式,其主要特征为内容生产数字化、管理过程数字化、产品形态数字化和传播渠道网络化。目前数字出版产品形态主要包括电子图书、数字报纸、数字期刊、网络原创文学、网络教育出版物、网络地图、数字音乐、网络动漫、网络游戏、数据库出版物、手机出版物(彩信、彩铃、手机报纸、手机期刊、手机小说、手机游戏)等。数字出版产品的传播途径主要包括有线互联网、无线通信网和卫星网络等。由于其海量存储、搜索便捷、传输快速、成本低廉、互动性强、环保低碳等特点,已经成为新闻出版业的战略性新兴产业和主要发展方向。

(1)产品载体多样化

阅读内容的传播依靠载体支撑。传统阅读的传播载体较为单一,多为报纸书刊等纸质媒介。相比之下,数字图书的阅读载体和阅读形态更加多

---

[1] 谢新洲. 数字出版技术 [M]. 北京:北京大学出版社, 2002.

样化，电脑、手机、iPad、Kindle、点读机、学习机等，不同的载体其阅读产品形态各不相同，阅读方式也更加多样。

（2）盈利模式多样化

传统出版产业的盈利模式较为单一，大多依靠纸质出版物销售及版权转让获取较为薄弱的利润。而数字出版可以同时通过数字化出版物，如电子报、电纸书、电子杂志、网络期刊等多样化的产品形式，实现盈利模式的多样化。具体包括：第一，内容产品方面的销售。类似于纸质图书的销售，通过读者在线付费阅读获取经营收入，是数字出版的基本收入来源，也是大多掌握海量内容资源的内容生产商最重要的优势。第二，广告销售与代理。与传统纸媒一样，阅读平台所拥有的用户资源和浏览点击率是广告商最看中的商机，互联网借助其传播速度快、波及范围广、高效、低成本的传播速度和传播效应等优势，以阅读内容为依托，通过免费的阅读资源吸引读者，从而获取广告收益。如谷歌数字图书馆采用与内容提供商合作的方式，由内容提供商提供内容资源，谷歌营造阅读平台，通过广告收入，最终实现互利共赢。广告是互联网时代阅读产业的主要盈利模式，其主动权大多掌握在门户网站和运营商手中。第三，增值服务模式。类似于广告盈利模式，以内容为平台，通过内容聚集用户资源从而获取增值服务收益。其盈利主动权掌握在门户网站和运营商手中。随着阅读产品和媒介的多样化，盈利方式更加多元化，互联网时代，内容资源、阅读服务、内容媒介、阅读平台都成为读者的"消费点"。不同的企业、媒介、运营商相互合作，互利共赢，通过不同的产品和服务组合，创造出不同的价值，实现盈利的多元化。

（3）内容来源多样化

在阅读产业基础扎实、发展较为成熟的欧美国家和地区，数字化阅读资源源自纸质书，实质就是纸质阅读资源的数字化，版权只是内容资源的附属产品。因此，掌握海量阅读资源的传统出版巨头拥有阅读产品的主要生产权和决定权，如德国施普林格出版集团（Springer Group）、法国阿歇特出版集团（Hachette Book Group）、加拿大汤姆森集团（The Thomson Corporation）、英国培生集团（Pearson Group）等。而在中国，阅读内容资源的来源比较多样化，除了传统内容生产商提供的基础内容资源以外，一些文学网站的原创文学、社群网站的"帖子"、搜索网站的"问答"等，都是新时代背景下的非常规、多渠道的阅读资源。这些资源源自政府对信息传播的严格控制和网民急于表达情感诉求的矛盾，也源自传统出版成本较高、程序复杂与普通写作爱好者缺少作品出版渠道之间的矛盾。网友一开始只是通过无成本的论坛分享作品从而凝聚影响力，当能够产生一定粉丝效应的时候，再转战"阅读收费市场"。这种用市场供求直接决定阅读产品价格的模式，在相当一段时间里非常流行。

（4）发布和销售方式多样化

数字出版发布和销售的多元化是受内容资源和盈利模式的多样性带动和影响的。目前，数字出版物的销售模式主要有两种：一种是全书销售模式，另一种是连载分章节销售模式。连载销售源自原创文学网站，网络写手首先开放部分章节吸引一部分"忠实粉丝"，根据读者的反应，随着文章情节的深入，开设 VIP 章节进行收费。而有影响力、已经具有粉丝效应的知名作家则会在图书连载最初阶段开设收费渠道。连载收费模式极具中国特色，在欧美国家和地区较为罕见。随着智能手机、平板电脑等移动终端的出现，碎片化阅读盛行，连载阅读获得更为广阔的发展前景。数字图书在销售方式上，可以通过直接在线支付，也可以通过与运营商合作销售，更能够与 App 应用捆绑销售。不同的销售渠道，不同的合作者，有着不同的价格控制方。

（二）传统出版阵痛

传统出版是基于造纸术和印刷术而形成的以纸介质形态为主的出版产业。无论随着社会的发展，出版产业格局如何变动，经过多年的磨炼和发展，传统出版的产业地位在短时间内都是无法撼动的。传统出版具有较为成熟的编辑出版、发行销售、传播渠道和较为严格的出版流程、组织结构和规范体系。社会各界对传统出版物的权威认定和信任普遍较高,这是数字出版物难以企及的。同时,传统出版物能够为读者带来特有的触感、质感,营造良好的阅读氛围和思考空间,带动读者进行深度思考,不断激发知识的传播、推广、更新和再创造,有利于文化的传承和弘扬。

在中国,受特殊国情的影响,传统出版因承载弘扬优秀文化、引领社会风气的社会责任而备受国家政策保护。拥有内容生产和传播权力的传统出版社、杂志社长期处于绝对的垄断地位。而在数字出版领域,这种绝对的控制和管制正在逐渐削减,网络出版许可逐渐对外对个人开放。这意味着,数字出版自产生之日起,就面临着比传统出版更为宽松的发展环境,同时也面临更为激烈的竞争格局。新型数字出版企业较为灵活的经营手段和发展模式,给部分故步自封的传统出版商以重创。随着数字出版价格低廉、携带方便、选择空间大等优点日益显现,传统阅读的用户向数字出版分流,潜在读者向数字出版涌现,传统出版的用户基础受到冲击,市场份额遭到瓜分。相对于传统出版这一夕阳行业,正处于蓬勃发展的数字出版对出版人才的吸引力更强,传统出版的优质人才资源也面临流失的困境。

随着互联网技术的发展,数字化浪潮带给传统出版行业的冲击愈加强烈,全球出版行业处于岌岌可危的困境。即便是产业根基稳定的欧美等出版巨头国家和地区也遭遇了不同程度的打击,《洛杉矶新闻报》《金融时报》《法兰克福论坛报》《纽伦堡晚报》等历史悠久的传统报业被迫宣告破产和停刊,《卫报》和《观察家报》不堪重负,审时度势地做出进军数字领域的决定。全球经济危机的阴霾尚未消散,新旧媒体融合如日中天,传统出版与数字出版的竞争愈演愈烈。

互联网时代,传统出版业困境与机遇并存。一方面,受多种原因的影响,传统出版处于内忧外患的发展境地。传统出版市场萎缩,销量骤减,企业经营难度加大,整体经济效益下滑。如何在逆境中寻求发展机遇,实现产业的转型升级,成为传统出版行业迫在眉睫的问题。当然,互联网带给传统出版的不全是毁灭性的打击，还有重振产业的发展机遇。传统行业需要在数字化浪潮中，紧抓发展机遇，探索传统出版的数字化转型。一方面实现精品阅读资源的数字化；另一方面凸显纸质出版物的优势，实现优质电子阅读资源的纸质化。传统出版经过多年的发展所累积的市场资源和运营经验是数字出版所不具备的，如何在时代转折点中扬长避短，变被动为主动，重获发展生机，值得深思。

互联网时代，受数字化浪潮的影响，读者加速向"多媒体一代"转变，日益倾向于轻松愉悦、新潮高效、方便快捷的阅读体验，为传统出版行业向数字化领域转型提供了更为广阔的发展空间和市场基础。

在向数字化转型的过程中，传统出版借助其所拥有的海量内容资源，占据绝对发展优势。但故步自封于内容资源优势，也会限制其发展空间。传统出版集团完全可以通过内容资源的数字化，为产业发展凝聚新的内容资源、版权资源、市场渠道和资本来源，重塑品牌优势，成为数字出版企业的有力竞争者。也可以在现有的产业基础之上，加大多媒体技术投入，依靠新兴媒体，建立资源数据库，谋求新的发展机遇。

当前，中国传统出版企业处于转型升级的重要发展阶段，进行一系列的探索和实践，取得了一定的成效。如知识产权出版社成立了"来出书"图书自助出版平台运营中心，力图开拓出数字出版的新方向；而中国出版集团成立了数字传媒有限公司，开始向数字化发展；广东出版集团成立了"广东省出版集团出版中心"；外语教学与研究出版社也设立了电子音像网络出版分社，全力投入网络内容的研发。除了出版集团之外，解放日报报业集团、宁波日报报业集团等一些报业集团也开始进行数字化转型。[1]

纵观全球出版产业格局，早在20世纪，世界各大出版商，如英国的企鹅集团（Penguin Group）、培生集团（Pearson Group）、法国阿歇特出版集团（Hachette Book Group）、加拿大汤姆森集团（The Thomson

---

[1] 刘丹.我国传统出版向数字出版转型的困境与出路[J].现代交际，2015（3）.

Corporation)、美国的西蒙与舒斯特（Simon & Schuster）、德国的贝塔斯曼（Bertelsmann AG）和施普林格出版（Springer Group）就开始加大在数字化生产领域基础设施建设的投资力度，推动传统内容出版资源向数字化出版领域的转型升级。加拿大汤姆森集团（The Thomson Corporation）转型成为全球第一专业信息服务集团；施普林格出版（Springer Group）成功建立全球第一个电子期刊全文数据库（Springer Link），等等。美国作为产业转型的先行者，于20世纪70年代开始了出版产业的数字化转型，并取得卓越的成果。传统出版集团得以持续发展，新型数字出版机构如Google、亚马逊等迅速崛起。亚马逊抢先推出Kindle阅读器，在世界范围内掀起电子书阅读的狂潮。部分出版社尝试进行有声图书的制作和销售，取得了可喜的成绩。而日本借助其发达的动画产业，大力推动大型出版社的合作并购，积极推进传统出版集团与相关产业的合作，如与索尼公司合作推出新型电子图书阅读器，不断进行新旧出版行业融合发展、互利共赢的探索。

（三）数字化行动

面对不可逆转的数字化浪潮，政府机构出台了一系列扶持政策。2012年2月，中共中央办公厅、国务院办公厅印发《国家"十二五"时期文化改革发展规划纲要》，提出"文化体制改革重点任务基本完成"的发展目标，为出版产业的转型升级创造了有利的政策支持。2012年3月，国家新闻出版总署发布《关于加快出版传媒集团改革发展的指导意见》（新出政发〔2012〕3号），提出积极推进出版传媒集团战略性改组，大力支持出版传媒集团应用高新技术和推动产业升级，切实加强出版传媒集团科学管理，鼓励和扶持出版传媒集团走出去，加快出版传媒集团改革发展的保障措施。2013年开始，中宣部、财政部和国家新闻出版广电总局开始联合启动"新闻出版业数字化转型升级"工作，2013年先行启动中央文化企业转型升级项目。2014年4月，国家新闻出版广电总局和财政部联合下发《关于推动新闻出版业数字化转型升级的指导意见》，全面部署产业转型升级工作。[1] 2015 年 4 月 9 日，国家新闻出版广电总局与财政部联合发布《关于推动传统出版和新兴出版融合发展的指导意见》提出，推动传统出版和新兴出版融合发展，把传统出版的影响力向网络空间延伸，是出版业巩固壮大宣传思想文化阵地的迫切需要，是履行文化职责的迫切需要，是自身生存发展的迫切需要。运用互联网思维变革传统出版，集合优质内容资源，加快出版转型与升级，推进传统出版和数字出版融合发展，是出版业进一步发展的必由之路。

Douglas M.Eisenhart 在《信息时代的出版》一书中指出：出版的范围和领域将会随着高新科技的不断更新而持续扩散，从报纸、图书到杂志唱片，再到广播电视、智能电视、卫星电视等。在数字化浪潮的推动下，随着媒介融合的进一步展开，未来，出版产业将会衍生到更加广阔的领域。

从造纸术到活字印刷术再到互联网，从甲骨、青铜、竹卷、锦帛到纸再到屏幕，阅读技术和阅读载体经过漫长的历史演变，发生了翻天覆地的变化。然而，任何一种阅读技术和阅读载体的出现，都不是相互独立的，而是一种此消彼长、互补共存的演进过程。任何一种出版形态都有其发展周期和规律，只有当其使用价值完全消亡的时候，才会灭亡。因此，尽管数字出版呈现出持续蓬勃的发展态势，但传统出版因其特有的优势与特征，并不会被数字出版完全取代，反而会在历史长河中，保持绝对的生长态势和发展空间。

第一，传统出版具有不容小觑的内容资源优势。传统出版经过多年的发展，积累了丰富的内容资源、传播渠道、市场经验和经营理念。尽管数字出版依托于高新科技，发展态势凶猛，但作为新生事物，其所积累的资源和市场经验严重不足，在发展过程中势必会面临不可避免的发展困境。因此，尽管数字出版来势汹汹，传统出版依旧能借助内容资源优势开展多

1　冯宏声. 出版的未来：从"互联网+"到"内容+"[J]. 出版人，2015（5）.

种形式的数字出版业务。

第二，已经成型的阅读习惯延续着传统出版的发展。尽管随着信息技术、仿真技术等高新智能科技的发展，电子书的阅读感受日益接近纸质书，但由于阅读载体的本质区别，电子书完全取代纸质书并不现实。受传统阅读习惯的影响，读者习惯在书香墨香的阅读氛围中享受知识的"盛宴"，这是数字阅读难以实现的。除此之外，书籍具有收藏价值。图书收藏作为一种单独的文化活动和文化价值，不会随着数字出版的繁荣而消失，反而会因为数字出版收藏价值的缺失而日益珍贵。

互联网时代，传统阅读与数字阅读不是此消彼长、你有我无的竞争关系，而是相辅相成、互助共生的合作关系。积极推动传统出版的转型升级，加快数字阅读与传统阅读的融合发展，借助高新科技创新推动数字阅读媒介的研发，推动读者数字阅读的"深层化"，具有跨时代的意义和价值。

三、全民阅读

2012年11月，胡锦涛同志在中国共产党的十八大报告中首次提出"开展全民阅读活动"；2014年3月，国务院总理李克强在第十二届全国人民代表大会第二次会议《政府工作报告》中再次提出"倡导全民阅读"；2015年3月，国务院总理李克强在《2015政府工作报告》中又一次提到"倡导全民阅读，建设学习型社会，提高国民素质"；2015年3月15日记者招待会上，李克强总理进一步强调，"书籍和阅读可以说是人类文明传承的主要载体""我们国家全民的阅读量能够逐年增加，这也是我们社会进步、文明程度提高的十分重要的标志。而且把阅读作为一种生活方式，把它与工作方式相结合，不仅会增加发展的创新力量，而且会增强社会的道德力量"。全民阅读正受到全国人民越来越多的关注。

早在20个世纪70年代，"全民阅读"的理念和实践便已在全球范围传播开来。1972年，联合国教科文组织向全世界发出"走向阅读社会"的号召，要求社会成员人人读书，让读书成为人们日常生活中不可或缺的部分。1995 年，联合国教科文组织宣布每年的 4 月 23 日为"世界读书日"。从此，各个国家和地区开始从多层面多渠道加大人力、物力、财力投入，积极开展全民阅读活动。立法是西方国家推行全民阅读最卓有成效的手段。美国最早进行阅读立法的实践，于 1998 年颁布《卓越阅读法》，并于 2002 年出台《不让一个孩子落后法案》，积极推动全民阅读。韩国不甘落后，于 1994 年颁布《图书馆及读书振兴法》，并于 2004 年出台《文字印刷文化振兴法案》。日本政府重视儿童阅读在推动全民阅读中的重要作用，于 2001 年出台《关于推动儿童读书活动的法律》。俄罗斯以喜欢读书著称，被评为"最爱读书的国家"，2006 年政府专门出台了"培养读者兴趣、鼓励年轻人读书"的国家项目，并于 2012 年颁布《民族阅读大纲》。除此之外，各国政府还积极推动读书日的设立及相关活动的筹办，如美国建立"阅读遍及全美日""免费漫画节""好奇日"等与阅读相关的节日；俄罗斯把 2007 年确定为"读书年"，提倡"让读书重新成为一种时尚"；英国在全民阅读活动中推出"Book Start"运动，发起"全国阅读年"活动，力图打造一个"读书人"的国度；日本将每年的 4 月 23 日设为日本的"儿童读书日"；法国建立"读书沙龙"，并于每年 10 月 15 日至 10 月 17 日举办读书节；德国自 2007 年开始每年都举办"送你一个故事"的全国性阅读活动，等等。[1] 国外大多成立专门的图书馆协会组织进行全民阅读的日常运营活动，推广经费除了来自政府外，各大出版商和媒体机构的无偿捐赠也是其主要构成。

（一）全民阅读的国家战略

相比于国际社会，我国在推进全民阅读方面的实践起步较晚，始于 1997 年由文化部发起的知识工程。1997 年 1 月，中共中央宣传部等九

---

[1] 操菊华，康存辉."云"环境下的全民阅读活动机制研究[J].武汉纺织大学学报，2014（5）.

部委共同发出《关于在全国组织实施"知识工程"的通知》，提出实施"倡导全民读书，建设阅读社会"的"知识工程"，[1]并成立全国知识工程领导小组。1999年8月，中国出版科学研究所开展第一次国民阅读调查，跟踪反馈国民阅读情况，了解全国国民阅读倾向、发展趋势与文化消费现状，至今已经进行了十二次国民阅读调查。2015年5月，第十二次全民阅读调查报告发布。2000年，每年的12月被全国知识工程领导小组确立为"全民读书月"。2002年，党的十六大报告明确提出"形成全民学习，终身学习的学习型社会"的奋斗目标。2004年，中国图书馆学会开始负责承办"全民读书月"活动。2006年，"世界读书日"活动期间，中国图书馆学会成立科普与阅读委员会。同时，中央11部委联合发布《关于全民阅读的深圳宣言》，发出"读书会让无论贫穷或富有的我们因有学问而备感充实；读书会让我们的民族因文明和谐而更加受人尊重；读书会让我们的国家因繁荣富强而获得应有的地位。让我们读书吧！"的倡议。2007年3月，新闻出版总署、中央文明办、发改委、科技部、民政部、财政部、农业部、人口计生委八部委印发《农家书屋工程实施意见》，提出从2007年开始在全国范围内实施"农家书屋"工程，切实解决广大农民群众"买书难、借书难、看书难"的问题，从提高农民文化素质入手，促进新时期农村经济社会协调发展。同年4月，"第一届全民阅读论坛"在中山大学举行。2008年，从深圳开始，北京、上海、武汉等很多城市引进自助图书馆设备，进一步完善公民阅读的基础设施建设。[2]2009年，中国图书馆学会阅读推广委员会成立大会及第一次工作会议在苏州图书馆召开，设立正式的组织结构体系，下设15个专业委员会，以便深入开展全民阅读活动。2012年4月23日，依托于新兴媒体、致力于精品阅读传播的"文明中国"全民阅读活动启动仪式在北京举

---

[1] 李新祥.全民阅读推广"热"的"冷"思考[J].出版广角，2013（7）.
[2] 操菊华，康存辉."云"环境下的全民阅读活动机制研究[J].武汉纺织大学学报，2014（5）.

行。[1] 2012 年，党的十八大报告提出"开展全民阅读活动"。2013 年全国"两会"期间，115 位政协委员联名签署《关于制定实施国家全民阅读战略的提案》，推动全民阅读的立法工作。同时，全民阅读立法起草小组草拟《全民阅读促进条例》初稿。2013 年 4 月，由全国 78 家媒体发起，200 余家媒体共同参与的中国全民阅读媒体联盟成立，其宗旨是"聚合媒体力量，倡导全民阅读，打造书香中国，建设和谐社会"。同年 11 月，中国全民阅读媒体联盟第一次代表大会召开，大会审议并通过《中国全民阅读媒体联盟章程》。2013 年 11 月 25 日，海南省成立首个盲文图书流动站，在推动盲人的全民阅读中起到了积极的表率作用。2013 年 10 月 21 日，联合国教科文组织授予深圳"全球全民阅读典范城市"，该荣誉是联合国教科文组织授予全球城市关于全民阅读的最高荣誉，深圳市是迄今唯一获此殊荣的城市。2014 年 6 月，《深圳经济特区全民阅读促进条例（征求意见稿）》出台并在网站上公开征求意见，标志着全民阅读立法工作已正式启动。[2]

（二）国民阅读现实

近年来，受政府的大力引导，全国各地掀起全民阅读狂潮，各种"阅读日""阅读月""阅读年"活动此起彼伏，此消彼长。全民阅读推广活动支持力度大、持续时间长、影响力持久，日渐形成"政府倡导、民众响应、市场运作、媒体宣传"的模式，全民阅读理念日益深入人心，营造出全民阅读的氛围。然而，这看似火热的活动却"雷声大、雨点小"，隐藏着不均衡发展、流于形式等问题。

第一，各地的全民阅读活动大多以政府为主力，市场自主运作的成分较少。活动形式虽然多样但过于呆板，缺乏活力，多为论坛、销售会、评

---

1 操菊华，康存辉."云"环境下的全民阅读活动机制研究[J].武汉纺织大学学报，2014（5）.
2 李玉萍.新媒体环境下全民阅读策略研究[D].合肥：安徽大学，2014.

奖、演讲、有奖征文等活动，群众的参与兴趣较低。除此之外，全民阅读活动的推广效益大多集中在世界读书日前后，表现出明显的时段性，往往带动的只是一段时期的"阅读热"，一旦活动结束，并不会对推动群众的阅读活动带来实质性的变化和影响。全民阅读推广活动"雷声大、雨点小"，实际效用有待考证。

第二，全民阅读推广活动受地方经济发展水平的影响，在不同的地区推广力度各不相同，区域差距、城乡差距较大。在经济较发达地区，全民阅读活动推广和投资力度较大，活动内容精彩纷呈，民众参与热情较高，活动效果较好。而经济欠发达地区，财政投入低导致活动推广和宣传力度不够，受经济和文化水平的双重制约，民众对阅读的需求相对较弱，消费能力低，全民阅读的推广效应往往差强人意。作为农业大国，农民在我国的人口比例中占据高位。然而，我国农民的文化水平相对较低，主观阅读愿望不足，农民人均阅读率极低，提高农民人均阅读率是我国全民阅读推广工作的重中之重。尽管为推动我国农业人口阅读率，政府颁布了一系列的政策措施，但尚未明显改善我国农村人口的阅读现状，究其原因，有民众主观方面的问题，如文化水平低、阅读兴趣不高、阅读习惯转变和观念培养需要漫长的时间等；也有客观方面的问题，如推广活动缺乏有效监管、投资力度和规模相对较低，等等，都亟待解决。如何消除阅读推广活动在区域、城乡之间的差异，实现阅读真正的全民化，任重而道远。

第三，放眼世界，我国国民图书阅读率处于较低水平。中国新闻出版研究院2015年4月发布的第十二次全国国民阅读调查结果显示，2014年我国成年国民的图书阅读率为58.0%，年人均图书阅读量为4.56本。而1999年，我国国民的图书阅读率为60.4%，国民的图书阅读率总体而言是下降的。另一方面，4.56本的年人均图书阅读量指标与世界发达国家或地区相比显著落后。据统计，欧美国家年人均读书约为16本，北欧一些国家达到24本。韩国国民人均阅读量约为每年11本，法国约为8.4

本，日本在 8.4~8.5 本之间。[1] 除去大部分人为了升学、考试、晋升等为目的进行的阅读之外，很多人几乎不读书。多年的全民阅读调查结果显示，"不读书"的群体占据较大比重，我国国民图书阅读率几乎处于世界最低水平。

值得注意的是，在全国国民阅读调查中，所谓"阅读水平偏低"，其中的"阅读水平"主要指传统纸质书报刊阅读。从媒介竞争的角度来说，这与当今互联网技术的发展与普及有关。随着互联网信息技术的快速发展，特别是移动互联网技术、无线通信技术、终端设计水平的提升，电脑、手机、平板电脑日益成为人们工作、生活、学习不可或缺的重要工具。在线阅读信息存储的海量性、搜索的快捷性、复制的便利性、信息更新的即时性都为读者提供了不同于传统纸媒的阅读体验，成为现代阅读的主要形态。除此之外，互联网带来网络社交、娱乐、购物等数字化生活方式的日益丰富，相比之下，书报刊等传统阅读的吸引力较为逊色。互联网成为首选阅读媒体，传统印刷媒体备受冷落。我们不能狭隘地理解阅读的概念和范畴，在互联网时代，通过电脑或手机"读屏"也属于阅读活动。第十二次全国国民阅读调查显示，2014 年，包括书报刊和数字出版物在内的各种媒介的全民综合阅读率为 78.6%。

（三）互联网的力量

信息技术的快速发展推动着中国社会进入互联网时代。随着互联网技术、数字化阅读技术的兴起，特别是智能手机、平板电脑、掌上学习机、移动阅读设备等阅读媒介日益普及，移动阅读因其不可比拟的便捷性、快速性，成为快节奏生活状态下，现代人上下班途中、排队等位之余、工作休息间隙最流行、最时尚的娱乐方式。

然而，对于全民阅读而言，互联网是一把双刃剑，一方面对传统阅

1　曾绚琦.全民阅读的时代意义与实现途径［J］.现代出版，2014（1）.

读造成冲击，影响全民阅读的质量和深度；另一方面利用零碎时间阅读提高了阅读时长，促进了全民阅读的发展。根据全民阅读调查报告，从1999年到2014年，我国成年人图书阅读率持续走低。我国成年人图书阅读率在1999年到2006年的八年时间内，降低了11.7个百分点，跌至48.7%。2007年，成年人图书阅读率止跌回涨，2014年，我国成年人图书阅读率为58.0%，较2013年的57.8%上升了0.2个百分点。报纸、杂志的阅读率从2007年开始有所下降，传统阅读呈现时起时落的不稳定状态。而互联网阅读（网络在线阅读、手机阅读、IPAD/MP4/电子词典阅读、光盘阅读、手持式电子阅读器等阅读）呈快速增长势头，从1999年的不足3.7%[1]上升至2014年的58.1%，其中，网络在线阅读和手机阅读成为目前两大主要阅读形式。2014年，我国成年国民的网络在线阅读率达49.4%，较2013年的44.4%上升5.0个百分点；成人手机阅读接触率首次超过50%，达到51.8%，较2013年41.9%上升了9.9个百分点。综合各种媒介，2014年，全民综合阅读率为78.6%，较2013年的76.7%上升1.9个百分点。从1999年到2015年十二次全国国民阅读调查结果表明，互联网时代，数字阅读带动全民阅读率持续攀升。未来，通过推进数字阅读与传统阅读的融合发展，有利于全面、高效地推进全民阅读。

　　互联网阅读对全民阅读的推动作用具体体现在：第一，互联网阅读可以有效提升全民阅读服务的均等化水平。传统的公共阅读服务平台，无论是报刊栏还是"农家书屋"，其服务范围与质量受到地域、经济、文化等水平的制约，难以全面、均衡覆盖。以"农家书屋"为例，目前农村的常驻人口多为留守儿童和体弱力衰的老年人，而农村阅读的主流人群多为

---

[1] 调查项目1999年是"是否使用过互联网"，而2001年以后的调查直接设问的是"有没有上网阅读习惯"。这两个指标存在一定的差异，前者的概念包容了后者，也即使用过互联网不等于有网上阅读习惯。1999年有网上阅读习惯的人可能要低于3.7%的比例。这里为了更好地说明网上阅读情况的变化，采用"不足3.7%"以保证数据使用的严谨性和相对准确性。

在外务工的年轻人，受现实条件的限制，这类主流人群很少享受"农家书屋"的优待，导致农村全民阅读的推广工作收效甚微。互联网时代，借助于移动智能手机、平板电脑、移动 App 应用等媒介，流动人口的阅读问题得以有效解决。如果能够借助移动互联网技术，推出基于农村流动人口文化水平和现实基础条件的移动阅读软件，将高效、便捷、低成本地提高农村人均阅读率。

第二，为全民参与创造条件，提升公众参与的积极性和主动性。互联网"互联互通互惠互赢"的特性，能够有效配置资源，在短时间内实现人力、物力、财力的高效配置。利用互联网，可以更加有效地引导政府以外的社会力量以产业或者公益的方式积极参与，如利用众筹实现普通民众参与文化项目创新创造的路径，对提升公众参与文化建设的积极性和主动性具有不可替代的作用。这是除互联网以外的任何途径和渠道都无法实现的。

第三，有效扩大全民阅读的覆盖范围，实现效应的最大化。互联网具有成本低廉、传播速度快、覆盖范围广等优点，借助互联网构建全民阅读公共服务平台，能够低成本、高效率、全面化地提升全民阅读的服务覆盖率，实现活动的效益最大化。同时借助大数据收集、分析、整理、挖掘技术，对全民阅读现状、阅读习惯、阅读需求进行分析挖掘，能够有针对性、有目的性地对不同的阅读人群推行不同的阅读政策，实现个性化阅读。

"全民阅读"是衡量一个社会、一个国家、一个民族文明程度的重要指标。当今世界，经济社会快速发展，知识效用日益显著。全民阅读是建立知识型社会、智慧城市，提高国民人文修养和综合素质最直接、有效、全面、快捷的手段。倡导"全民阅读"成为社会精英、国家栋梁重视的文化建设事业。目前，中国经济总量已跃居世界前列，国家硬实力不断增强。但与快速增长的硬实力相比，我国文化软实力较为落后、发展缓慢，这对实现"中国梦"、实现国富民强具有越来越明显的制约作用。大力推进全民阅读，实现整体国民人文素质的提升对实现文化的大发展大繁荣，实现"中国梦"具有不容小觑的推动作用,将"国民阅读"放置在推动国家发展的战略高度,势在必行。

当然,单靠互联网阅读提高全民阅读水平是远远不够的。尽管数字化阅读在全民阅读中的比重越来越高,但纸质阅读因其固有的优势、多年的发展经验和市场积累,具有数字化阅读不可替代的发展优势和威力。在未来很长一段时间,纸质阅读仍将保持持久的生命力,并作为全民阅读的主流,在互联网时代与数字化阅读在互助共生、融合发展中,推动国民阅读率的不断上升。

四、实体书店的 SOS

(一)实体书店的历史

实体书店是阅读产业的重要组成部分,是阅读产品流通的主要承担者,是一个城市最重要的文化地标之一,是市民文化修养和文化内涵的最直接表现。它既是市民提高知识素养的文化场所,也是市民心灵放松的娱乐场所。刘易斯·布兹比在《书店的灯光》写道:"图书承载着我们的思想和想象,使它们充实人间;一家书店就是一座城市,我们日臻完善的精神自我居住其中。"总之,实体书店作为城市文化的名片,不但关系着国家文化软实力的发展,还是国民阅读欲望的源泉,对提高整个民族的整体素质有重要战略作用。

书店在中国古代被称为书肆、书坊、书林、书铺、书局。公元前 2 世纪,西汉时期就有了书籍买卖活动。纵观实体书店的发展历程,在技术推动之下不断被解构重建是实体书店发展的基本规律。纸张的发明,雕版印刷的出现推动着中国古代书店的日益繁荣。在清代,北京琉璃厂、南京三山街、苏州阊门已经形成较为繁荣的书店街。19 世纪,西方印刷术传入中国后,近代资本主义经营方式的出版业开始出现。但当时的书店、书局、印书馆等多是兼营出版、发行、印刷的机构。20 世纪 50 年代初期,中国实行出版、印刷、发行专业分工，从解放区发展起来的近千处新华书店，成为中华人民共和国的国营书店，专门从事图书发行，私营书店经过社会主义改造也逐步成为国营书店。从 1956 年公私合营以后至 1980 年，没有民营企业，几乎不存在竞争。新华书店实行"统购统销"，遍布各个大中小城市。

1982 年，文化部在北京召开全国图书发行体制改革座谈会，出台《国家出版局关于图书发行体制改革问题的报告》，首次提出"一主三多一少"（以新华书店为骨干的、多种经济成分、多条流通渠道、多种购销形式、减少流通环节的图书发行网）[1]的发行改革思路，为民营书店打开了一扇门。1983 年，由中共中央、国务院发出的《关于加强出版工作的决定》指出："改革图书发行体制，增加图书发行能力，要改革新华书店的经营管理体制，同时要发展集体的和个体的发行网点，逐步形成'一主三多一少'的图书发行网"。此后，实体书店体系一改传统新华书店一统天下的局面，民营书店数量大幅增加。[2] 根据《中国出版年鉴·1985》，1983 年全国书店销售网点数量为 75983 家，1984 年增至 113503 家，增幅 49%，增加的网点绝大多数是民营书店。[3]1988 年，中宣部、新闻出版署发布《关于当前图书发行体制改革的若干意见》，提出"三放一联"（放权承包，放开批发渠道，放开购销形式和折扣，推动横向联合），民营书店出现分水岭，争取二级批发权一时成为热点。[4]1996 年，新闻出版署发布《关于培育和规范图书市场的若干意见》，提出"三建一转"的改革任务，其中"一建"是建立大型批发市场和批销中心。[5] 这是由政府部门推进甚至直接管理、集纳民营批发商、零售商的场所。20 世纪 90 年代，

---

1 汪耀华. 中国书业 30 年成长历程 [J]. 编辑之友，2008（6）.
2 周正兵. 实体书店的外部性与文化生态补偿——兼论实体书店倒闭现象及其应对 [J]. 中国出版，2011（11）.
3 陈曦. 实体书店的艰难时刻 [J]. 中国新时代，2012（3）.
4 刘蒙之. 中国民营书业发展的多维历史情境分析 [J]. 现代出版，2012（3）.
5 田雨. 民营工作室：破产化蝶的前景 [J]. 编辑之友，2009（5）.

从个体小书摊成长起来一批很有特色的民营零售书店，如国林风、风入松、万圣书园、季风书园、西西弗、龙之媒等。这些有品牌的民营零售书店，带给书业新鲜的理念与多样化的产业形态。民营书店经营灵活，服务意识强，市场嗅觉灵敏，占据着除教材外的一般图书销售量的半壁江山，在一定程度上冲击了国有书店的发展，形成了民营书店与国有书店分庭抗礼的局势。

（二）实体书店的危机

进入21世纪，随着互联网技术革命和电子商务的爆发，实体书店数量骤减，岌岌可危，无论是民营书店还是国有新华书店，都在艰难地运营，随时面临关门倒闭的风险。书业不景气的困境日趋严峻，大多数实体书店面临关门停业的生存危机。广州的博尔赫斯书店、学而优书店，上海的季风书园，南京的先锋书店等，都因其高雅而富有情调的阅读氛围和细致贴心的服务而备受读者喜爱，成为城市文化的亮丽风景线。2008年，上海的季风书园旗舰店因经营成本过高难以维持经营，面临关门歇业的风险，为此读者自发掀起了一场关于"捍卫季风"的辩论，地铁公司最终迫于舆论的压力降低租金，季风书园旗舰店得以存活。然而好景不长，季风书园的其他分店，如静安寺店、来福士店等面对不景气的市场发展环境，迫于经营成本的压力相继关门。[1] 2008年6月，贝塔斯曼宣布关闭旗下在中国18个城市的36家零售门店，并于同年7月停止运营贝塔斯曼中国书友会。2010年是实体书店经营最为惨淡的一年。首先，北京最大的民营书店"第三极"书局在经过三年的苦苦挣扎之后，最终放弃"以打造中国高端民营书店为己任"的美好愿景，宣布倒闭；广州第一家三联书店经过14年的发展，经历了最繁荣的发展期，也迎来最惨烈的衰败期，最终宣布关闭；位于上海南京西路的新华书店停止营业；即便是曾经名声鹊起的北京

---

[1] 洪九来，蔡菁."活着还是死去"：拷问实体书店的生与死[J].编辑学刊，2012（1）.

韬奋图书中心也因连年亏损，不得不转租二楼的店面得以存活。2011年，北京著名的独立书店"风入松"在经历17年的发展之后，关门停业，引发网民的一阵唏嘘哀惋；北京七家"光合作用"连锁书店的直营店集体停业；广州最后两家三联书店宣布停业，至此，三联书店退出广州市场。互联网时代，在数字化浪潮中中国实体书店经营困难，岌岌可危。放眼世界，实体书店的市场占有率骤减是难以逆转的趋势。2011年2月，美国第二大连锁书店鲍德斯集团(Borders Group)因经营困难负债累累，最终申请破产保护；随后，鲍德斯集团相继关闭旗下的399家店面。传统出版强国英国从2005年至今，超过一半的实体书店相继宣告关闭。[1] 实体书店纷纷倒闭，究其原因具体如下：

1. 实体书店的竞争

鉴于中国的特殊国情，国有新华书店具有不可撼动的垄断地位。不仅拥有国家源源不断的财政支持无须自负盈亏，更有丰富的图书资源和专属的销售渠道，同时坐拥全国范围教科用书的出版发行权和销售权，在激烈的市场竞争处于绝对的霸主地位。无论是外资书店，还是民营私营书店，都不具备与之抗衡的财力。但好在外资书店经历过国际资本主义市场的洗练，后备资金充足，具有较强的市场竞争力和顽强的生命力。相比之下，中国的民营书店、私人书店在激烈的市场竞争中经营困难。

2. 实体书店经营成本高

实体书店的倒闭，究其直接原因，往往是房租、税收压力过大，经营成本高，导致经营困难。日益增长的人力资本也是压垮实体书店的"最后一根稻草"。

首先，不断飞涨的房屋店面租金是实体书店最大的成本压力。具有17年历史的北京风入松书店之所以关门停业，根本原因在于书店无力支付每月5万元的房租成本。北京的七家光合作用连锁书店的直

---

[1] 洪九来，蔡菁."活着还是死去"：拷问实体书店的生与死[J].编辑学刊，2012（1）．

营店集体停业,也是因为无力承担每平方米25元1天的房租。就连广州的新华书店也因无力承担昂贵的房租店面,宣布倒闭。[1]虽然,不同地方的实体书店需要承受不一样的房租水平,但是无须质疑,他们都同样因为租金压力不堪重负。据不完全统计,中国店面租金以每年5%~20%的平均增长率快速飙升。[2]所有的实体书店都面临不同程度的房租压力,有的被迫退场,有的苦苦经营。虽然政府已经认识到实体书店面临的发展困境,并出台一系列的政策措施试图扶持并缓解实体书店的生存困境,但政府不实际拥有房屋的产权,加之市场发展自有其规律性,政府不得过多的干预。因此,减免租金说来轻巧,实操困难重重。

其次,目前的税收政策较为不合理,不符合我国的基本国情,更不利于出版产业的发展。目前,民营书店的税收状况是:营业税占营业总额的8%、增值税占营业总额的13%,之后再分别提取于增值税额的7%作为城市维护建设税、3%作为教育附加税、20%作为地方教育税,此外还须另缴纳占利润总额25%的企业所得税。[3]再加上昂贵的房租租金和日益增长的人力成本,大部分民营书店无利可图,甚至面临亏损。

再次,人力资本也是实体书店成本压力的主要来源。据悉,我国实体书店的员工工资占到书店所得利润的50%以上,并随着通货膨胀不断飙升。尽管如此,很多人因为书店的工资较低选择转行,书店的员工流动率较大,不利于实体书店的可持续和稳定发展。为了节省成本,维系经营,很多书店都不得不削减人力成本,减少员工的聘用或是采用小时工、临时工,这也给书店经营带来了一系列的问题,如人才缺失导致的专业导购能力不足、不熟悉读者阅读需求和消费习惯、服务态度恶劣等,影响了实体书店的正常运营,得不偿失。

1　吴周吉.我国实体书店存在的问题及对策研究[J].编辑之友,2012(11).
2　陆一.不能眼睁睁看着实体书店倒掉[J].中国出版传媒商报,2011(1).
3　蒋艳平,姚广军.实体书店的经营困境、原因及出路分析[J].经营管理者,2013(21).

3. 网络书店的冲击

对于实体书店的崩塌现状，影响最深的莫过于网络技术的发展。越来越多的读者在书店挑选所需图书，然后在网络书店购买，当当网、卓越网逐年上升的销售额就是最好的证明，网络书店正在侵蚀着实体书店的市场份额。

（1）价格冲击

自网络书店成立起，实体书店和网络书店的图书价格战争就已打响。无奈实体书店连续溃败，毫无反击之力。细看网络书店的运营模式，网络书店的经营成本主要是低廉的网站维护费用和员工工资，没有店面租金压力和仓库存储压力。同时，由于网络书店进货量大、产品残存少、不拖欠款，出版社往往以极低的价格销售给网络书店。整体而言，网络书店的经营成本较低，具有强大的经济实力进行低价销售，甚至可以满足消费者"讲价议价"的消费心理。网络书店以绝对的成本优势，在价格竞争中处于不败之地，赢得了"价格战争"。为了维护实体书店在激烈市场竞争中的利益和地位，2010年1月27日，中国出版工作者协会、中国书刊发行业协会、中国新华书店协会联合发布《图书公平交易规则》，规定"网络书店销售出版一年内的新书价格不低于8.5折"。[1] 但这项措施因"违背市场规律"遭受质疑，当当、卓越等购书网站对此置之不理，依然实施低价销售，最终这项措施形同虚设，图书的价格之战依旧愈演愈烈。受到网络书店的冲击，实体书店的市场占有率骤减，市场份额被瓜分无几。目前我国行业协会对于电商的经营规范仍不完善，无法从根本上抵制网上书店的无底线低价倾销，最终受害的依旧是实体书店。

（2）服务差异

当当、卓越得以迅速抢占市场的主要原因除了低廉的图书价格，更重要的是贴心细致的销售服务。从销售、支付、配送到售后，一条龙的

---

[1] 吴周吉. 我国实体书店存在的问题及对策研究[J]. 编辑之友，2012（11）.

贴心服务成为网络书店制胜的法宝。除此之外，当当还积极与图书生产商合作，推出"图书封面扫描"功能，读者在实体书店或是别的地方看到喜欢的书，只要拿出手机打开客户端，利用"扫一扫"功能就能迅速在网站上找到想要购买的书，点击确认购买，就可以在家里等待送货上门。这样一来，实体书店的客户群体遭受进一步的瓜分。除此之外，借助于大数据技术，网络书店可以通过存储、整理读者的浏览和购买信息，分析、挖掘读者的阅读喜好，为读者进行个性化的图书推荐。同时，图书评价功能为读者开辟了图书分享讨论的空间，图书试读服务更是让读者有"先睹为快"的惊喜。相比之下，实体书店慢慢沦为网络书店的"试衣间"。

（3）新兴的网络购物环境

实体书店的购物习惯是"边逛边看边买"，而网络书店则营造了全新的购物环境，读者可以是有目的的直接购买，也可以是无目的的一边选择对比一边购买。除此之外，网络书店还提供了快捷的购买路径、支付手段和送货服务，读者只需动动手指头，点击购买，就可以足不出户地收到自己喜欢的图书。这对于疲于快节奏工作生活的现代人来说，无疑是最舒适的购物选择。同时，网络书店还可以几乎无成本投入地实现"24小时不打烊"，为读者提供了完全便利的自助服务，满足读者随时随地购书的需求。

4. 阅读方式的改变

（1）新工具

随着互联网信息技术的不断更新升级，纸质书不再是读者唯一的阅读媒介。智能手机、平板电脑、学习机、移动阅读器等带给读者全新的阅读感受，在不知不觉中改变着读者的阅读习惯和阅读方式。值得关注的是，随着智能手机、平板电脑等移动终端技术的不断完善和普及，移动阅读成为读者的新宠。根据第12次全国国民阅读报告显示，2014年，我国国民人均纸质图书阅读量为4.56本，报纸和期刊阅读量分别为65.03期（份）

和6.07期（份），电子书阅读量为3.22本。与2013年相比，期刊和电子书的阅读量均有所提升，纸质图书和报纸的阅读量均有不同程度的下降。2014年，我国成年国民电子书阅读率为22.3%，较2013年的19.2%上升了3.1个百分点；电子报的阅读率为10.0%，较2013年的8.5%上升了1.5个百分点；电子期刊的阅读率为8.0%，较2013年的5.0%上升了3.0个百分点。阅读工具的改变，使得读者的阅读活动变得更加轻巧、便捷、即时、快速。除此之外，大多数电子阅读资源都是可以免费获取的，新兴阅读媒介的出现直接冲击了传统出版产业的生存和发展。

（2）新理念

阅读工具的变化带动了阅读方式的改变，也促使读者阅读理念的转变。电纸书的出现，实现了信息传播的"低碳环保"。一直批判报纸等纸质书重复使用率较低、浪费资源的环保型消费者大力支持电子书的发展，助推电子书的盛行。除此之外，借助于排版技术，电子书可以无污染、无消耗地实现"精编辑""精设计""精排版"，吸引越来越多的读者加入到电子书阅读的潮流中。

（3）新形式

互联网技术的持续更新，推动着阅读从"读书时代"向"读声时代""读图时代""读屏时代"迈进。有声读物、动画读物层出不穷，借助于简单的屏幕，读者的阅读方式更加丰富多彩。我们可以在眼睛疲惫的时候，静静地用耳朵聆听和吸收新的资讯，也可以在拥挤的地铁中，带上耳机，隔断外界的嘈杂，沉浸在"阅读"的世界里。只要我们想要阅读就可以随时随地打开手机，享受阅读。相比之下，传统阅读受限条件很多，阅读体验大打折扣。

（三）互联网 + 实体书店

1. 实体书店的优势

网络书店来势汹汹，传统书店无论是价格方面的竞争，还是服务方面的竞争，都比不过网络书店。爱书之人面对实体书店在竞争中的节节败退，痛心不已。因为，对于大部分读者而言，书店不单单是图书交易的场所，还是读者心灵舒展的"安居堂"，承载着无数个与读书相关的记忆和感觉。尽管随着时代的发展，实体书店作为图书购买场所的功能日渐淡化，但是在快生活节奏下，书店作为读者心灵栖居场所的价值却日显珍贵。这份回忆和感觉带来的情感效应，密切维系着书店与读者之间的亲密关系，从而建立起网络书店所没有的品牌忠诚度。一旦读者在某个实体书店实现了这种情感的共鸣和栖居，就会在不断的接触和交易中增进这份亲密感，最终产生不易更改和打破的归属感和忠实感，由此建立起的客户关系难得可贵。这是实体书店最不可取代和超越的优势，理应成为互联网时代实体书店得以转型发展的制胜法宝。具体而言，实体书店的运营优势如下：

（1）品牌优势

实体书店出现的时间较早，经过多年的发展，其权威、优质的品牌形象已经深深扎根于读者心里。新华书店作为人们最早的购书场所，已经化身为权威的文化传播符号，至今仍是读者进行图书购买的重要选择。同样的还有北京王府井书店、北京图书大厦、上海书城等综合图书市场，其地位无可撼动，特别是一些较为罕见稀少的图书，网络书店提供不了，在这些实体书店一般都能买到。有些实体书店经过多年的苦心经营，所培养而成的品牌归属感和忠实感是网络书店难以取代的。

（2）购书环境

实体书店与网络书店最大的不同，就在于实体书店是客观存在的，而网络书店是无形的。在实体书店中，读者可以真实地触碰图书，获得真实的读书感受。更可以直接欣赏图书的任意一个字、一幅图，包括纸张的用料、装帧设计、排版等，任何一个真实的感受都能随时触发读者的购买欲望。除了对图书的欣赏，读者还可以沉浸在充斥着书香和墨香的购物环境里，这也是互联网时代实体书店得以转型发展的基础。面对互联网的冲击，越来越多的书店立足实体书店的空间环境优势，加入咖啡、工艺品、设计品等相关元素，把书店从一个单纯的购物场所变成一个集购物、阅读、休闲、娱乐、聊天为一体的综合场所，如台湾的诚品书店、北京的单向空间等，充分发挥了实体书店的空间优势和环境优势，融合了现代读者在快生活节奏下对休闲娱乐的特殊需求，是实体书店增强市场竞争力、扩大市场份额的重要砝码。

（3）个性化体验

实体书店立足空间和环境优势，构建温馨舒适的阅读氛围，能够为读者提供个性化的、舒适的、独一无二的阅读体验。如北京三联韬奋书店于2014年4月18日晚正式开启"不打烊书店"模式，突破了传统实体书店在时间上的限制，为"夜猫子"读者提供了静谧、温馨、舒适的阅读环境，加之新颖的装修和温馨的气氛，成为北京读书发烧友、文化知识分子的雅聚之地。上海大众书局采用20世纪30年代"老上海"的装修风格，配上具有浓厚时代烙印的唱片机，与咖啡厅、创意商品区共同营造出独特的文艺氛围，大大提高了客流量。未来，实体书店的使用价值将从单一的图书购买场所向综合阅读市场转变，在快速的都市生活节奏中，为读者提供一个宁静、舒适、放松、愉悦的文化休闲场所。

2. 政策的决心

2011年，新闻出版总署与中宣部、住建部共同出台了《关于加强城乡出版物发行网点建设的通知》。2013年7月12日，财政部文资办与国家新闻出版广电总局印刷发行管理司共同发文，开展实体书店扶持试点工作。中央财政将从文化产业发展专项资金中拨款，对试点城市符合条件的优秀实体书店给予奖励，帮助其购置软硬件设备、支付房租、弥补流动资金不足等。[1]

相比之下，国外对实体书店的扶持政策起步较早，政策体系较为成

---

[1] 李桂君. 实体书店的功能分类及其发展分析[J]. 中国出版, 2014(21).

熟。日本设置专门的政府金融机构扶持中小书店的发展；英国建立基金，设立出版支持项目，运用财政拨款和补贴促进实体书店的发展；加拿大采用直接援助项目和控制措施支持实体书店；法国不仅为实体书店提供低利率的贷款，并放宽贷款期，而且实行统一出版物价格制度，颁布《关于违反〈雅客·朗法〉的惩罚条例》，规范了市场的定价行为，促进公平竞争。[1]

除此之外，欧美许多国家都对出版行业实行税收优惠等扶持政策。法国从2012年起实施与纸质书相同的电子书增值税率，将电子书的增值税率从19.6%降至5.5%。而英国、挪威、加拿大等国，对图书实施免征增值税政策。而我国目前电子出版物的增值税仅为6%，图书增值税率却高达13%。[2] 网络书店基本无须纳税，再加上其采用低价倾销的销售措施，实体书店的市场份额不断被瓜分，生存困难。对此，2012年起，杭州、上海等城市开始设置专项资金扶持实体书店的发展，虽规模较小，但为实体书店发展注入了一线希望。2012年2月，上海市新闻出版局出台《上海市出版物发行网点建设扶持资金管理办法》（以下简称《办法》）及《上海市出版物发行网点建设引导目录》，这是国内首个综合配套扶持实体书店发展的地方政府规范性文件。《办法》提出从新闻出版专项资金划拨1500万元支持出版物发行网点建设，其中500万元用于定向支持各类实体书店。[3] 同年，杭州宣布单独设立民营书店专项扶持资金，每年拨款300万元扶持民营书店。2013年12月25日，财政部、国家税务总局颁布《关于延续宣传文化增值税和营业税优惠政策的通知》，提出自2013年1月1日起至2017年12月31日，免征图

1　陈梦丽．实体书店的现状与未来[J]．东南传播，2012（3）．
2　蒋艳平，姚广军．实体书店的经营困境、原因及出路分析[J]．经营管理者，2013（21）．
3　包一雯．关于实体书店与网上书店如何实现融合的若干思考[D]．上海：上海外国语大学，2010．

书批发、零售环节增值税,[1]实体书店免税政策在千呼万唤中终成现实。政府部门对实体书店的高度关注和重点扶持,为实体书店的健康和可持续发展提供了有力的保障。

随着电子商务平台的发展和物流系统的完善,大众阅读消费选择更加多元化。在新环境带来的挑战下,实体书店为免于被迫倒闭的命运,必须利用互联网思维实现转型,这对推动全民阅读,促进学习型社会的发展具有十分重要的意义。

五、App 之战

随着互联网信息技术的快速发展,特别是移动互联网技术、无线通信技术、移动智能终端设计技术的不断更新和广泛普及,智能手机、平板电脑等移动终端因其便携性、多功能性,渗透到人们日常生活的方方面面,成为人们出行、工作、生活、学习必不可少的工具,也是人们掌握最新资讯、学习新技能、认知世界最快捷、有效的窗口。借助移动阅读终端,阅读进入"读屏时代"。而智能手机则是最普及、最便捷的移动阅读媒介,微信、微博已成为移动阅读的两大重要入口,网易、腾讯、新浪、搜狐四大门户之间你来我往,京东、亚马逊等图书电商积极响应不甘落后,今日头条、鲜果联播、VIVA 畅读、ZAKER、Flipboard 等阅读内容聚合模式趁势崛起。随着移动阅读用户的日益增多,移动阅读市场潜力巨大,阅读 App 之战愈演愈烈。

(一)移动 App 的兴起

移动互联网时代,人们的生活发生了翻天覆地的变化,读者体会到了更加快捷的信息获取速度,即时的信息沟通能力,多元化的信息传递路

---

[1] 程竹. 独立书店:该以什么理由生存[N]. 中国文化报, 2014-03-03.

径。在所有的移动阅读终端里，智能手机作为最普及、最便捷的移动阅读媒介，在市场份额中占据优势，在现代阅读中扮演着绝对重要的角色。智能手机通过微信、微博等软件的开发，渗入到读者的社交生活；通过休闲游戏软体的开发，参与到读者的娱乐生活；通过移动新闻客户端的登录，掌握了读者个性化的阅读偏好，移动阅读 App 更是借助智能手机平台获得了长足的发展。

首先，移动互联网的爆发式发展为移动阅读软件的崛起奠定了基础。中国互联网络信息中心（CNNIC）最新发布的《第 35 次中国互联网络发展状况统计报告》中指出，相较于中国网民通过台式电脑和笔记本电脑上网比例的下降，手机上网近年来却保持着较快的增长速度，截至 2014 年 12 月，我国手机网民规模达 5.57 亿，较 2013 年增加 5672 万人。网民中使用手机上网的人群占比由 2013 年的 81.0% 提升至 85.8%。手机网民用户数量的快速增长，主要有以下几个原因：

智能手机使用门槛低、功能齐全、价格相对低廉、用户覆盖率和普及率较高，即使在经济欠发达的偏远地区，智能手机也是必不可少的工具。借助智能手机这一媒介，能够在经济欠发达地区实现信息的全网络覆盖和传播。智能手机作为经济欠发达地区用户接触外部世界、认识新鲜事物最直接、有效、快速、便捷的手段，为提高用户文化素养，构建全面的知识结构奠定坚实的基础。

中国三大运营商——中国移动、中国联通、中国电信对手机用户的争夺此消彼长。无线通信技术推动 3G、4G 网络平台的建设和全网络覆盖，采用包月包流量的网络付费模式为手机用户提供便利。运营商为抢占市场份额而采取的竞争策略，迎合了手机用户的上网需求，手机用户作为最大受益者，不断吸引越来越多的潜在用户加入到智能手机的使用中来，促进了智能手机市场的良性循环。

无线网络覆盖能力的提升和智能手机价格的持续降低，带动了手机用户的增加。无线通信技术、信息技术的持续更新，不断完善和丰富手机用户的阅读体验，是增强手机用户网络使用黏度的有力保障。

  手机应用的层出不穷，不断满足和丰富手机用户的使用体验，大大增强了手机用户对手机的使用黏度。如微信的出现，推动用户的社交方式由单一的文字转为语音、视频、图片等的综合表达。同时微信通信应用与游戏引用、交易应用、健康应用等相捆绑，有效地利用起读者的闲暇时间，实现对用户生活方方面面的服务。智能手机利用碎片化时间，实现了对用户不断的吸引，增强了用户忠诚度。

  其次，移动互联网时代，借助智能手机平台和无线通信网络，移动阅读 App 层出不穷。第 35 次《中国互联网络发展状况统计报告》显示，2014 年，"手机网络新闻应用"在各类手机应用使用率排名中占比 73.3%，仅次于"手机即时通信应用"（占比 86.1%），跃居第二位，超越"手机搜索应用"，成为手机网民在 App 应用中的主要选择。

  艾媒咨询《2015 上半年中国手机新闻客户端市场研究报告》显示，截至 2015 年上半年，中国手机新闻客户端用户规模已达到 4.89 亿，相比上年年底增长 9.2%，手机新闻客户端在手机网民中的渗透率已达 74.5%。随着阅读习惯的改变，人们越来越倾向于即时性、碎片化的新闻，传统新闻获取渠道已经无法满足手机网民追求多样化新闻的需求，而手机新闻客户端凭借其在移动端良好的表现，得到了用户的认可。

  综上所述，依托于智能手机发展平台，移动阅读 App 在产生之初便呈现出顽强的生命力和发展潜力，规模效应明显，成为智能手机应用的重要领域。

（二）激烈的 App 之战

  除了新型的数字媒体，在数字化浪潮中，传统报刊媒体也开始纷纷涉足移动阅读 App 应用的研发之列。一时之间，各种手机客户端层出不穷，而用户的注册量也以不可估量的速度快速增长。

  截至 2015 年 9 月，在苹果商店 App Store 输入关键词"阅读"，可得到 5722 个搜索结果，对应的是 5722 款不同形态的移动阅读软件。在众多的移动阅读应用软件中，门户网站推出的新闻客户端成为移动智能手机获取新闻资讯的主要途径。2014 年，搜狐新闻、网易云阅读和腾讯新闻 3 家手机客户端用户数量破亿。其中，搜狐新闻客户端成为中国最大的移动阅读平台。以上种种说明，移动阅读市场前景广阔，目前已取得初步的成功，具体表现在以下几个方面。

首先，用户覆盖面广，数量庞大。2012 年，智能手机已经超越电脑成为我国第一大上网终端。2014 年，中国手机网民规模达 5.5 亿。庞大的用户群体刺激着移动阅读 App 快速发展。

其次，阅读产品种类繁多。移动阅读应用成为各大主流媒体、门户网站、运营商抢占移动互联网市场的主要平台。具有内容资源优势的传统出版集团，如外语教学与研究出版社推出双语阅读 App "爱洋葱"、《三联生活周刊》推出"节气"；具备技术资源优势和传播优势的门户网站推出"搜狐新闻""网易云阅读""腾讯新闻"等；具备平台优势的网络电商推出"苏宁读书""当当读书""Lebook"等；具有用户优势的运营商如中国电信推出"天翼阅读"，中国移动推出"和阅读"；还有期刊、资讯类阅读 App 如"今日头条""VIVA"；听书类 App 如喜马拉雅听书、天行听书，等等。

第三，阅读产品形式丰富，各具特色。阅读 App 从内容上分为资讯类、图书类、杂志类；从形式上分为平台模式、单行本模式、系列图书模式。大多数 App 多采用平台运营模式，也有少量图书类 App 采用单行本模式和系列图书模式。平台 App 是用户只需要下载一个应用，就可以在上面挑选喜爱的电子书，然后免费或者付费下载，离线或在线阅读。单行本 App 是指单一电子书的应用化，将电子图书做成应用软件，然后在苹果商店或安卓市场上销售。每一本电子书都是单独的应用软件。两者相比，平台优势更为明显，成本低、价格随时调整、入口单一、所占内存较少等。而单行本大多是出版社为了重点打造某一图书品牌所采取的营销措施。如华东师范大学出版社推出的"解读敦煌"系列 App，共包含 13 个单行本 App。这就需要出版单位从内容、设计、销售、宣传、推广等多个角度加强对 App 的设计把关，毕竟单行本不同于平台类 App，每一次阅读都是一次单独的下载和付费行为。

（三）另一种反思

移动阅读 App 繁荣发展的背后，同样危机四伏。首先，市场细分尚未形成，App 差异化不明显。虽然当前移动阅读 App 层出不穷，但同质化现象严重，特别是平台类 App。尽管一些平台类 App 在上市之前就具有较大的市场影响力和占有率，但大部分 App 在内容资源聚集、排版设计、产品营销策略上趋于雷同，尚未形成差异化发展格局。在激烈的市场竞争中，明确市场定位，扬长补短尤为重要。尽管各大阅读 App 或具有内容资源优势、或具有平台优势、或具有用户优势，但大多 App 特色不明显，终将被激烈的市场竞争优胜劣汰。因此，移动阅读 App 要想屹立于竞争之林，首先要进行目标市场定位，然后根据目标市场读者的需求特征，进行产品资源整合，制定出营销策略，提升市场辨识度，实现个性化、差异化发展。专注是互联网时代的生存法则，面对纷杂的商品市场，唯有专注才能集中力量发挥特色，唯有特色方能吸引读者注意力，形成市场竞争力。

其次，随着移动 App 的持续更迭，用户忠诚度难以养成。一方面，正是由于目前大部分阅读类 App 尚未形成较为鲜明的发展特色，用户对 App 的辨识度较低，难以形成用户对产品绝对的忠实度。另一方面，互联网时代，读者面临太多的选择，无须使用某一特定的平台或途经完成某一本图书或者某一条资讯的阅读，纸质书、阅读平台、搜索引擎都是可供选择的阅读媒介，特别是移动互联网时代，将用户固定在某一特定产品上难上加难。因此，移动阅读类 App 要想培养用户黏性，应当从内容和体验两方面入手，紧抓用户阅读需求，实现阅读功能的完善，形成以用户为核心的市场竞争力。如提高用户在产品中的参与和互动，提高其对产品的认同和依赖。或者完善内容文字的编辑水平和设计排版，在细节中把控读者的阅读体验，实现读者对应用软件的认同。

目前，大部分商家因平台类 App 较为明显的竞争优势，纷纷涉足其中，仅资讯阅读平台就有几十家之多，鱼龙混杂，参差不齐。但经过激烈的市场竞争，优胜劣汰，最终留下的只会是定位精准、功能健全、用户为本、注重用户阅读需求和体验的优质资源平台。

第二章　阅读史：阅读的功能与特征

受技术的影响，以不同传播媒介为载体的阅读方式出现了两次重大转折，催生出三种不同的阅读方式：传统阅读、现代阅读和后现代阅读。

一、传统阅读——作者为王

自古以来，中华民族都是一个重阅读、重知识、重文明的民族。"万般皆下品，唯有读书高"足以准确表达出当时社会对阅读的重视和推崇。为孩子尽可能地创造读书的机会和条件也是当时社会每一位父母的责任和义务。由此产生的阅读文化具有以下几个特征。

（一）作者主导制

传统阅读的主要阅读文本是四书五经、孔孟文学，这是每一个读书人即使不能全部理解也要完全熟读和背诵的。每一位学童从识字之日起，都是在熟背前人"只言片语""微言大义"中度过的，通过反复朗读和背诵，领会其中的精神内涵和实质。传统阅读里，作者作为内容生产者，处于核心地位，读者只是基于前人知识上的反复背诵，无须质疑，更谈不上再创造。读者唯一能做的就是"作注",也因此创造了我国传统文化中考证、注疏文化的源远流长,推动了我国典籍出版的发展。

(二)小众阅读

传统阅读具有小众化的特点,具体而言就是阅读内容的小众化和读者群体的小众化。阅读内容的小众化是指传统阅读中,读者的阅读对象主要是"四书五经",读其他的书被认为是"不务正业"。然而"四书五经"的内容毕竟有限,读者只能反复背诵,细细研读,深度阅读成为一种常态。读者群体的小众化是指受经济条件的限制,读书是有钱有闲人家子女的特权,一般人不具备读书的条件。

(三)阅读载道

传统阅读赋予阅读"承德载道"的历史使命,推崇"道成于学而藏于书"。读书人载文以道,更是载阅以道,他们认为读书是安身立命之本,治国兴邦之道,更以"正心、修身、齐家、治国、平天下"作为阅读之根本,希望通过阅读明智明理,修身养性,济世济生,求德求仁。[1]

(四)功利性阅读

不可否认,古代读书人中不求功名利禄、达官显贵的不在少数。但大部分人经过数十载寒窗苦读,无非就是希望通过科举考试改变命运,正所谓"书中自有黄金屋,书中自有千钟粟,书中自有颜如玉"。因此,传统阅读具有鲜明的功利性。当然,中国的读书人向来具有"正心、修身、齐家、治国、平天下"的社会责任感和修身养性的情怀,为此,读书的功利性和社会责任感达到了有机地结合。

---

[1] 周蔚华.后现代阅读方式的兴起与出版转型[J].中国人民大学学报,2007(1).

（五）记忆导向

传统阅读大多采用私塾式的教育方式，私塾教育的典型特征就是"不求甚解，但求会背"，追求"书读百遍，其义自见"的教学效果。古代读书人更以熟背"四书五经""圣人名言"为炫耀的资本。因此，传统阅读是记忆导向式的，对文人墨客的背诵能力和记忆能力提出了较高的要求。

二、现代阅读——生产为王

传统阅读具有较强的时代烙印，并因其存在的合理性成为中国传统教育方式的主流。但随着工业技术的发展，在工业化浪潮的裹挟中，传统的阅读方式和阅读习惯受到强烈的冲击，人们的阅读方式发生了前所未有的变化，现代阅读应运而生。

（一）生产者主导制

现代阅读建立在大工业规模化生产的基础之上，呈现出以内容生产者为主导的倾向。日本作家神机晴夫最早提出"现代出版是一个创作出版的过程"的理论。[1] 现代社会，阅读内容的生产者根据读者的需求，进行出版内容的创意设计，然后根据创意设计寻找风格相似的作家，作家根据内容生产者的要求和创意设计进行文章的编辑写作，最终由两人共同商议成稿，通过多种渠道加大宣传推广力度，从而进一步诱发读者的阅读需求，引领阅读方向。因此，内容生产者，也即出版商是现代阅读的主导者，即便是作家都要听对其言听计从。所以，现代阅读是生产者为主导。

1　周蔚华.后现代阅读方式的兴起与出版转型[J].中国人民大学学报，2007（1）.

（二）工业化阅读

现代阅读建立在大工业生产的基础之上，具有标准化、定制化、产业化、规模化生产的特征。这在一定程度上促进了阅读的产业化发展，但也因此带来阅读的过于产业化和商业化。阅读本身所具有的个性化、差异化、创作性被磨灭，从而呈现出简单、统一、可批量定制、可复制生产的特性。从此，阅读从精英走向大众，实现了阅读覆盖率的全面提升。从整个社会来看，为提升社会的整体文化素养带来积极的影响，但从长远来看，缺乏深度阅读和思考，势必会影响社会的可持续发展。

（三）理性阅读

长期以来，培根和笛卡尔的理性主义在西方社会思潮中居于主导和支配地位，成为现代社会的思想基础。理性主义追求思维的严谨性、知识结构的系统性和完整性，强调理性，强调规律，强调凡事必有其根源、也将按照基本规律发展。因此，以理性主义为显著特征的现代阅读，在阅读理念上追求阅读宽度和阅读深度的统一，是宽度基础上的深度化，亦是深度基础上的宽度化。

（四）竞争性阅读

现代社会，资本主义市场竞争充斥于社会的每个角落，竞争无处不在。优胜劣汰是基本法则，鞭策着人们不断追求个人能力的提升。为了在激烈的市场竞争中免除"末位淘汰"的困境，人们通过各种努力，加强学习，不断提升个人技能，提高个人竞争力，以期通过知识改变命运。阅读作为读者的内在需求，是现代生活的基本状态，推动着现代阅读的发展。

（五）功利性阅读

正如上文所言，现代阅读也是基于内在需要而存在的。这种"内在需要"大多来自于生活和工作的各种压力。进入到现代社会,计划经济被打破,市场经济下社会竞争加剧,人们迫于压力,不得不加强在某一特定技能上的学习和提升。因此,为什么读书、读什么书、怎么读书,都具有较为功利的目的性。特别是20世纪90年代以后,我国确立社会主义市场经济体制以来,与经济学、管理学、医学、法学、外语、计算机等实用性较强科目相关的考试教材和辅导教材在图书市场销售份额中持续居高不下。随着人才竞争的日益白热化,功利性阅读还将持续存在。

20世纪,整个社会处于大规模转型时期,现代阅读方式占据主导地位。但从20世纪90年代开始,随着互联网信息技术的蓬勃发展,新的阅读方式随之产生,并对社会发展和产业格局带来重大影响。这就是后现代阅读方式。

三、后现代阅读——读者为王

互联网信息技术的快速发展,使阅读呈现出后现代主义特性,后现代阅读方式兴起,标志着人类从此进入后现代阅读时代。不同于传统阅读和现代阅读,后现代阅读表现出以下主要特点。

(一)读者中心制

后现代主义反映在消费社会,主要表现为以消费者需求为导向的市场观。后现代阅读是一种突出主体、彰显个性、强调特色的阅读方式。后现代社会,读者具有绝对的自主权,不再是单纯被动的信息接收者,而是阅读产业的核心。阅读内容生产者不再处于主体地位,而是让位于读者,开始以读者为中心,以读者的阅读兴趣、阅读需求、阅读方式为基础,生产迎合读者喜好、符合读者阅读习惯、吸引读者注意、满足读者需求的阅读内容。

（二）碎片化阅读

不同于传统阅读和现代阅读，后现代阅读的内容呈现是支离破碎的、不完整的。后现代阅读的内容生产者关注的是，如何在海量的信息资源面前，快速吸引读者的注意力。这是在快生活节奏下，人们的阅读和思考时间被分割所带来的直接后果。因此传统阅读和现代阅读在文字推敲、情节设定、结构斟酌方面所作出的努力，在后现代阅读中，显得并不那么重要。没有深度的结构和文化内涵，后现代阅读的叙述文本是发散的、逻辑散乱的。同时，受互联网超文本链接的影响，读者阅读的专注度被打散，读者从一个网页链接到另外一个网页，并不影响阅读的连续性，但对知识获取的完整性造成一定的影响，读者所获取的知识和资讯大多是碎片化的，这是对传统阅读方式以及现代阅读方式的颠覆、解构、重建、破坏。

（三）浅阅读

如果传统阅读强调的是阅读的"深度"，那么现代阅读强调的是在"深度"基础上"广度"的延伸，而后现代阅读则更加注重"广度"而轻"深度"。后现代阅读时代，读者面临海量的阅读信息，可以根据个人喜好随意选择阅读内容，甚至可以实现在不同知识领域里自由的穿梭，但正因为此，大部分的阅读，与其称之为"阅读"，不如理解为"浏览"、"扫描"。读者对阅读的要求从深入探究转为简单了解。浅阅读是后现代主义的主要特征之一，大到宇宙银河，小到花草鱼虫，从古今中外的历史到明星的八卦新闻，只要你想读，都能读到。因此，如何为读者提供"想读"的内容，吸引眼球，激发读者的阅读兴趣，成为后现代阅读的重要课题。

（四）趣味阅读

快生活节奏下，人们面临巨大的生活压力。闲暇之余，轻松愉快、无须过度思考的资讯和文章，成为人们的阅读首选。随着互联网技术的快速发展，阅读从单一的文字阅读向文字、图片、视频、音频等多媒体方式转变，阅读进入"读声时代""读图时代""读屏时代"。阅读内容不求承载过多的文化内涵，只求风趣幽默，阅读成为人们闲暇工作之余重要的休闲娱乐方式，这是后现代阅读对知识的解构，也是后现代阅读的阅读需求。

（五）交互性阅读

无论是传统阅读还是现代阅读，信息的传播者和接收者都是彼此分离的。内容生产者是传播者，读者是信息接收者，书籍、报刊是连接双方的重要媒介。但后现代阅读社会，随着互联网技术和信息通信技术的应用和普及，作者和读者、传播者和接收者并没有那么清晰的角色界限，甚至在特定情况下，两者是可以相互转化的。读者亦是作者，传递者抑或是接收者。两者的关系是双向的、互动的、多维度的，而不再是单向的、对立的。角色双方的交互共通是后阅读时代不同于传统阅读和现代阅读最显著的特征和魅力。

传统阅读和现代阅读追求"读万卷书，行万里路"，后现代阅读则推崇"网行天下"。互联网时代，后现代主义的阅读特性极大地冲击了出版产业格局，引发人们对阅读的恐慌和反思，一时之间，关于"纸质书消灭论""视觉奴隶论""深阅读灭亡论"的谈论莫衷一是、众说纷纭、争论不休。究其本源，无非就是技术进步引发的阅读方式的变化，而不是人们所恐慌的阅读活动的终结。

第三章　危机感：阅读的现实与忧患

随着互联网信息技术的发展，传统的阅读方式日益被现代阅读方式所取代，而互联网时代的后阅读方式后来居上，对人们的阅读习惯、阅读方式，甚至是思维方式产生了难以估计的影响。对此，有人乐见互联网催生阅读方式的多样化，有人则惊呼互联网带来了"阅读危机"。

一、功利阅读，乐趣尽失

无论是新华书店等实体书店，还是当当、亚马逊等网络书店，无论是盛大文学、中文在线等在线读书网站，还是豆瓣读书等图书评论网站，最受关注的图书无非就是"如何快速致富""如何成为马云""如何成为哈佛女孩/男孩"之类的经济学、成功学书籍，这类图书还常常登上畅销榜首的宝座。虽然，经典文学类书籍的地位无可撼动，但是，实用性、功利化的阅读亦是热度不减。

长期以来，社会各界包括普通民众都对"功利性阅读"持反对的态度。对功利性阅读的讨伐主要包括以下几个方面：功利性阅读造成全民阅读率下降，破坏了阅读的纯粹性；功利性阅读使图书成为一种"快餐""便利品"，造成读者良好阅读习惯的丧失，国民人文素养的普遍缺失；功利性阅读对精品阅读、经典阅读造成毁灭性的打击，过分迎合市场需求不利于构建国民多元化的知识结构，不利于人才的全面发展；功利性阅读形成人们对知识的不尊重，造成社会知识创新能力低下，学术造假、文化垃圾现象屡禁不止。

（一）何谓"功利性阅读"

功利性阅读具有广义和狭义两种理解。广义的功利性阅读，是中性词，强调阅读为了获得某种利益、实现某种愿望，即为了目的而读书。这里的"目的"并无褒贬，如何快速致富是目的，提高文化知识是目的，培养人文素养是目的，实现身心的愉悦和放松更是目的，从这层含义上理解，所有的阅读都是"有目的性"的、"功利性"的。

狭义的功利性阅读，具有明显的贬义，其目的多为"功名利禄"，强调阅读只是读者快速获取短期利益、眼前利益、低俗利益的工具。这类读者往往有选择、有针对性地进行某一类图书的阅读，不在乎图书的价值水平和文化内涵，一旦利益实现或是没有通过阅读快速实现，将不再进行阅读活动，他们往往对有文化价值内涵、陶冶情操的书籍不予理会。狭义的功利性阅读随处可见，对于阅读养生保健医学类用书的老人读者而言，功利性阅读表现为为了养生保健而阅读；对于阅读与工作相关类书籍的在职职工而言，功利性阅读表现在为了工作晋升、评职称而阅读；对于阅读教科书、辅导教材等书籍的在校学生而言，功利性阅读表现为为了考试、升学而阅读。

（二）功利性阅读需要善待

当今社会，日益加速的快节奏生活助长了功利性阅读的"滋生"。生活节奏的加快，使得读者没有时间在阅读中思考，更不会因阅读产生任何疑问，简单易懂的"快节奏"书籍成为人心所向。同样，快节奏的生活也促使读者的阅读需求倾向于快捷、便利、简单、易得，使得阅读变得更加功利性，眼前利益远大于长远利益。特别是，随着互联网、数字电视和智能手机、iPad等移动智能终端的快速发展和普及，阅读信息资源迅速膨胀，在快节奏的生活工作方式下，读者面对海量的阅读信息，无暇选择，思考成为奢侈品。同时，随着智能技术的推动，视频、音频阅读成为人们生活中日益重要的阅读方式，但是这种以直接欣赏为主的读图阅读和读声阅读极大地冲击了以思考和想象为主流的文字阅读，使得阅读更加直接快速，思考性更弱，娱乐性更强，功利性阅读特征更加明显。

功利性阅读有违阅读的本意，阅读的真正目的在于知识的获取、情操的陶冶、人文素养的培养、知识结构的构建，通过思考、质疑、解惑，在知行合一中实现和提升阅读的价值，看似"无为"实则达到"有为"的目的。而功利性阅读弱化了阅读中通过认真思考实现个人综合素养提升的价值内涵，过分突出"有为"反而会导致"无为"，缺点显而易见。尽管，从广义的角度，阅读终是"有目的性"的，但是过分强调功利性，反而会使阅读沦为"快餐"，看似华丽但食之无味，毫无价值。对个人而言，功利性阅读不利于个人的综合、全面发展；对整个社会而言，功利性阅读的泛滥一方面会对出版行业造成难以想象的摧残；另一方面会造成浮躁、迷乱的社会风气，进一步滋长阅读的功利性，从而进入恶性循环的怪圈，难以整治。这种缺乏思考和创新的社会风气，会对人类文明和历史发展造成毁灭性的冲击。

功利性阅读确实是不可取的。但是过分强调阅读的纯粹性和无目的性，更是不现实的。一方面，快节奏的生活方式、巨大的工作生活压力，使人们承受着无所不在、难以疏解的精神压力，尽管大部分读者并不能做到平心静气、简单纯粹的阅读，但阅读仍是缓解焦躁、舒缓神经最有效的途径；另一方面，竞争无处不在，人们需要通过阅读不断增强知识储备、提升个人技能、提高社会竞争力。从某种角度而言，功利性阅读是竞争激烈的社会现实的必然产物，读者在不自觉、无意识中就被卷入功利性阅读的范畴。

另外，我们必须承认，良好的阅读习惯大多不是天生就有的，而是后天经过长期的培养日益形成的，我们不能苛求所有的读者从一开始就有端正、纯粹的阅读心理，这是不现实的。即使拥有良好阅读习惯的读者，其阅读初衷也大多是功利性的，或为求知、或为审美、或为放松，但随着阅读兴趣的日渐形成，阅读面随之打开，良好的阅读习惯从而养成。因此，我们要营造宽松的阅读氛围，适当包容功利性的读者群体，并给予合理引导，培养其阅读兴趣和良好的阅读习惯。但是，这不意味着功利性阅读值得提倡，而是在目前的社会现实中杜绝功利性阅读并不现实，需要顺应时势，引导功利性阅读群体从浅层次阅读向深度阅读过度，其最终目的都是阅读的去功利化。

目前社会各界的讨伐大多混淆了"阅读的目的性"和"狭义功利性阅读"的概念。正如董一凡教授在《客观认识功利性阅读的概念及功能》一文中指出，这种认识存在一定的误区。"'目的性阅读'不应是划分'功利性阅读'的标准"。阅读的目的性是阅读的基本特征。正如何兆武先生所言，"读书本身就是目的，过程本身就是最大的价值，不能用功利标准来衡量。"读者带有明确的目的性去阅读，并没有错。作为一种阅读习惯，它并不承载任何社会责任和义务，更不会造成大家所恐慌的各种危害。"功利性阅读"之所以受到那么文人学者的抵制，主要是因为混淆了阅读方式和阅读目的的概念。

总之，我们不能因为阅读行为具有功利性，就将功利性阅读视为洪水猛兽，全面否定功利性阅读在推动整个社会全民阅读进程中的作用和价值，而应当认真区分思考"功利性阅读"和"阅读的目的性"，以客观理性的态度研究其特有的规律与特征，力争使我们对阅读的认识走向理性。

二、纸书终结，老生常谈

（一）岌岌可危的纸质书

随着互联网信息技术的快速发展和普及，数字化阅读以雷霆之势迅速深入人们生活的方方面面，实现了爆发式发展。不仅沉重打击了传统的阅读方式，创造了新的阅读习惯，而且深刻冲击了阅读产业的生产格局，使阅读产品与服务的生产、销售、营销等各个环节发生了前所未有的变革。以报纸、图书为主的纸质阅读产品经营越来越惨淡。2008年10月，《基督教科学箴言报》（100年历史）向世界宣布，自2009年4月起停止印刷版，转为经营报纸网站。2009年2月，《落基山新闻报》(102年历史)、《AnnArbor新闻报》(175年历史)[1]和《西雅图邮讯报》(147年历史)等一批百年报纸停止发行印刷版。同年12月，被视为北美报业最有影响力的行业期刊《编辑与出版人》停办。2012年12月，有80年历史的美国《新闻周刊》发布了创刊80年的最后一本纸质杂志，封面采用前《新闻周刊》在纽约大厦的黑白老照片，并用醒目大字告诉读者，这是其"最后一期纸质发行"，[2]宣布2013年起停止出版印刷版、推出数字版，引发了"纸质书会否消亡"的争议。

纸质阅读发展乏力，纸质阅读危机在世界范围内扩散、蔓延，不仅使阅读产业极为发达的美国受到影响，欧洲、亚洲等国家和地区也受到不同程度的冲击。2012年，英国《卫报》和《观察家报》宣布将缩减印刷版，准备进军数字领域。2012年下半年，德国三家有影响的报纸《金融时报》《法兰克福论坛报》《纽伦堡晚报》相继宣告破产，造成上千人失业。2003~2007年五年间，日本报纸发行量连续下降，有65年历史的《读卖Weekly》杂志也于2008年底停刊。[3]2005年，我国各大主流媒体的报纸发行量和广告量出现全国范围的大规模骤减，意味着我国纸媒市场开始走向衰落。2008年8月，我国第一家中央级新闻报纸《中华新闻报》宣布停办。随后，传统报社纷纷宣布停刊甚至是关闭，越来越印证"纸媒消亡论"的预言。

---

1 杨凌星.报纸消亡，为时尚早——对"报纸消亡论"的梳理和思考[J].新闻世界，2015(4).
2 杨凌星.报纸消亡，为时尚早——对"报纸消亡论"的梳理和思考[J].新闻世界，2015(4).
3 胡燕磊."报纸消亡论"视角下报媒的生存路径探析[D].重庆：重庆大学，2013.

2010年4月，苹果公司在全球发售第一款iPad平板电脑，对阅读产业带来了前所未有的冲击。译言网总经理陈昊芝对此表示，"当你在iPad上看纽约时报、康泰纳仕旗下的杂志、使用过即时通信软件后，你就再也离不开它了。这是一个如此奇妙的过程。这是第一次，我发现它可以完全替代纸质书了。"[1]在此形势下，很多人都认为，随着iPad、Kindle等阅读终端的愈加成熟，纸质书将逐渐失去其原有的地位，电子书取代传统的纸质出版，只是一个时间问题。

早在20世纪90年代，互联网刚刚兴起之时，就有人断言互联网将完全摧毁现有的媒体传播方式。随后，关于"纸媒消亡论""报纸消亡论"的争论从未停息，且有愈演愈烈之势。美国卡莱罗纳州立大学的菲利普教授在《正在消失的报纸：在信息时代拯救记者》一书中宣判了报纸死亡的具体时间："到2044年，确切地说是2044年10月，最后一位日报读者将结账走人。"[2]我国也有学者指出："可以预言50年后纸质媒体将在主要国家退出历史舞台。考虑到全球社会经济科技发展的不平衡，100年后，人们将只能在博物馆中见到纸质媒体了。"[3]联合国世界知识产权组织总干事弗朗西斯·加利在接受《日内瓦论坛报》采访时说，纸质书可能30年后消失。"这是一场革命，它无关对或者错。多个研究结果显示，纸质书将于2040年消失。在美国，它们将于2017年消失。"[4]世界报业营销协会会长维尔舍森也曾预言报纸将走进博物馆。比尔·盖茨在2005年50岁生日当天也曾预言：未来10年，纸张都将在事实上失去其作为信息载体的意义，大量信息将通过电子途径送达个人信息终端。之后盖茨在接受记者采访时断言："报纸的寿命还有50年，代替报纸的是

1　马李灵珊.iPad将带来什么[J].南方人物周刊，2010（13）.

2　王勇."报纸正在消亡"吗？——对近八年世界日报发行量前100名的比较研究[J].新闻界，2010（5）.

3　匡文波.纸质媒体还有明天吗[J].现代传播，2004（4）.

4　郭全中.2013年广告市场将比去年乐观[J].新闻界，2013（2）.

电子写字板。"

（二）纸质书的春天

尽管数字化阅读具有可选内容多样、随时随地便利阅读等优点，但传统阅读经过几十年发展，根植在读者脑海中的阅读优势和权威地位难以在短时间内消失。2012 年，英国有近 60 年历史的老牌媒体《卫报》称将缩减印刷版业务，伦敦市长鲍里斯·约翰逊专门撰文，捍卫纸质书的存在价值："如果你们停掉这个以油墨与纸浆为载体、承载着历史的印刷版报纸，那将是一场国家灾难。你不可能用'在线'的方式还原新闻纸上的内容，互联网上充斥着色情与废话，我们需要在书报亭里看到智慧，我们需要在地铁里拿着报纸沉思。"[1]

第十二次全国国民阅读调查数据显示，2014 年，受数字媒介迅猛发展的影响，数字化阅读方式的接触率为 58.1%，较 2013 年上升 8.0 个百分点。网络在线阅读、手机阅读、电子阅读器阅读、光盘阅读、平板电脑阅读等均有不同程度的上升。我国成年国民图书阅读率为 58.0%，较 2013 年上升 0.2 个百分点；报纸阅读率为 55.1%，较 2013 年上升 2.4 个百分点；期刊阅读率为 40.3%，较 2013 年上升 2.0 个百分点。[2] 纸质书的阅读量虽增长缓慢但仍保持较为稳定的增长速度。与此同时，调查结果还显示，70% 以上的国民更喜欢纸质阅读，更有读者表示会在阅读电子书以后购买纸质书进行收藏。根据调查结果，我们不难发现，纸质书的市场依然存在，大部分人依然偏好使用纸质书进行阅读，纸质书的阅读价值和收藏价值是难以磨灭的。

事实上，纸质书的发展现状和未来并非我们以为的那么堪忧，读者对纸质书的期待和喜爱并未削减，同样纸质书的市场需求也相对稳定。随着技术的不断更新升级，越来越多的电子阅读器、移动阅读客户端迎

---

[1] 陈建华. 逆网络生存 [J]. 书屋，2015（3）.
[2] 洪玉华. 第十二次全国国民阅读调查结果发布 [N]. 中国新闻出版报，2015-04-21.

合市场需求，开始研发贴近纸质阅读感受的电子书。Kindle在这个领域的努力和成就有目共睹。但是电子书毕竟是电子书，尽管在感觉上接近纸质书，但并不能完全替代纸质书的阅读感受。随着未来信息技术的发展，电子书将越来越接近更加真实的纸质阅读感受，但完全取代似乎并不可能。那些经常使用移动终端、电子设备进行阅读的读者，反而更加能够感受到纸质书阅读的舒适，于是在数字化阅读的浪潮中，出现了纸质阅读体验的反潮流。

相较于纸质书，电子书具有便于携带、储量大等优点，能够满足读者随时随地、方便快捷的阅读需求，但是缺少了阅读的真实感和文化底蕴。正如一些读者所言，在书海中精心挑选自己喜欢的图书本身就是一种乐趣，这是电子时代所缺少的。电子书更多的是一种信息查找，并不能激起文化的共鸣和思想的迸发，电子书更多的适合浏览，而纸质书是品读。纸质书除了能给读者带来真实的阅读体验以外，还更容易在书影墨香中为读者营造阅读的氛围和乐趣。纸质书具有电子书不可比拟的"书香味""文化味"。

尽管随着互联网技术更新升级，新旧媒体融合发展，数字化阅读成为不可扭转的趋势，但是纸质书却因其独特的优势，具有不可撼动的地位。目前，纸质书发展的关键在于能否审时度势，根据市场需求的变化及时调整发展策略和方向，勇于创新。在数字化浪潮中，纸质书应充分发挥自己的产品优势，独辟蹊径，实现差异化发展，维持并努力抢占更多的市场占有率。

三、视觉奴隶，丧失思考

（一）互联网时代的浅阅读

尼古拉斯·卡尔所著的《浅薄——互联网如何毒化了我们的大脑》自出版之日起就引起广大民众强烈的反响，谈论争议声不断。互联网给我们带来的是怎样一场变革？是新的希望还是毒害？真的让我们变浅薄了吗？这确实是值得发人深思的议题。

近年来，随着人们生活和工作节奏的加快，社会信息化程度的提高，信息量的剧增，人们的阅读方式也发生了很大的变化，主要表现为"浅阅读"代替"深阅读"，成为社会阅读主流。相较于旨在提升人文素养、实现感情共鸣、获取知识、汲取智慧的深阅读，浅阅读是一种浅易阅读、快餐式阅读，具有浏览性、任意性、跳跃性等特征，具有浅阅读习惯的读者在阅读中重量不重质，强调对知识的迅速吸收、获得和更新，知识存储能力较弱，能够在浅显阅读之后迅速将所学抛之脑后。浅阅读更是不求甚解、走马观花式的阅读，缺少对阅读内容的深入思考和吸收消化。浅阅读与其说是在阅读，不如说是在浏览。

对此，社会各界人士深表忧虑。"浅阅读，是一个危险的信号，"作家王蒙在上海图书馆"读万卷书，行万里路"论坛上谈到网络阅读时指出，"网络时代让我们的阅读发生了巨大的变化。当阅读变得过分轻松、方便时，我有一个担忧：浅层的浏览会不会从此代替专心致志、费点劲儿的思考，久而久之成为人们的一种习惯。如此一来，阅读会不会变为表层浏览、浅层思维？人们看似夸夸其谈、无所不知，事实上却缺乏深入的、系统的、一贯的思考。"不可否认，随着互联网的发展，移动阅读的兴起，"浅阅读"已经成为一种社会潮流。读者充分利用碎片化的时间提升阅读量的同时，也带来阅读的浅显化、快餐化。我们应当在肯定互联网带给我们阅读便利的同时，认真反思浅阅读泛滥的危害。

（二）何谓"浅阅读"

"浅阅读"是相对于"深阅读"而言的，也是我们通常所说的"略读""快读"，其主要目的不是为了获取知识、提高人文素养，而是为了获取短时期内的精神愉悦和快感。浅阅读通常采用跳跃式、不假思索式的浏览方式进行阅读，具有快餐式、跳跃式、浏览式、碎片式的阅读特征。随着移动终端和移动阅读的兴起，碎片化的浏览式阅读终将取代传统阅读，成为主流阅读趋势。具体而言，浅阅读具有以下几个特点。

（1）阅读内容的广泛化

浅阅读得以出现的原因是，快节奏的生活方式使得读者没有大量的时间和精力进行深度阅读，只能依靠碎片化的时间进行短文阅读，通过牺牲阅读内容的深度来换取阅读数量和阅读范围的广度。浏览式的浅阅读能够最大范围地实现阅读内容的扩大化，满足读者在短时间内增加阅读量的需求，拓宽读者的阅读面。

（2）阅读主体的扩大化

浅阅读让知识随处可得，使得阅读不再处于"束之高阁"的神圣地位，满足越来越多人的阅读需求。浅阅读消除了人们对知识的敬畏感，它不苛求读者拥有较高的学历水平，不强求读者在进行阅读之前对知识熟知和了解，使读者可以怀抱一种轻松、愉悦的心情进行阅读，更能激发读者的阅读兴趣。同时，视频、音频阅读使得一些较为深奥、晦涩的知识变得浅显易懂、生动有趣，让越来越多的读者较为便捷地实现了知识储备和认知能力的跃升。

（3）以读者为中心

在浅阅读中，读者能够在较为轻松愉快的阅读环境下，自主选择阅读内容和阅读时间，无须背负过多的阅读压力和学习的责任，更加自由随性，读者能够真正享受"悦"读的乐趣。如果深度阅读有其不得不承受的社会责任，那么浅阅读就是读者增强自我、愉悦自我的自由空间。

尽管如此，并不代表浅阅读是值得提倡的。在互联网时代，浅阅读暗含着阅读隐患。第一，浅阅读自带的娱乐性有违阅读的严肃性。互联网时代是眼球经济时代，又称注意力经济时代。一切信息的传递与传播都或多或少的为吸引读者注意，而加入不同程度的娱乐因素，阅读不再仅仅是获取文化知识的手段，也是一种娱乐方式，一种人们茶余饭后的谈资笑料。人们越来越倾向于通过简单的音频阅读、视频阅读、图片阅读，快速有效地获取信息，生活时尚类、明星八卦类、奇闻逸事类读物成为最受读者欢迎的栏目，阅读不再是一件严肃认真的事情。第二，为了增强趣味性的浅显表达难以凸显阅读的深刻性。读屏时代，衡量一篇文章或是读本好坏的标准不再是人们的评价，而是点击率。影响点击率的因素有很多，可以是精心策划的宣传活动，也可以是备受关注的热点话题，而文章真正的写作水平和文化内涵并没有太多人去关注。阅读流于表面，难入本质。特别是网络媒体本身所具有的"短、浅、快"的特征使得阅读的深度始终处于不被关注的边缘地位，快速的生活节奏和沉重的生活压力使人们变得愈加浮躁和肤浅，丧失独立思考能力，阅读不再是一件深刻有内涵的事情。

从个人角度，浅阅读可以让人"幸存"于信息旋涡之中，却很难让人在浮躁的社会中寻求心灵的宁静与归属。浅阅读遭到文人学者强烈抵制的根本原因在于，浅阅读使得人们在浩瀚的知识海洋里，逐渐丧失深入思考和探索的能力，看似读万卷书，实则一无所获。虽然，人们可以根据个人兴趣，有选择、有目的地强化自己在某领域的阅读量，但如此泛泛而读，浅尝辄止，是难以单纯依靠数量的增加而达到"质"的飞跃的。

从社会发展的角度，阅读始终需要肩负推动人类社会文明进步、知识传承与创新的重任，而社会的发展进步离不开知识的不断积累与创新，这是通过浅阅读难以实现的。每一个人都是社会的重要组成部分，一举一动都影响着社会未来的发展。个人浮躁则社会浮躁，个人浅薄则社会浅薄，个人浅阅读泛滥则社会浅阅读成灾。一个有责任感的读者，应该肩负起"社会人"的义务，不能一味追求浅阅读的快感和轻松，而无视社会文化内涵的丧失和思考力的退化。

（三）浅阅读：退化还是进步

互联网时代，浅阅读已经成为一种普遍存在的社会现实。一方面，阅读从精品走向大众，成为大众百姓日常生活不可或缺的一部分。另一方面，信息技术、移动智能技术的快速发展助推浅阅读的产生和普及。从某种程度上来说，浅阅读是社会发展到一定阶段的必然结果。

第一，信息技术快速发展和普及为浅阅读的盛行提供了技术基础。从表面上看，阅读是一种社会文化现象，但实际上，它既是一种人类活动与社会发展息息相关，又是一种文化活动，与社会文化风尚、社会价值的形成一脉相承，更是技术发展的产物，随着技术的更新变革呈现出不同的社会形态和时代特征。从活字印刷技术到广播电视技术，再到互联网技术，阅读先后经历了读书时代、读图时代、读屏时代。随着人类进入互联网时代，信息技术的更新升级为阅读内容的生产、传播、分享提供了难以想象的便利条件，阅读也因此有了更为丰富的内容资源和更加便捷的服务体验。无论是纸质书的多样化发展，还是电子书的更新换代，无论是网络在线阅读的日益产业化，还是掌上移动阅读的规模化，都得益于信息技术的快速发展。不断更新的智能技术，丰富的阅读载体，多元化的阅读表现都为浅阅读的盛行提供了条件。

第二，阅读主体的扩大化和年轻化是浅阅读日益盛行的社会基础。随着计算机技术与应用的普及，越来越多的网民依靠互联网进行在线阅读。在线阅读群体的扩大在一定程度上带来浅阅读群体的扩大，助长了"浅阅读"现象。传统阅读中深度阅读的基本特征，导致阅读群体聚集在知识分子中，普通百姓不具备阅读的条件和基础。随着社会的发展，一来大众的文化素养日益提升；二来阅读逐渐突破传统的局限，从精英走向大众。阅读不再是知识分子的专利。对大众而言，阅读从一件"能不能"的事情变成一件"想不想"的事情。读者无论知识积累的贫富，都是现代阅读的积极参与者。但是，知识积累程度影响读者阅读的深度。尽管大众积极参与社会阅读，但对阅读的要求较多地停留在"浅显、移动、轻松、感兴趣"的层面。浅阅读成为最适应其阅读需求和阅读习惯的阅读方式。除此之外，以"80后""90后"为主体的年轻人作为网民的重要构成部分，亦是阅读群体的主要构成。但受互联网后现代主义的影响，他们更多地追求视觉享受、感观愉悦、情感共鸣,"短、浅、快"的浅阅读自然成为首选。从某种程度上而言,浅阅读是最符合大众文化消费的特征,是最迎合大众阅读喜好和阅读习惯的阅读方式。

第三,浅阅读的产生是社会发展到一定阶段的必然结果。首先,面对快节奏生活带来的生活工作压力,读者不得不练就在海量的阅读内容资源中快速获取信息、掌握信息的能力。"浅阅读"是基于社会现实,更加迎合人们阅读需求和阅读习惯的阅读方式。其次,不可否认,互联网时代后现代主义盛行,阅读在一定程度上不可避免的带有娱乐元素,阅读的严肃性淡化。同时,阅读媒介的多元化,使集文字、图片、视频、音频等多媒体文本于一体的阅读形式成为可能,读者能够同时获得视觉、听觉的盛宴,阅读体验更加丰富多彩、形象生动。最后,互联网阅读作为最便捷、有效、低廉的阅读方式,成为人们进行阅读的首要选择,而互联网阅读的最主要特征就是碎片化、浏览性、跳跃性、随意性。追求深入思考的深层阅读减少,浅尝辄止的浅阅读盛行。的确,浅阅读的阅读方式相对自由,缺乏深度思考和探究,阅读漫无目的,猎奇娱乐的成分较多,浏览大于求知,娱乐大于解惑,感性大于理性。而且,浅阅读的读者大多较为浮躁,难以平心静气地专心阅读。然而,随着社会的发展,阅读的价值更加多元化。现代社会,人们更多的是把"浅阅读"作为一种轻松、愉快的休闲娱乐方式,希望通过浅阅读获得短暂的放松和疏解,因此不费脑力又能获取知识的音频阅读文本、视频阅读文本、图片阅读文本成为大众读者的最爱。在任意性、随时性、休闲性又略带娱乐性的"浅阅读"中,缓解生活和工作的压力,获得身体和心灵的愉悦,享受"悦读"的乐趣,就是阅读价值生活化的必然结果。

浅阅读是一把双刃剑。过度追求深度阅读的重要性,谴责浅阅读带来的社会危害是有违社会发展和大众阅读需求的。而忽视浅阅读带来的阅读隐患,任其恣意、泛滥发展,将会给社会带来毁灭性的打击。如果说深阅读是盛宴，浅阅读就是快餐。我们追求盛宴，亦离不开快餐。无论是深阅读，还是浅阅读，都只是阅读的一种形式，本身并无好坏对错。我们应该更多的去专注读者的阅读内容、阅读效果。于闹市中体会阅读的宁静，于书中体味世间百态。知识源自阅读又高于阅读，不断创新不断进步，才是阅读亘古不变、经久不衰的价值追求。

四、碎片信息，缺乏深度

随着移动互联网的普及，特别是微博、微信的广泛应用，人们的阅读生活逐渐被这些快捷、短小、杂乱的内容占据。手机出版物层出不穷，自媒体的微博、微信铺天盖地。"低头族"比比皆是，随时随地，人们的生活已经被移动互联网覆盖。这种覆盖使社会开放空间更为广阔、交流更加畅通无阻的同时，碎片化阅读扑面而来，让人们有史以来最为推崇的精品阅读、全面阅读受到严重的冲击。正如美国著名未来学家阿尔温·托夫勒在《第三次浪潮》一书中所言，借助智能手机、Kindle等移动电子阅读设备所接收到的断裂的、破碎化的信息，使完整阅读变得愈发不现实，我们终将进入"碎片化时代"——一个内容碎片化、行为碎片化、思考碎片化的阅读时代。[1]

以微博为例。微博自产生之日，就引发持续的关注和讨论。随着注册用户的日益增多，微博已经成为当下最火爆的阅读平台。Web 2.0时代，微博阅读成为当今社会阅读的常态。很多热衷写作的网红作家及写手纷纷转战微博阅读市场，在短时间内聚集了大量粉丝。图书出版企业纷纷迎合这种市场变化趋势，快速推出微博图书。如微博红人张发财的《一个都不正经》，80后资深相声爱好者东东枪的《俗话说》，网络红人奶猪出版的"段子集"《我呸》等，更有一系列"微博体"图书，如《精神病学院毕业

---

[1] 葛孟玲.民营实体书店的困境及其改革之路[J].长春理工大学学报（社会科学版），2012（7）.

生》《微书话》《蔡澜微博妙答》等。鉴于微博图书市场的火爆，著名导演冯小刚、主持人蔡康永、歌星梁咏琪等都纷纷表达出希望将微博整理成书进行售卖的意图。

微博受篇幅的限制，大多控制在140字以内。微博体作者绞尽脑汁，并不是为了尽可能准确地表达自己的思想，而是思考如何在短期内迅速抓住读者的注意力，促成热门话题。"微博体"图书是碎片化阅读最典型的代表，虽然是只言片语，却在简短的语言中表现出未来出版业的一个发展趋势。微博与图书的结合，是迎合市场"碎片化阅读"需求，满足读者阅读喜好的结果。但是，微博图书毕竟篇幅有限，所承载的文化素养和思想内涵空泛，甚至是微博的"边角料"，并不能称之为完整的图书。有些读者称其为"微博拼凑书"。

微博图书的畅销，引起社会各界的忧虑。北京大学中文系张颐武教授认为，碎片化阅读方式的畅销，代表着我们已经逐步进入碎片化阅读时代。在这个时代，浅阅读泛滥，读者缺乏思考和独立的思维，一味追求瞬间的感官愉悦而流于形式。真正的阅读应该是另外一种模样，读者专注于阅读，专注于感悟书籍的文化内涵，追求思想的共鸣。复旦大学历史学系钱文忠教授也曾表示"碎片化阅读充其量是一种浏览、一种了解，不能称之为阅读"。

（一）何谓"碎片化阅读"

"碎片化"源自20世纪80年代的"后现代主义"研究，原意是指将完整事物切割为各种碎片。如今，"碎片化"的概念已经广泛应用于医学、生物学、管理学、传播学、经济学等多个领域。"碎片化"作为社会多元发展的必然结果，是未来社会发展不可避免的趋势。"碎片化阅读"是指读者利用零碎的时间获取零碎信息的阅读方式。一方面是阅读媒介的"碎片化"，如智能手机、Kindle等电子阅读终端等；另一种是阅读内容的"碎片化"，如手机短信、微信、微博、各种阅读App的推送消息等。

碎片化阅读具有以下几个特征：

第一，阅读内容的碎片化。传统的阅读内容是完整的，承载于以线性叙事为主体的书籍之中，读者需要专注于阅读，在文字的起承转折中感受文学的魅力和情感的充盈。相比之下，碎片化的阅读内容是短小片段式的、是可中断、非结构化的。同时，在阅读的过程中，又会受互联网阅读文本超链接的干扰，跳跃到其他文本的阅读之中。文本的超链接使得读者的专注度下降，阅读时间和阅读内容呈现支离破碎的状态，阅读不再是完整的整体，而是短小、破碎化的，阅读呈现无序性、随意性、跳跃性等特征。正如戴维·申克（David Shenk）在《信息烟尘》中所言："我们享受了超级联结状态的种种好处，但是碎片化、压力、注意力涣散也将如影随形。个体在不间断接触片断性信息和世界时感到自己被切断了与一种整体感之间的联系。"[1]

第二，阅读时间的碎片化。快生活节奏下，随着工作的忙碌，人们很难抽出完整的时间进行阅读。智能手机、移动电子阅读设备给人们带来便利，方便人们利用上下班途中、排队等位时、开会间歇期等支离破碎的时间，进行阅读。一方面，增加了阅读时长，提高了阅读量。另一方面，也使得传统的完整阅读成为一种奢望。

第三，阅读注意力的碎片化。互联网时代，信息量大且更新速度快，受眼球经济的驱使，人们的注意力很容易从一个事件转移到另外一个事件。读者被信息推着往前走，思维随着信息的流动"居无定所"。这些造成读者注意力的片段化、破碎化、游离化，很多人因此患上信息焦虑症。

（二）碎片化阅读并非"洪水猛兽"

尽管如此，碎片化阅读并非一无是处，不应全盘否定。任何事情的

---

[1] 吴海珍."碎片化"阅读的时代审视和理性应对[J].河南图书馆学刊，2014（3）.

"利"和"弊"都是相辅相成，共生存在的，碎片化阅读也不例外。我们应当清醒地认识到，碎片化阅读的泛滥所带来的不利影响，如导致读者注重享乐、头脑简单、思维僵化；使得读者没有时间进行系统、严谨的研究，辩证严肃的思考，而疏于知识的创新和再创造；造成读者的阅读惰性，使得读者过度依赖网络的信息搜寻功能和提问功能，直接快速获取零碎的、有待考证的二手资料，而非经过丰富的、准确的图书查阅和辩证思考而获得系统的知识体系，等等。碎片化阅读严重冲击了传统的阅读习惯、阅读行为、阅读方式，是对人们的思维方式、知识结构、思考能力、判断能力的严峻考验。碎片化阅读带来的是阅读数量和阅读总时长的增加，而非阅读深度的增强。亦如美国科技作家卡尔所忧："碎片化阅读牺牲了深入阅读的功能，变成只是信息的解码者，形成丰富的精神连接的能力被搁置。"[1]

但是，我们也应当认识到，"碎片化"阅读有其存在的价值与必要性。第一，阅读本身就是一个循序渐进、"碎片化"的过程。人们自孩童时期，就开始通过视觉、听觉、触觉、嗅觉等多种途径认知新鲜事物、学习新的知识，本身就带有"碎片化"的特征。第二，碎片化阅读是互联网时代快生活节奏下人们阅读方式变迁的必然结果。由于生活节奏的加快，人们要在不同的角色和空间里转换，时间被分割成零碎、散乱的小个体，缺少完整的、不受打扰的阅读时间。而对阅读的需求促使读者开始想方设法地利用零碎时间进行阅读。同时，智能科技的快速发展，智能手机、移动电子阅读器的普及为人们的零碎化阅读带来可能和便利。因此，"碎片化阅读"是迎合时代背景、切合读者需要的产物，是阅读产业发展到一定阶段的必然结果，具有一定的时代特征。第三，碎片化阅读信息的持续更新和随时随地阅读的便利性，满足人们利用休闲时间，方便快捷、即时互动、低成本、高效率获取海量信息的需求。碎片化的信息内涵丰富，种类多样，能

---

[1] 吴海珍."碎片化"阅读的时代审视和理性应对[J].河南图书馆学刊，2014（3）.

满足不同阅读爱好者的阅读需求，也能满足同一阅读者多样化的阅读需求。从天文地理到娱乐八卦，只有你想不到的信息，没有你找不到的信息。同时，人们还可以借助手机 App、微信、微博等，在碎片化阅读中，通过传播分享，寻求志同道合的朋友，在共享中深化对某一问题的了解和认知。第四，碎片化阅读是媒体融合的表现。在新旧媒体快速融合的态势下，以读者需求为导向，传统媒体改版升级，新兴媒体层出不穷，大大缩短了时空距离，使信息资源的呈现更加多样化、信息内容的获取更加快捷高效。除此之外，碎片化的信息呈现，并不妨碍读者根据自己的需求和爱好，对所获得的信息进行二次处理、再创造，从而构建个性化的知识结构体系。从这个角度，碎片化信息不仅顺应了时代的发展需要，满足了读者的阅读需求，更是在丰富读者知识结构、见解见闻方面发挥了不可替代的作用。这种"碎片化"，我们难以拒绝，更难以阻挡。

现状篇

在互联网和现代通信技术的强力支持下,互联网将人类文化的传播带入崭新的互联网时代。人类知识和信息的获取方式正沿着互联网这一快捷、方便、廉价的新路径迅速扩张,数字出版汹涌而来。媒介技术的变革正在引领一场阅读领域的数字化变革。

第四章　大变革：互联网时代的转型之痛

在现代通信技术的强力支持下，互联网将人类文化的传播带入崭新的时代。人类知识和信息的获取方式正沿着互联网这一快捷、方便、廉价的新路径迅速扩张，数字出版汹涌而来，媒介技术的变革正在引领一场阅读领域的数字化变革。

一、坍塌中的传统出版

随着互联网技术、移动技术、数字化阅读技术的发展，传统出版业面临前所未有的挑战。以图书、期刊、报纸等为主的传统出版业在产业中所占的比重正逐渐下降。有人说，互联网对传统阅读产业链正进行"破坏式、颠覆式"的改变。但是这种冲击，更多的来自传统出版的"顽疾"，如产业链环节过多，各环节主体之间信息不对称、不透明等。

（一）战国时代——出版机构的多元化

在前互联网时代，出版产业主要由出版机构、印刷厂、物流公司、分销商、零售商等组成。稳坐产业链上游的传统出版机构，掌握着作家、版权及书号等核心资源，在整个产业链上有着绝对的议价能力。而对于消费者来说，他们所阅读的内容更多时候只取决于出版人，传统出版机构的权威不容质疑。

互联网的出现急剧改变着这一切。首先以亚马逊和当当为代表的网上图书零售商开始发力：电子商务使他们获得了出版业下游分销商、零售商的双重功能，并逐渐取而代之。渠道的整合与畅通不仅让亚马逊和当当等电商的规模急速扩大，也让消费者选购心仪图书的成本大大降低，网上图书零售商牢牢地掌控了图书的宣传和销售环节。通过自助出版、与出版社合作出版等形式，以亚马逊为代表的网上图书零售商成为互联网时代里传统出版机构的强大竞争者。

在强调内容为王的时代，互联网阅读的内容生产者也不甘落后，纷纷抢占传统出版机构的金饭碗。起初是那些以兴趣为主的网络社区纷纷升级，成为网络文学、网络阅读内容的专业化网站，比如起点中文、豆瓣、天涯和糗事百科。随着用户数量的积累，知名原创作品的不断问世，文学网站、轻阅读类网站、新媒体资讯平台慢慢融入到人们的日常生活中，并通过"电子出版+传统出版"的形式平稳落地。当传统出版机构终于觉醒，网上阅读产业的巨头们早已吹响进攻的号角。

与此同时，无论是对原有还是新生的阅读内容来说，阅读产业的数字化趋势不可逆转，这就为技术服务商提供了角逐阅读产业的可能。以中国知网、万方数据库等集成性数据库为代表，阅读内容数字化的技术供应商们开始占有包括期刊、杂志、图书等在内的一系列传统阅读内容。强大的平台优势和用户的数字阅读习惯让技术服务商逐渐转为内容提供商，并跳过传统出版机构构建自己的出版发行平台。很难想象，如果没有出版政策的庇护，在与新兴阅读内容巨头的短兵相接中传统出版机构该如何立足。互联网时代，阅读产业真正出现了群雄逐鹿的场面，每一家企业都可以向其相关的产业链延伸，打造自己的阅读帝国。

（二）贵族远去——失落的纸质阅读

人类与纸的历史最早可以追溯到 5600 年前的古埃及，莎草纸的使用让至少 20 万卷以上的古埃文献资料保存至今。而在 2500 年后的中国，蔡伦创造出真正意义上的造纸技术，这让人类的阅读活动与文明传承实现了质的改变。千百年来，人类似乎早已习惯在纸张的边界和油墨的气味中获取知识、信息和娱乐。进入 20 世纪，电子屏幕的出现让阅读有了新的载体，电影、电视、电子计算机都可以归为电子阅读形式的最初版本。互联网的普及使得适合屏幕阅读的内容大量涌现，多屏电子阅读开始取代纸质阅读成为主流。如今，电子阅读已经横跨 PC 端、手机、平板电脑、专业化电子阅读器等多个屏幕，纸质阅读物如同失落的贵族，虽然光辉犹在，却已容颜尽改。

个人电脑作为电子阅读的第一屏，集合了几乎全部的互联网阅读内容资源，包括社区分享型内容资源、电子化的传统内容资源、在线网站的网络资源信息，等等，读者可以自由浏览、下载、分享、使用。尽管手机阅读才是今后数字内容阅读方式的主流，但是在办公环境中，个人电脑的地位依旧不容撼动。在移动互联网的背景下，手机、平板电脑的相继出现为互联网阅读提供了更多端口。在线搜索、电子文本下载以及 App 阅读软件三种形式让移动屏幕阅读内容基本与个人电脑一致，并且可以在手机、平板电脑两个端口实现自由切换，便于携带、随时入网的优势使移动屏幕成为娱乐、休闲类内容的主流阅读载体。

1998 年的美国，随着 Rocketebook、Softbook Reader 相继问世，电子书阅读器设备开启新时代。2007 年，亚马逊推出 Kindle 阅读器，连同亚马逊电子图书馆推动电子阅读的新趋势——专业电子阅读器。通过 LCD 或"电子墨水"技术在可移动设备上显示海量的文本，使用户省去纸质阅读的不便，更加贴近用户行为习惯的设计让阅读无处不在。现在，亚马逊 Kindle

已经经过六代的变革，正如其公司所说：有了亚马逊电子阅读器，就有了口袋图书馆，用户可以随时随地畅享阅读。

总之，就像纸之于羊皮和竹简，平装书之于精装书，屏幕里的电子书也在发起另一场书的革命，降低了书的传播成本，让书的受众更多，阅读更加便捷。在这里，传统出版业的竞争对手变为科技公司，对自有内容依托屏幕阅读的电子化变革已经迫在眉睫。的确，传统阅读内容生产机构如今已经在积极探索与科技公司的合作，将自有内容授权阅读终端公司，比如长江传媒的点读手机，新华传媒的亦墨等。

（三）一曲挽歌——实体书店的谢幕

2014 年，广州大声书店、上海季风书园华东师范大学分店相继关门，实体书店俨然陷入最低谷。实际上，实体书店的倒闭潮由来已久，早在 2010 年关于实体书店遭受冲击的新闻就不断见诸报端。

一方面是因为电子商务的兴起，消费者可以通过网购获得更加齐全的书目、更加便宜的价格。如果一位三线城市的图书爱好者想购买一本东野圭吾的最新畅销书《解忧杂货铺》，以前他需要费尽心思找到实体书店并为此支付 40 元，而在网上他只需输入关键词并以 27 元下单。再或者，如果他有一个 Kindle 阅读器，购买电子版阅读的费用只有 9.9 元。亚马逊、京东商城、当当、卓越这些网络书店纷纷开打价格战，最受牵连的是高库存高租金的民营书店。通常情况下，顾客到书店寻找合适的图书，翻看书中内容，确定购买意图，最后回到家中在网上完成购买。随着各类网络书店纷纷打出价格战以引导访问量，读者对网上书店的黏性将更加牢固（图 4-1）。

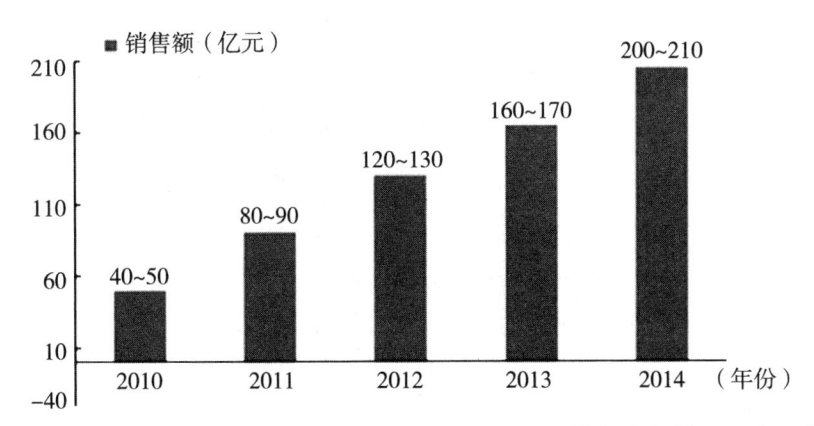

图 4-1　2010-2014 年我国在线零售渠道图书销售规模与成长性回顾（码洋）[1]

同时，随着人们阅读习惯的改变，实体书店的收入远不能支撑其较为高昂的支出（表 4-1 及表 4-2）。

表 4-1　数字化阅读方式接触率及阅读后仍购买纸质图书人数

	2011 年	2012 年	2013 年
数字阅读率	38.6%	40.3%	50.1%
还购买纸质书	11.8%	9.4%	不足 10%

表 4-2　18~70 周岁数字化阅读方式人群分布特征[2]

年龄	18~29 周岁	30~39 周岁	40~49 周岁	50 周岁及以上
所占比重	49.3%	27.5%	16.9%	6.3%

峰回路转的情况并非没有可能：有数据表明，中国图书零售市场在 2014 年的增长率已经达到 10%，这是实体书店在连续两年业绩下降后首次出现增长（图 4-2）。[3]

1　李广超，李欣.中国传统出版企业的数字化转型[J].今传媒，2014（12）.
2　李广超，李欣.中国传统出版企业的数字化转型[J].今传媒，2014（12）.
3　李广超，李欣.中国传统出版企业的数字化转型[J].今传媒，2014（12）.

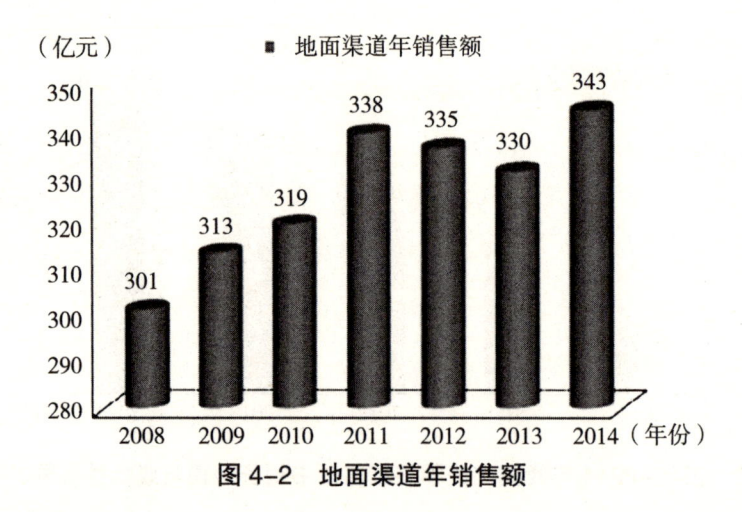

```
(亿元)          地面渠道年销售额
350                                              343
340                           338  335
330                   319            330
320           313
310   301
300
290
280
      2008  2009  2010  2011  2012  2013  2014 (年份)
```

图 4-2 地面渠道年销售额

这主要是因为民营书店在经过最初挫败后触底反弹，开始找到应对互联网冲击的新方法。比如在书店的定位上，独立书店一般都不再以卖书为重头戏，利润主要体现在书店配套的饮食和文化活动上，万圣的"图书+咖啡"，单向街的"文化空间+新媒体"，还有一些大型书城的"新型现代书城+文化体验中心"都成为了独立书店的新模式。正如开卷《2014年中国图书零售市场报告》指出的："线上线下两种零售渠道经过几年的竞争与发展之后，不同的读者、不同类型的图书各自形成了特色化的渠道分布，我国的图书零售分布格局已经基本稳定，渠道多元化的局面开始形成。"

（四）帝国崛起——正在形成的全阅读产业链

面对互联网的冲击，一方面出版内容的具体媒介发生了变化，另一方面出版物的生产流程和销售模式也与以往大不相同。出版企业无法扮演单一的内容生产者角色，而是纷纷借助互联网的力量驱除中间机构的影响，将销售纳入业务范围。

新兴的互联网巨头们最早开始了全阅读产业链的打造。有数据表明，在被腾讯收购之前，盛大文学旗下各网站占据网络文学市场超过70%的份额。在过去几年里，来自盛大文学的《裸婚时代》《搜索》《甄嬛传》《步步惊心》先后被搬上银幕。其实，早在 2010 年，为了获得图书出版渠道的盛大文学就注资成立北方出版传媒集团。在拥有华文天下、中智博文、聚石文华三家传统出版机构之后，盛大文学开始加速布局线下出版市场渠道。同时，盛大文学依旧把网络文学与数字内容业务作为事业的核心，通过锦书（bambook）进军电子书终端市场，开发多种终端软件进入手机、平板电脑、电脑等屏幕端。2011 年云中书城 Web 2.0 发布后，其自有运营平台正式形成，电子内容实现多终端无缝切换，淘宝式"店中店"模式进一步整合期刊杂志类数字出版内容，最终盛大文学打通了网络文学、运营平台、图书出版的通道。

盛大的野心可见一斑，通过网络文学平台推出优质版权，以在线付费阅读模式挣得第一桶金；通过粉丝效应出版实体书和电子书，获得第二轮收入；通过平台出售作品，直接挤占下游分销利润；一旦时机成熟，再通过对优质 IP 的开发进入影视、游戏、动漫等多个领域，将阅读内容变现为其他文化产品。

与之殊途同归的是当当网。2014 年当当网成立原创事业部，提出"自出版"平台计划。尽管 CEO 李国庆在公开采访中明确表示要做一家"安静的售书商"，但是绕过出版社直接签约作者的行为还是表明，当当网进军阅读产业上游只是一个时间问题。毕竟，在"当当读书"的月活跃用户以每月 30% 的速度增长的机遇下，一旦掌握大量优质版权资源，当当网构建阅读产业链的愿望将不难实现了。

相比之下，传统阅读内容提供机构、出版社负责出版，经销商负责经销，零售商负责零售，各自业务分工明确，优势资源整合困难重重。改变时刻发生，如今，各出版传媒集团同时拥有出版公司和印刷公司，掌握分销渠道和终端书店。然而相对于互联网阅读内容商，这样的尝试还存在着集团内部条块分割的问题。

二、向死而生

互联网将出版业迅速拖入数字化战争,无论出于主动出击还是被迫应战,传统出版企业纷纷转变发展策略,布局新兴业态。互联网对阅读产业的影响不仅仅是产业链环节的减少,更深层次的是对产业链的重构,是在倒逼传统出版产业创新。

2013年,首批70家"数字出版转型示范单位"名单公布,这更像一场来自官方的誓师仪式,宣示着中国传统出版机构的数字化转型。这份名单中包括出版集团和报业集团各5家,出版社、报社和期刊社各20家,占全部申报单位的16.3%、全国出版单位的0.56%。作为数字出版业务领域起步较早、思路清晰、成效明显的佼佼者,70家示范单位比较真实地代表了传统出版单位开展数字出版转型的水平。通过名单中各个单位转型内容的分析,我们看到在应对互联网带来的数字化变革时,传统出版单位的转型策略有着许多共通之处。

(一)定位——全媒体与服务商

传统出版单位在新闻出版方面有强大的内容优势,屏幕终端的普及及信息的过量传播,让过去纯粹的内容读者转变为注重体验的多媒体用户。面对互联网特别是移动互联网的冲击,传统出版单位丰富、专业的内容往往无法与用户的消费习惯对接。有远见的传统出版单位逐步完成出版流程和已有内容的数字化,通过建立各种媒体窗口将数字内容输送到终端用户手中。而整合后的出版机构更像是一家连锁超市,除了不能中断的内容生产,他们更需要学会导购和配送。

在定位上,传统出版企业立足于全媒体和内容服务商。北京的知识产权出版社成立了"来出书"图书自助出版平台运营中心,通过革新出版流程和出版方式,实现了内容的数字化,打通了传统出版中作者——出版机构——读者之间的隔阂，将互联网与数字出版整合，使出版更贴近时代脉搏。安徽时代出版传媒股份有限公司组建成立"时代e博"全媒体数字出版运营服务平台。这标志着过去一直以纸质出版为主要业务的时代出版传媒开始正式转型成为一家以提供多媒体数字出版物为主的数字版权服务商。浙江报业集团则组建了集团全媒体战略领导小组，创设传媒梦工场，执行全媒体战略行动计划。中南出版传媒集团股份有限公司更是致力于将企业打造成为全媒介内容运营商和现代化综合传播平台。

具体实施时，各出版企业立足于本地市场和原有资源进行转型升级。辽宁报业集团致力于加速自身业务的多元化和立体化，主推全媒体战略。辽宁报业集团已建成"两网一平台"的业务系统，即两家网站——海力网和北国网、一个平台——辽宁中部城市群报刊新闻共享平台，并拥有数字内容管理和发布系统、数字化信息采集系统、数据库技术应用体系。硬件方面，辽报还建设了自有数字化机房、85台专用服务器和500M网络带宽。

安徽合肥报业集团现已初步形成党报、都市报、周报、日报、晨报、晚报、手机报及网络的全媒体联动，力求实现媒体产业统筹协调、功能互补传播格局。集团另有"合肥在线""巢湖在线"两家网站，在确定本土化定位之后，合肥报业集团又夯实网络和移动媒体端业务，提供合肥地区的资讯服务。与此同时，合肥报业还将业务范围延伸到广播电视、交通移动媒体和户外媒体等领域，有效地保证内容传播的立体性与丰富化，呈现全系统传播态势。

南方报业传媒集团是一家致力于全媒体信息服务的传统媒体。其全媒体战略转型始于2010年，通过"聚合战略"，新增户外LED联播网、电子阅报栏等新媒体业务，打通移动、网络和广电三种既有媒体渠道，就此形成了"全媒体生产、全介质传播、全方位运营"的业务模式。

党报党刊的转型也遵循着相同的规律。以"建设国际一流媒体"为总体目标的《人民日报》，在数字化过程中逐步形成了以《人民日报》为轴心，以人民网为骨架，以人民搜索、人民数字传播、《人民日报》法人微博、《人民日报》社书报刊、人民数字出版为支撑的全媒体生产、传播体系。

当代贵州期刊传媒集团推行"党刊数字化工程"。为此，集团建设数字化采编中心作为党刊内容生产平台，建立当代先锋网作为党刊网络数据平台，创办《当代党员》手机杂志作为党刊移动信息平台。同时开展三屏互动的业务模式，在拥有PC端的当代先锋网后，又推出手机端和iPad端的掌上当代先锋网。不难看出，因为偏见而被视为保守派的传统媒体，尤其是党刊类媒体，早已谋划实施立体传播的战略格局。

专业化出版机构中，北京卓众出版有限公司是较为典型的代表之一。公司从客户出发，制定了"按需开发，精准定位"的业务思路，利用在汽车、工程机械、电子商务方面的内容优势，分别设立经营性网站，然后迅速转向移动阅读市场，开发了相对应的移动端数字产品。卓众的内容优势在多终端的支持下得到了很好的发挥，这让它可以为读者提供全面、即时且随手可得的信息服务，卓众只需在自有期刊群间建立一个机制，内部的资源可以共享和协同经营。

（二）转型——新平台与新业态

一些专业化程度较高的出版社并不具备大型出版集团的规模化优势，全媒体的海量内容输送并不是理想决策。但是其精准、专业的内容定位恰好与互联网时代的垂直化策略相一致。于是，一些小而专的出版机构纷纷开始深度利用行业资源，确立平台优势，并向相关业态扩展。

《今日女报》社充分利用新媒体平台，依托核心平台发展相关产业。为了优化报纸业结构，延伸产业链，报社创办凤网作为新媒体平台，并以其为核心将原来单一的信息平台转换为"信息+商务"的平台模式，挖掘新的价值增长点。

《大众汽车》杂志有限公司将自身重新定位为汽车旅游服务电子商务平

台，以资源整合者、服务供应商为转型目标。公司以《搜游天下》为入口，向自驾游爱好者提供规划行程、汽车维修、购买配套设备及餐饮住宿等多种服务。传统媒体只注重信息的单向传播，新媒体提供了媒体与读者信息交流的机会，使那些过去看来只有阅读意义的内容同时成为引导购买行为的广告信息，内容与商务实现有效结合。传统媒体不再是内容制作者，而是信息服务者，利用在某一个领域的品牌和用户积累，成为了商品的销售平台。

《陶城报》是一家专注于陶瓷行业的专业型报刊，报社的数字化转型始于2010年。类似《大众汽车》杂志的商业逻辑，先转型为信息服务提供商，创设陶城网及其手机报、手机客户端"掌上陶城"，进而以品牌打造商品销售平台，如新近推出的"陶瓷云"iPad导购系统。《陶城报》持续在陶瓷行业做出努力，在内容制作的同时，为开展电子商务的陶瓷企业提供平台服务，在改变自身业务模式的同时，《陶城报》也悄然改变着陶瓷企业的营销模式，推动整个陶瓷产业的升级和转型。

在建立数字化内容经营与互联网相关服务机制方面，《中国国家地理》杂志颇有建树。杂志社借助传统媒体的品牌和版权优势，建立了一个群组式的数字阅读产品架构，重点选取旅游、摄影、教育几个方面，延续着由内容生产者向信息服务商转变的思路，开发了基于LBS位置定位技术的周边服务信息功能，读者在进行移动阅读的同时即可获得与生活需求密切相关的信息服务。

同样，《中国国家地理》在经过互联网和数字化的生产方式转型后，开始依靠内容积累塑造品牌，吸引流量，实现业务的多元化、全面化。互联网时代，读者成为了多种需求的用户，固定的内容阅读变为了即时的信息搜索，传统的内容媒介成为了资源配置的专业平台。

（三）圈地——数字化与多终端

互联网时代，越来越多的企业依靠电子阅读器投入阅读产品出版的竞争，利用终端掌握读者，从而在行业中拥有话语权。

2014年，我国移动产业高速发展，移动智能终端设备数达10.6亿台，与2013年相比增长了231.7%。而2015年3月工信部公布的通信业经济运行情况数据显示，我国的手机普及率达到94.6%，移动电话用户达到129396.8万户，移动互联网用户达到89983.5万户。中国正在进入移动互联网时代。移动互联网已经成为人们日常生活的必需品，传统出版机构转型为阅读内容服务商，转战移动市场不可逆转。

移动终端分为两种，一类是基于移动屏幕设备的终端应用软件，另一类则是自有移动阅读设备。前一种是较为常用的方法。在70家数字出版转型示范单位中，《中国家庭医生》杂志社较具代表性，制定了"内容生产数字化、资源呈现富媒体化、互动交流活媒体化"的数字战略，一方面提供自有终端；另一方面推出数字化应用，全面开展数字信息服务，将自身打造成为一个集合多种媒介的健康服务社区和平台。

另一家代表性企业是《第一财经周刊》杂志社。杂志社以优质内容产出著称，在此基础上开发了众多电子期刊作为衍生产品，如《商业就是这样》《单行本》《天天好运》等。而利用互联网技术搭建应用软件，周刊就有了新的内容输出平台。平台借助品牌积累凝聚优质而庞大的用户基础，手机成为其出版和营销的主要端口。过去那种预估式的营销模式变为了精准的定点投放，周刊在推出新出版物时的市场控制能力更加稳健。目前，iPad版本的《第一财经周刊》拥有2.4万全年订阅用户，"财经周刊"品牌与其衍生品一起形成了一个品牌群，在注意力日益稀缺的移动互联网市场，进一步扩大了整体的关注度。

《青年文摘》出版社的数字化探索起步较早，2002年至今已推出了一系列相对稳定、互为补充的产品。多年的耕耘也获得了显著的成绩：青年文摘手机客户端订户达254万；《青年文摘·快点》单期点击量超过200万；青年文摘手机报付费用户近35万；《青年文摘·播》已为近1万所中小学提供有声杂志内容；升级改造项目"青年文摘全媒体数字悦读汇"则将重点放在了另一方向——多功能网络社区。配合互联网作为基础生产设备的《青年文摘》通过提供丰富的数字产品,既满足了青少年的阅读需求和多样化体验,也由此掌握了数字化转型的主动权。

第五章　新生态：互联网与阅读产业

2015年6月26日，《意林》杂志创办者杜务因病去世，引起一代人对青春时代的阅读记忆。在互联网尚未成为主流的时代，读者可以通过书店找到一切需要的阅读内容。2003年的《意林》包括文章、幽默笑话、搞笑图片，甚至笔友互动版块，在尾页还有专门的邮购广告。于是我们发现，十几年来我们对阅读内容的需求并未发生本质的变化，文学、资讯、幽默故事、奇闻异事、专业知识是我们一直乐此不疲的内容。而分享、表达、社交、互动也是我们围绕着阅读从未停止的需求。

一、当我们谈起阅读，我们在谈什么

这个问题在印刷时代显得一目了然。阅读的介质几乎只有纸一种，而阅读的内容一般为图书、杂志、报纸和文件。但当我们通过互联网制造阅读并消费阅读时，阅读却变得不再简单。

如表5-1所示，按照内容来源分类，阅读包括传统图书数字版、传统报刊数字版、网络原创文学、网络新闻资讯等。按照内容呈现形式分类，互联网阅读包括纯文本阅读、图片阅读（如漫画）、文字＋图片、音频（如听小说、评书、相声、笑话等）等。按照内容传播途径分类，互联网用户可以通过客户端软件在线阅读或离线阅读（即将阅读内容下载到终端上进行阅读）；可以直接登录 wap/www 网站，在线阅读；还可以通过收取短信/彩信（如新闻早晚报）获取阅读内容。按内容提供方式分类：用户被动接受，即移动阅读服务商提供固定的内容资源，用户选择阅读；用户主动订阅，即阅读服务提供商提供内容来源，用户通过订阅来阅读感兴趣的内容；服务提供商主动推荐，即服务商根据用户阅读的内容、习惯主动向用户推荐其感兴趣的内容。

表 5-1 互联网阅读的基本分类

分类标准	描　述
按照内容来源分类	主要包括传统图书数字版、传统报刊数字版、网络原创文学、网络新闻资讯等
按照内容呈现形式分类	主要包括纯文本阅读、图片阅读（如漫画）、文字＋图片、音频（如听小说、评书、相声、笑话等）等
按照内容展现途径分类	主要包括客户端软件在线阅读；客户端软件离线阅读（即将阅读内容下载到终端上进行阅读）；直接登录 wap/www 网站在线阅读；通过收取短信/彩信（如新闻早晚报）获取阅读内容
按内容提供方式分类	主要包括用户被动接受，即移动阅读服务商提供固定的内容资源，用户选择阅读；用户主动订阅，即阅读服务提供商提供内容来源，用户通过订阅来阅读感兴趣的内容；服务提供商主动推荐，即服务商根据用户阅读的内容、习惯主动向用户推荐其感兴趣的内容

实际上，围绕着阅读需求，互联网正在促成一个完整的阅读产业生态圈。在这个生态圈里，作者和读者分两端，中间通过阅读产品、阅读服务企业促进阅读信息的传递和阅读行为的完成。在这个圈层里有着阅读内容提供、阅读内容发行、阅读平台运营、产品渠道销售四个基本环节，但是彼此间的界限正在消解。最终的结果很可能是，一批相同属性与功能的阅读产品构成一个阅读产业的细分类型，而提供阅读服务的主流企业则各自占据着一种商业模式。

互联网的本质即是解放人类的需求，释放人类的潜能。而透过纷繁复杂的阅读产业，我们不难发现，互联网所重构的阅读产业正是遵循着这样一个逻辑：最大限度的释放人类创造阅读内容的能力，最大限度的减少人类获取阅读内容的成本。而互联网技术是创建这些新的阅读制造者和媒介的中坚力量。

二、互联网时代的阅读

（一）何为阅读

阅读的历史几乎与人类文明同步。起初，人们通过双眼去识别信息，动作、符号都成为最初的阅读对象。当人类拥有文字之后，真正意义上的阅读开始了。人类通过连贯的文字传承族群的历史、生存的经验。而那些掌握着良好阅读能力的人连同其书写、诵读等能力一起，成为了一个群体中智慧的代言人和制度的守卫者。

实际上，阅读是从视觉材料中获取信息的过程。在人类的信息获得稳定的承载形式以及表达体系后，文字、图片甚至零散的符号、公式、图表等都成为阅读的主要对象。我们把这些视觉信息转化成大脑中的声音，进而对视觉信息加以理解，最终得出意义和思想。当下，受到现有教育的限制，在很多中国人的视野里，阅读总是与学习紧密相连，带有功利化的目的。于是我们常常会遇到这样一种情境：当有人拿起图书进行阅读时，他的同伴则会以为对方是在学习。阅读信息能够带来知识和见解的提高，但是并非所有阅读都以学习为目的，阅读还有陶冶情操、提升自我修养的作用，或者仅仅是一种消遣娱乐。

（二）动力与需求：互联网阅读的本质

20世纪六七十年代，在信息极度匮乏又高度统一的中国社会，普通人阅读的机会少之又少，阅读成为年轻人极其珍视的事情。我们经常可以听到时下的中年人以过来者的身份讲起挑灯夜读不知疲倦的经历，求知及改变命运成为了彼时阅读的主要动力。仅仅相隔一代人，阅读的动力与需求就发生了巨大的变化。正规的教育保证了新一代中国人求知的基本需求，应试教育甚至让阅读本身功利化。但是年轻人阅读的渴望仍然未曾减退，只是更多的掺入了娱乐休闲的动机。

互联网时代里，我们每天都能获得大量的信息，手机为代表的移动终端让阅读无处不在。尽管人们的需求还包括音乐、视频、社交和游戏，但阅读实际上成为了流量消费最少，外界环境要求最低的休闲方式。互联网极大地延伸了人类获取信息和表达自我的能力，思想能够在瞬间转换为信息交流。使用互联网与移动终端进行阅读的用户在更多情况下不是为了阅读本身，而是基于打发时间、避免尴尬、减少时间浪费的损失。

而人们在阅读中需要获得的是及时的信息、无聊时间的支配、注意力的转移及由阅读带来的社交性话题。某种程度上，互联网时代的阅读因为阅读信息的庞杂、注意力的稀缺和人类关系的无限连接成为了一种娱乐化、社交化的媒介，阅读内容本身则只是互联网阅读的消费者获得身份认同和消遣时间的载体。

（三）行为与习惯：互联网阅读的用户

青年群体一直是互联网阅读的主力，乐于接受流行事物以及面对新阅读方式的开放心态是一个主要原因。随着互联网阅读日益深入人们的生活，即时性阅读成为人们阅读的主要方式。休息、等待的时间甚至本能中感到无聊的场合都有可能出现即时阅读。而更多时候，即时阅读已经成为一种习惯，与SNS社交一道成为人们分散注意力、提升空闲时间价值的方法。

即时性的结果是阅读内容和时间的碎片化，用户的注意力很容易因为一个链接而被转移。长时间的屏幕阅读本身并非一个轻松的行为，小字体与高亮度让人们的阅读难以为继，而需要耐心与深入思考的内容变得不受欢迎，短小有趣成为人们运用移动终端阅读的基本标准。即便是那些粉丝众多的知名网络文学作品，也常常遭遇快速浏览和翻阅。没有人再有心思去关注内容及其带来的思考，这正是互联网带来的阅读危机：人类潜意识将这一模式视为阅读的主要方法，启蒙时代宣称的理性与求知在大众面前变得不再重要。

（四）价值与功能：互联网阅读的产品

互联网阅读产品是为了适应用户需求而设定的，精美的形式与交互体验替代内容成为主要优点。概括起来，除了自我学习，互联网阅读产品还能为用户带来的价值主要是信息传递、娱乐消遣、讨论社交。

互联网联通了世界的每一处角落，任何有价值的信息都将在互联网上传递，并根据受众的需求细分，在这个迅速变化的社会里需要一种与外界同步后的安宁，而互联网产品往往起到了这样一个传递信息的功能。娱乐休闲成为主流，人类获取信息的目的或许只是为了消遣、娱乐，互联网对经典和权威进行瓦解，人性中自由自取的需求被大大地释放，娱乐休闲这个在前几十年的中国被刻意抹去的需求在今天得到了最大限度的释放。以段子、幽默图片、恶搞文章为代表的内容成为网民们集体追捧的对象，通过转发和评论迅速集结受众，感染受众。人们通过互联网阅读转移注意力，消解生活压力。

随着娱乐而来的是评论与社交，阅读产品将阅读之后的评论视为网民自发智慧的表现，对评论的关注多于内容本身。线上的评论、交流、暴力式论战都成为人们阅读内容的一部分，在网易新闻甚至出现了专门的"神回复"专栏。而线下对于互联网内容的交流则成为人们寻找话题展开社交的主要方式，具有相同兴趣爱好的读者集结成亚文化群体。阅读不再是一个只关乎自己的事情，因社交而阅读成为一种常态。更有趣的现象在于朋友圈里对于文章的转发，转发者未必关心内容，但是需要通过内容转发寻找话题，与人展开网络交流。

三、作为阅读产品基础的技术

互联网时代的阅读产业遵循着这样一个基本逻辑，技术的进步引发阅读产品的革新，从而引导阅读习惯的改变，唯一不变的是人类的阅读需求本身。互联网阅读产业随着互联网基础技术和阅读技术的改变而形成，新的技术为用户提供了新的方式和产品，逐渐形成了现在我们所看到的阅读产业。

（一）电子公告牌（BBS）

最早的互联网内容常常发源于一种叫做电子公告牌的技术系统。它允许人们在公告牌上互动、交流，分享故事和经历，创造"大神"和膜拜者，所有当下互联网产品的特点都源自于此。如果此时人们还是一头雾水，那么电子公告牌另一个简写的词汇一定会驱走这种陌生感——BBS。BBS 其实是 Bulletin Board System（电子公告牌）的缩写，它通过在个人电脑上运行服务软件，允许用户使用终端程序，并通过 Internet 完成连接，完成数据下载与上传数据、信息阅读、与其他用户互换消息等功能。通常，BBS 由称为站长的用户来维护，互联网原住民则称其为网络论坛。在 20 世纪 80 年代中叶，在互联网刚刚推广的时期，BBS 利用调制解调器（modem）和电话线通信完成拨号，当时 BBS 站点间所使用的网络协议主要是 UUCP，内容也全都是文字或由文字所组成的图形。彼时 BBS 的主要服务多为共享软件下载、各类讨论区转信。讨论的出现推动阅读内容的产生，而限于技术仅仅支持文字和图片传播，阅读就成为 BBS 参与者进行的主要活动。

在中国，最早的 BBS 当属 1998 年南京动力交通学校计算机系教师创办的西祠胡同，天涯、猫扑、虎扑、百度贴吧等均是利用其 BBS 技术成型的网站。BBS 技术搭建成的论坛式网站有过繁华的历史，BBS 的兴盛正如现在的 App 技术一样，引发着人们利用这一基础技术搭建各种细分兴趣平台的热潮。猫扑、天涯的娱乐内容，虎扑的体育内容等都是通过这一技术搭建群体、激发表达、形成内容进而取得成功的。尽管随着互联网技术的进一步升级，阅读产业对 BBS 技术的依赖已变弱，但 BBS 作为互联网阅读产业的"鼻祖"，不容置疑。

（二）WAP

WAP 技术是一款无线应用协议。正如各国的铁轨需要一个相同标准才得以连接，移动互联网也是一样：WAP 技术就是全球移动互联网的标准网络通信协议，从而保证将互联网的丰富信息引入移动电话等无线终端。首先它把 Internet 网上的 HTML 信息转换成用 WML（无线标记语言）描述的信息，然后这些信息转化为我们可以阅读的内容出现在移动电话的屏幕上。WAP 技术的好处在于它只需获得 WAP 代理服务器和移动电话的支持，而现有网络协议可以保持不变。长期以来，它都被应用在 3G、GSM、TDMA、CDMA 等多种网络中。最早的用户可以通过掌上电脑、手机、呼机等无线手持设备连接到 WAP，再通过 WML 语言转换信息到屏幕上。WML 支持文字和图片显示，在内容组织上，一个页面为一个 Card，而一组 Card 则构成一个 Deck。当使用者向服务器提出浏览要求后，WML 会将整个 Deck 发送至客户端浏览器，使用者可以浏览 Deck 里面所有 Card 的内容，免去了从网络上单独下载每个 Card 的步骤。

WAP 技术为解决移动阅读问题提供了方法，如果说 BBS 的用户场景在于 PC 端用户，那 WAP 的用户场景往往是最初那些手机上网的人。早期的手机尚不具备智能服务的功能，简单界面对阅读内容的形式和容量都没有过多要求。移动、联通、电信三大运营商成为最初的支持者，是因为大量移动端阅读者需要通过 WAP 技术获得所需的信息和故事。尽管阅读界面和网络速度极大的损耗了读者的精力和阅读体验，但正如 BBS 开启了 PC 端的互联网阅读产业，这项技术也成为撬动移动阅读的第一根杠杆。

（三）App

准确来说，App 并非一项技术，而是基于 iOS、Android、Windows-Phone 系统的第三方智能手机应用程序，比较典型的格式有 ipa、pxl、deb、apk。在中国兴起的第一波互联网创业浪潮中，基于 BBS 技术的各种论坛、网站成为人们首先想到的"基础设施"，而移动互联网时代，一种近乎可以称为"App 思维"的问题解决方式出现了：搭建平台，突破时空，链接供给和需求。大量的传统阅读内容提供者利用或精致或简易的 App 找到了新的媒介形式，过去一本杂志变成了现在一期 App 推送，仅此而已却也大有不同。其中对于效率的提升、成本的降低让内容成为几乎唯一的成本。而 App 保证的有效人群的聚合又为内容提供商升级服务、实现社交和电商整合带来可能。

（四）HTML5

HTML5 的提出至今已有十年之久，但直到 2012 年，HTML5 的规范才真正成型。作为一种超文本语言，HTML 保证页面可以包含图片、链接、音乐、程序等非文字元素。2004 年，HTML5 由 Opera、Mozilla 基金会和苹果等一些浏览器厂商组成的网页超文本应用技术工作小组制定，之后与万维网联盟合作开始了这一技术的标准制定。与传统的 HTML 技术不同，HTML5 设计之初即是为了在移动设备上支持多媒体。如果说以前的移动端互联网网页只能支持基础文档的阅读，而借助 HTML5 移动端网页将成为与 PC 端网页一样美观、丰富的平台。2013 年全球范围内约有 10 亿手机浏览器支持 HTML5 语言，同时 HTML Web 开发者数量也达到 200 万人。未来 5~10 年内，随着 HTML5 成为移动互联网领域的主流，移动阅读产业的产品将以此为基础，实现用户体验和功能价值的最大化。

（五）大数据

如今，大数据的概念已经有了过分炒作的嫌疑，对于其技术的探讨和无限可能性的畅想早已论述颇多。实际上，阅读产业和其他文化消费行业、电子商务一样，需要基于云计算的大数据服务，进而延伸到个性化推荐、行业策略分析等服务领域。这意味着，对于互联网阅读服务的使用者来说，面对浩杂的书海和无尽的信息，他们有了一种更加高效的渠道，根据一个个链接背后的数据算法，互联网自动推送用户感兴趣的内容。书目、新闻，过去的分类被更加细化，内容搜索更加智能化。过去需要专业人士引导和专业教育培训的知识体系，现在以相关性即可在个人时间里建构起来，那种读哪些书来进入一个专业领域的问题在未来将逐渐远离人们的视野。另一方面，对于内容生产者而言，只需通过第三方平台数据即可获得全部用户行为和偏好，使内容推送、生产更加有针对性，这正是近百年来畅销书作家们梦寐以求的事情。

（六）电子墨水

如果说以上技术只能算作互联网时代与产业相关的基础设备，那么电子墨水便可以看作是互联网时代为阅读产业而生的"订制品"。一种被称为"微胶囊"的细小物质附着在电子墨水屏上，这些胶囊其实是由带有正电的白色颗粒和带有负电的黑色颗粒组成。当我们看到电子墨水屏上的文字和画面时，我们看到的其实是在电荷作用下排练在一起的颗粒。它们有序排列，呈现出了一种可视化的效果。电子墨水的反射率和对比度较其他显示技术更佳，看起来很像纸上的墨水，让用户的阅读体验更为自然真切。

大多数电子阅读器采用电子墨水这一技术，其所提供的效果正如一本无须翻页的口袋书，亲切自然如书，方便自由如手机。人类的阅读习惯早在纸质书时代便已养成，电子屏幕带来的漫光造成读者阅读时的神经紧张，注意力减弱，而仿照纸质书呈现效果的电子墨水技术很好的解决了这一问题。亚马逊 Kindle 的成功，汉王、掌阅的模仿都源于电子墨水技术。如果需要为"技术催生产业"提供佐证，电子墨水最为适合。

四、素描：阅读产品的生态

（一）图书馆：电子数据库与数字出版

1. 超星数字图书馆

2000年，北京超星信息技术发展有限责任公司创立并开放超星数字图书馆。为了将制作的电子图书放到网上供人们阅读，它首先与中国国家图书馆展开合作，随后又与国内的五十多家出版社和图书馆合作，成立数字图书馆。现在超星已经成为全国各大图书馆支持的数字图书展示推广平台，更是国家"863计划"数字图书馆示范工程项目。

超星电子图书以各学科的中文电子图书的数字化资源为主要对象，由北京超星电子技术有限公司负责提供数字化技术，将纸本图书数字化及向用户提供专用的图书阅读器或与出版社合作进行电子出版，由出版社、图书馆或其他文献资源单位提供书源，将其数字化并上传网络提供服务。已经数字化的图书资源由出版社、图书馆等文献资源提供单位与超星公司共享。

超星数字图书馆所提供的电子图书资源囊括了经济、工程技术、文学、计算机等五十余个学科门类，现拥有论文300万篇，中文电子图书80万种，全文总量4亿余页，数据总量30000 GB，是目前世界上规模最大的中文在线数字图书资源库。超星每年的新书制作高达6万种以上（每天以10多万页的速度递增），并及时向读者提供新书信息。

超星数字图书馆还利用自身的技术优势，为数字图书馆设计了专用的PDG电子图书格式，可在互联网上使用；"超星阅览器"连同超星数字图书馆技术平台是超星的核心所在。超星阅读器是国内最为专业的阅览器之一，阅读器可以用来制作数字化图书，整理内容资源，阅读电子书以及采集网页。

2. 方正

方正是一家 IT 公司。为了服务传统出版业，方正一直在探索数字出版领域的新技术，力求建立数字出版技术平台。实际上，如果要求每一家出版机构都建立自有数字内容发行渠道，并完成推广，成本会很高。所以，专业的数字图书馆能够有效地降低相关出版机构进行图书营销的成本，也即打造一个服务性的内容交换平台。

仅 2007 年一年，就有 450 多家出版社与方正开展了业务合作。方正为其制作电子书，而这些书普遍都受到了版权技术的保护。仅此一项，方正获得了 30 万册图书提供了电子版权保障，而公司这些电子书又被销售到高校和公众图书馆等教育和公共文化服务机构实现了二次盈利。实际上，方正将自身的业务分为了两个市场板块，一个是个人阅读市场，一个是企业用户市场。当读者通过手机进行阅读时，这些数字化的图书通过网络技术、数字化技术和移动端被最终送到消费者的屏幕上，为消费者作出购买决策及随时获取有效信息打开了方便之门。这种方式可以实现搜索、阅读和收藏三大主要功能，用户获取知识的能力和速率被大大提升。随后方正阿帕比技术有限公司建立"爱读爱看"在线阅读平台，正式走向平台化战略。首先网站会免费提供一部分最新图书的在线翻阅服务，然后会设定导购信息引导用户完成购买行为，一般是电子书购买或在线借阅、纸书两个方向。目前方正正在搭建自己的数字内容数据库，对繁杂的数字内容进行细分和整合。利用数据库，内容足够丰富与分类足够精细的阅读内容就可以被再次编辑、设计为新的产品，等待目标客户群开启付费行为。

3. 中文在线

2000 年，中国数字出版的开创者——中文在线在清华大学成立。2015 年 1 月 21 日，中文在线在深交所挂牌上市，成为全球最大的中文数字出版机构之一。中文在线以"数字传承文明"为企业使命，定位为成为全球领先的中文数字出版机构。中文在线的正版数字内容以版权机构、作者为主要来源，通过对内容进行聚合和管理，将数字阅读产品推向互联网、手机、手持终端等媒体渠道。互联网加速了出版、发现机构的数字化转型，而中文在线则利用这一契机为这些机构提供数字出版运营服务。提供数字版权服务的同时，中文在线也获得了有限版权合作机会，其内容覆盖历史类、经管类等社科类图书和言情、励志类虚构文学，并且可以继续细分。这些内容源源不断地从其 300 家合作单位、2000 位签约作者、40 万名网络写手处获得。无论是为了学习还是娱乐，无论是青少年还是商务人士都能够成为其目标市场。利用互联网和数字化技术，中文在线迅速成为国内最大的正版数字内容平台（表 5-2）。

表 5-2 中文在线 2009~2014 年所获荣誉一览表

年份	荣誉
2009	"全民阅读活动先进单位"和"国家文化出口重点企业"
2010	数字出版示范企业
2011	现代服务业创新发展示范企业（科技部）、数字出版示范企业
2012	全国版权示范单位
2013	中国版权最具影响力企业
2014	北京市新闻出版广电（版权）局"版权工作站"

中文在线形成了一种全媒体出版模式，即"一种内容、多种媒体、同步出版"。《鸿门宴》《孔子》《建党伟业》等作品很好地证明了这一理念，而《橙红年代》更是在 2011 年度第四届中国数字出版博览会上获得"数字出版年度优秀作品奖"。中文在线的全媒体出版模式形成了一条数字出版产业的链条：通过标准的数字化技术生产一部版权作品，通过自有或合作的媒体渠道进行推广和营销，最后不同阅读终端的消费者都可以付费并使用数字版本。全媒体意味着多渠道营销，意味着多产品制造：原来的版权不变，转换一种呈现形式和技术标准即是新的产品。在互联网用户足够庞大的中国，新的媒介产品即是新的盈利点。这种业务流程再造，扩大了出版范畴，创造了增值空间，最大程度地挖掘了内容的版权价值。

电子数据库的出现为已有的实体出版物找到了重新焕发生机的路径，人类过往一切的数据总需要有一个数字化的过程以适应互联网时代高效、低成本的需要，而数据库依靠数字化技术成为原有和新生阅读内容的首要传承者，其价值不仅在于商业意义上的查询服务，还在于对人类文明的传承与保存。

（二）资讯：新闻门户网站的纷争

互联网时代最主要的特点即信息的爆炸式增长。面对每天出现的海量信息，一个互联网用户时刻需要知晓与自己相关的大事小情，或者作为知识，或只为消遣，而过去报纸所追求的高效、全面的信息送达在互联网时代显得轻而易举。媒体信息的海量带来了另一种苦恼，过多的信息让读者难以承受，只好以一个平台作为随时获取信息的端口。

1. 网易云阅读

网易云阅读是国内移动应用中最大的在线书库App，阅读器覆盖iOS、Android、Windows等主流平台，致力于为用户提供优秀且富有乐趣的阅读作品，被用户誉为手机必备阅读App。

按照其官方定位，网易云阅读秉承精品化的电子书运营策略，为用户提供大量经典作品。另外，紧追时下热点，第一时间推出热门影视作品的同名原著；并承接众多新书的独家首发，开创"电纸同步首发"的先河。如今，网易云阅读已经成为媒体人眼中的新书首发基地和热剧原著基地。

网易云阅读坚持打造全平台、发展全内容，是业界首先提出"开放平台"概念的移动阅读产品，致力于为用户和内容提供者提供良好的互动生态。目前网易云阅读开放平台对内容提供机构、原创作者、自媒体人免费开放所有用户，收益全归内容方所有。网易云阅读被称为是首款全能型移动阅读应用，集图书、资讯、社交功能于一体，支持一站式阅读电子图书、数字杂志、互联网资讯，拥有正版电子图书及品牌杂志超过46万册。网易云阅读拥有iPad、iPhone、Android、Android Pad、Windows Phone、

Windows 8六大客户端版本。

  目前网易云阅读的在线书城业务支持一键精准搜索，将46万种图书囊括，书籍、杂志、新闻、娱乐、美图、视频应有尽有。想找什么内容，一键搜索，精准定位，即搜即看。设计焕然一新——界面做减法，界面简约清新，精简画面和线条，图标简单易辨，打造一种轻松、安静的阅读体验。个性推荐，专属订阅：流量省一半海量电子书、资讯，随心订阅，智能推荐个性化阅读内容，你感兴趣的重要信息，一条不落。六大平台同步——图书、原创、资讯、漫画应有尽有；六大客户端平台，内容实现云端同步，阅读进度、高亮备注也同步更新，随时随地云阅读。

  网易云阅读作为一款集资讯、书籍、杂志为一体的全能型阅读平台，要同时满足用户深浅两种阅读需求，这对产品设计提出了更高的要求。其中，订阅源分组功能大大提高了阅读效率，对于钟情于资讯的用户来说尤为便捷，因为用户订阅的资讯源数量往往较多，且更新频率高，分组功能有助于将订阅源分门别类进行管理，让用户在最短时间内读取喜欢的内容，省去了繁复的拖动或翻页。

  像管理文件夹一样管理订阅源，是网易云阅读在移动阅读领域进行的又一创新。网易云阅读在为用户提供高质量内容的同时，致力于打造畅爽阅读体验。强大的网易云阅读产品开发团队在深入洞悉用户体验的基础上，推出阅读圈、本地书云端同步、Wi-Fi传书、夜间模式、打赏等贴心功能，提供从内容订阅到内容管理的全方位立体化服务。截至2013年10月底，网易云阅读平台为2500多万用户提供了海量的图书、资讯，并为媒体、自媒体人无偿提供开放平台。

  2. 搜狐5.0

  搜狐新闻客户端由搜狐公司出品，是一款服务于智能手机用户的"订阅平台＋实时新闻"类阅读应用，是全国首个提供个性化阅读服务的新闻客户端。通过定时推送图文报纸，将优质媒体资源整合于小屏之中，智能手机用户可以不受时空限制体验"搜狐新闻先知道"。搜狐新闻号称国内用户量排名第一的新闻客户端，截至2013年12月装机量已达1.85亿，活跃用户超过7000万，手机搜狐网日均UV（点击量）高达7500万，总PV（页面浏览量）14亿。

数据表明搜狐新闻客户端有着超过两亿的用户基础，在整个市场中的用户比例达到48.78%，稳居行业首位。在流量与广告价值挂钩的互联网时代，搜狐的用户基础成了其盈利的最大保障。

首先是搜狐对自身内容与用户体验的重视。互联网技术的发展让阅读的定义更加宽泛，围绕着阅读，搜狐在终端提供视频、图像甚至是语音的互动，多种信息表现形式汇聚在一起，读者有了丰富、有趣的阅读体验，自然就有了更高的黏合性。搜狐早晚报是搜狐订阅服务与自制内容的有效结合，目前拥有用户1亿人，是中国发行量最大的报纸的20倍；搜狐新闻客户端有神吐槽、欢乐网事、热辣评三大原创栏，而5.0版本甚至增加了语音路况播报等多项全新功能。传统新闻媒体认为提供资讯和信息即完成了工作，而技术限制让他们也只能这样做。但是互联网时代的新媒体不仅提供优质内容，更提供适合用户需要的内容，并尽量提供多种选择的可能。移动互联网时代的媒体们发现，媒体不仅应该提供内容，还应当服务用户的日常需求，成为一站式的生活助手。搜狐由门户到客户端的转变即是遵循着这一轨迹。

当然，想吸引庞大的用户数量不只应做好内容和服务那么简单。为了扩大流量入口，搜狐新闻客户端很早就与中国移动、中国电信、三星、诺基亚等电信运营商和手机硬件厂商达成一系列合作，结成深度合作伙伴关系。搜狐新闻客户端是这些厂商在2014年手机预装招标中唯一的一个客户端新闻产品。这一合作意味着搜狐新闻客户端将新增数亿名用户。这一成绩将继续巩固搜狐新闻客户端的行业领先地位。在拥有了足够的有效用户后，搜狐新闻客户端通过订阅模式构建自己作为流量入口和阅读服务平台商的功能。在这个平台里，有3000家以上的媒体，如同天猫商城的卖家一样，他们纷纷利用搜狐的端口优势出售自己的产品与服务——阅读内容。如此一来，搜狐除了向终端消费者提供服务，还利用用户基础和品牌优势为上游的内容制造商提供流量服务和传播渠道。于是互联网时代的一个重要商业模式——平台，在搜狐的移动端得以实现。

（三）网文：引流与变现的网络文学

根据 CNNIC 第 35 次全国互联网发展统计报告显示，截至 2014 年 12 月，我国网络文学用户规模为 2.94 亿，较 2013 年底增长 1944 万人，年增长率为 7.1%。网络文学使用率为 45.3%，较 2013 年底增长了 0.9 个百分点。速途研究院发布的《2015 年 Q1 中国网络文学报告》数据显示，2014 年国内网络文学市场规模达到了 56 亿元，相比于 2013 年上涨了 21%。随着全民阅读时代的到来，2015 年网络文学读者有望达到 5.56 亿人，而国内网络文学市场规模可达 70 亿元，环比上涨 25%。事实上，以 BAT（百度公司 Baidu、阿里巴巴集团 Alibaba、腾讯公司 Tencent 三大巨头的首字母缩写）为代表的互联网巨头们纷纷加紧布局网络文学，主要出于以下两点考虑：用网络文学做为端口维持用户黏性，发掘经典 IP 进行相关产业开发。

1. 阅文集团

在完成对盛大文学的并购之后，阅文集团被认为是目前中国最大的互联网阅读企业。盛大文学和腾讯文学旗下的起点中文网、红袖添香网、小说阅读网、创世中文网、潇湘书院、云起书院、QQ 阅读、中智博文、华文天下等网文品牌均被整合进来。

2002 年，起点中文创始人吴文辉从北大毕业，成立玄幻文学网站"起点原创文学协会"。中国的互联网用户没有付费阅读的习惯，很多人质疑："我为什么要为只看了一次也只会看一次的文字出钱呢？" 2003 年，起点中文网率先开启"在线收费阅读"的商业模式，网民需要付费阅读原创连载小说。实际上，在起点中文网之前，阅读收费模式已经存在，但起点中文网为了更好地保护作者，提高了稿酬标准。起点中文就像是网络写手们的经纪公司，网络作家们可以获得一份最低保障收入，对于这些因为爱好与热情而写作的作家，维持了他们继续写作的意愿。同时，起点将所收费用的五到七成回馈给作者，这样写手们有了为自己挣钱的心态。这种稿酬制度尊重了网络作家的辛勤付出，很快就吸引了大批优质网文作家的入驻，网站因此开始积累大量的流量。自此，起点的运转步入正轨。

起点中文很快引起了巨头们的注意。2004年，以游戏起家的盛大以200万美元收购了起点中文，然后陆续收购榕树下、小说阅读、红袖添香、言情小说、潇湘书院、晋江文学城六家原创文学网站，题材覆盖言情、武侠等。2008年，盛大文学有限公司布成立，由吴文辉出任CEO。

令人唏嘘的是，起点中文的创始人没能留守自己的事业，2013年负气出走的吴文辉转投腾讯文学。彼时的腾讯正在布局自己的网络文学版图，除QQ阅读中心和QQ阅读以外，腾讯文学还拥有创世中文、畅销图书和云起书院三家网络文学网站，掌握着不可小视的内容供应和推广能力。同时腾讯还与传统出版社和发行商合作，如作家出版社、人民文学出版社等，都是其业务伙伴。在一轮此消彼长的过程中，腾讯文学已经有足够的能力去吞下盛大的城池。

2015年年初，盛大文学及其旗下起点中文公司完成法人变更，盛大文学正式被腾讯收购。盛大文学在网文市场有将近一半的份额，腾讯旗下创世中文网市场份额为12%，合并后的阅文集团将坐实网络文学的第一把交椅。

正如腾讯文学CEO吴文辉在2014网络文学行业峰会上表示的，腾讯文学的发展方向为"全阅读生态"，包括一个大渠道原创聚合平台、一个2.0版原创生态以及一个泛娱乐开发的IP运作系统。

2. 阿里文学

阿里文学只能算是网络文学的后进生，但考虑到有阿里巴巴的强大支撑，其在网络文学的影响力也不容小觑。最早在2015年4月，阿里移动事业群总裁俞永福首次公布阿里文学品牌，阿里文学与书旗小说、UC书城共同组成阿里移动事业群移动阅读业务的主要部分。其中UC浏览器作为移动端的超级App，其日活跃用户已经突破1亿，书旗小说在移动阅读类App中排名前三，两款移动终端将成为阿里文学输通移动阅读渠道的端口性产品。

阿里文学主要负责内容生产、合作引入、版权产业链双向衍生，并依托内容的生产，建立与文学产业相关的开放生态，涵盖数字内容传播、阅读、粉丝经济、版权衍生品等。

网络文学版权衍生方面，阿里文学依靠阿里投资及其控股的伙伴公司获得诸多下游版权衍生渠道：游戏改编资源可以依托国内第二大的手机网游联运平台UC九游；阿里文学可以与阿里影业、华谊兄弟、光线传媒等公司在影视改编业务上深入合作。2015年，阿里文学通过战略合作开启同天下书盟、微博有书等机构一道共同培育优质的文学IP的道路。

3. 百度文学

百度文学正式成立于2014年11月27日。2013年7月，百度耗资1.915亿元买下纵横中文网，加上自有的百度多酷和此前19亿美元收购91无线获得的91熊猫看书，三家网站一起整合为"百度文学"的主体。百度文学旗下业务主要有以纵横中文网为主导的原创业务，百度书城客户端、页面站为主导的内容分发业务，及以原创小说版权为核心，内容分发平台为支撑，依托百度全平台资源的相关业务，如百度阿拉丁、百度视频、百度移动搜索、百度PC搜索、百度客户端、百度浏览器、爱奇艺、PPS、百度贴吧、百度新闻、百度移动游戏、hao123、百度手机助手、91手机助手、安卓市场等，全面建立包括动漫、游戏、影视、周边产品等增值业务在内的文学产业生态链。

4. 塔读文学

塔读文学是一家致力于数字版权创作、聚合和分发的网络文学网站，隶属于北京易天新动网络科技有限公司。2010年7月12日，塔读文学官网开放，定位为无线阅读平台。网站以创造精致的移动阅读体验为核心，以丰富的版权内容及其精细化运营为特色，充分结合移动终端，为用户提供数字阅读服务。

塔读文学作为手机无线互联网原创文学先锋，精选海量精品小说，汇集了各种经典读物，其中都市、穿越、玄幻、历史、武侠、军事题材等小说深受读者喜爱。塔读文学现已展开全平台运营，包括电脑读书、手机读书、客户端应用等，其服务覆盖七千余种终端，位列国内无线阅读服务商第一阵营。

5. 逐浪网

另一家具有代表性的原创文学网站当属逐浪网。逐浪网由著名的文学站点——文学殿堂发展而来，创办者为李雪明、蒋钢成。自2003年10月创办以来，曾先后获得"二十大个人站""电脑报编辑选择奖"等称号。2006年6月，逐浪网被大众书局收购，此后一路高歌猛进，6个月跻身行业网站前三。曾一度在全球站点排名中位列第五百名，日均PV过千万，注册会员二百万，名原创作者两万多人，原创作品、有声读物、经典作品累计十万余部。2009年11月，空中网宣布对逐浪网完成收购，逐浪再次易主。

逐浪网的十年旅程充满坎坷，两次易主的经历足以说明其作为原创网络文学网站的价值。在收购逐浪网之前，大众书局已经是国内最大的民营图书连锁机构，民族书业第二品牌。同时，大众书局还拥有国家新闻出版总署颁发的全国连锁经营权和总发权，是国内仅有的两家拥有"双权"的公司之一。在收购逐浪网后，大众书局希望利用自身的市场地位和广阔的终端分布升级逐浪网，打造以原创网络文学为主，涵盖自助出版、自助印刷、听书、经典作品赏析为一体的网络电子出版信息平台，并成为业界第一。除此之外，大众书局还希望凭借核心技术，实现作者、会员之间的有效互动，形成中国首屈一指的行业互动社区。大众书局的愿景十分美好，但仅仅在收购后的第三个年头，大众书局就将逐浪网转手给空中网。空中网以全资方式收购逐浪网，希望利用其在无线互联网领域的渠道优势，将逐浪网多年来积累的网文资源送达不断壮大的手机阅读用户群。

值得一提的是逐浪网现在的所有者——空中网。2002年3月18日，同样被称为"创业双子星"的周云帆和杨宁，从海外回来创办了空中网。网站于2002年5月注册成立，拥有着美国硅谷、香港两地的风投支持。空中网基于2.5G和3G网络支持，提供彩信、手机上网、手机游戏等服务。公司以技术领先和了解客户著称，通过业内领先技术，为客户提供娱乐产品和优质服务。空中网与三大电信运营商有着良好的合作关系，将业务引入电信增值服务领域。大陆的手机用户可以登录空中网选择新闻、体育或娱乐频道，获取资讯和信息。这一模式在现在看来有些落后，对于用户来说，客户端式的入口更加方便，用户体验更加丰富。过去三大电信商所依赖的图铃下载、手机游戏和论坛聊天业务在空中网依然存在，但是前景并不乐观。

无论是致力于图书出版的大众书局还是依靠电信运营商提供内容的空中网，都希望将逐浪网作为原创网络文学平台的力量放大，吸引流量，解决原创内容供应。而这一点，正是业内老对手盛大、中文在线们同样在做的事情。

6. 磨铁图书

磨铁图书原本是一家以线下实体出版为主的私营出版机构，为了适应互联网文学的发展趋势，毅然决然开始自营互联网文学网站的尝试。依靠在畅销书领域的口碑，磨铁积累了一部分用户，包括读者和作者，并尝试以自营网络文学为主策划畅销书。

北京磨铁图书有限公司的前身为磨铁（北京）文化发展有限公司，2007年成立，至今发展为拥有三家全资子公司、总员工数四百多人的大公司。其子公司包括磨铁动漫（上海）、磨铁童盟和磨铁数盟三家。作为一家综合类出版策划与发行公司，磨铁已出版策划图书约两千四百多种，多针对青少年与年轻白领开拓选题。

2009年磨铁图书年发行规模达到6.6亿元，并实现税收3395万元。根据"开卷调查"抽样统计数据显示，磨铁图书实现两个市场占有率第一，其一是在大众类图书领域市场；其二是在以销售大众类图书为主的当当、卓越亚马逊等电子商务销售市场。

值得一提的是磨铁分别于2008年4月和2010年8月完成第一、第二轮融资，其背后有基石资本、华商传媒和鼎晖资本等知名投资机构，累积超过1.5亿元的融资也让磨铁在民营书业中大放光彩。

磨铁中文网定位于国内唯一的轻博客类阅读网站，由北京磨铁图书有限公司投资设立。磨铁公司是个传统纸质媒体企业，早前互联网上并没有自己的网站，不利于用户访问。随着网络发展和门户网站资讯的冲击，纸质媒体企业越来越重视域名，纷纷注册或收购域名，齐头发展公司网站。磨铁中文网具有多个域名，域名持有者信息都已变更至北京磨铁数盟信息技术有限公司名下。motie.com域名于2002年3月注册，在磨铁数盟收购域名当中注册时间较长。

磨铁于2010年12月由沈浩波、漆峻泓等人创立于北京，是一家致力于向用户提供集"微博、博客、阅读和写作"的四位一体的图书类网站，"磨铁"二字含义在于"以铁磨铁，磨出刃来"，以展示"与文化死磕"的经营理念。磨铁中文网是北京磨铁数盟信息技术有限公司旗下的社交化阅读平台群。平台群包含面向PC网站、移动互联网及面向App市场的客户端。

（四）社区：分享的知识和快乐

互联网精神的本质在于知识的分享和社区的建立，不同地域、层次、年龄的人群因为相同的爱好聚集到一起构成一个虚拟的社区，在这个社区里大家以分享和交流为乐趣，由此产生的结果是一些高知用户的表达被激发出来，以自由表达的形式产生新的知识和信息。这些来自个体的智慧被集合到一起，成为互联网阅读产业中最受信赖的内容之一。

1. 知乎

知乎是一个真实的网络问答社区，社区氛围友好与理性，各个行业的精英人士都相互连接于此。用户之间分享各自的专业知识和观点，这的确为中文互联网不断提供了高质量的信息。知乎网站于2010年12月开放，三个月后获得了李开复的投资，一年后获得启明创投的近千万美元。知乎过去采用邀请制注册方式。2013年3月，知乎向公众开放注册。不到一年时间，注册用户迅速由40万攀升至400万。

知乎的模式类似于硅谷的问答社区Quora：由专业的人来探讨专业的事。2007年《环球企业家》记者张亮联合朋友黄继新和周源等人，创办了集团博客Apple4.us。在博客里他们共同讨论国外科技业最新动态、互联网产品设计和网络文化。接着，周、黄等几位元老又邀请了更多作者参与其中，逐步积累了一个40人的作者群体，知乎由此诞生。这种邀请式进入的方式形成了知乎最初的游戏规则，较好的确保了社区的专业性。在圈内人看来，这是一个小众的互联网社区，讨论也多限于互联网业内的问题。

知乎应该算作BBS论坛的升级版：用户之间就某一问题进行讨论，同时与志同道合的人成为社区朋友。同样为了完成知识分享，传统的百科类知识网站只能对概念做一些解释，但知乎却可以对发散思维进行整合，并确保其答案的精准与专业。同时，知乎鼓励问答过程中的讨论，以拓宽问题的广度。

2013年5月，知乎日报问市，其功能定位为新闻资讯类应用。日报的内容来自知乎社区的高质量问答，每天十到几十条不等。这些问答通常带有一定的热点效应和娱乐倾向，为寻常问题提供一针见血的观点。之后，知乎又推出了知乎周刊和月刊，并在多看、亚马逊和豆瓣阅读等渠道平台发布。互联网的阅读追求精准快速而非全面系统，知乎一问一答，回答精准到位，节省了人们的时间，提升了人们阅读后的收获感。

知乎作为一款社交问答网站的形象已经深入人心，在一定程度上把各个领域的知识、经验、见解有质感地呈现在互联网上。各个领域自认有见解有学识又愿意求知的用户采取你问我答的形式，分享彼此的经验与知识。知乎社区已经成为数十万用户的最佳信息来源地，每天有数百万用户经由第三方网站或是移动终端获取知乎的内容，对于很多手机用户来说他们在知乎上的时间甚至超过了微博、微信等社交工具。毕竟，在阅读日益碎片化以及内容日益浅显化的趋势下，知乎在一定程度上保证了读者的阅读质量。

2. 果壳网

果壳网是一家多元开放的泛科技兴趣社区，隶属于著名科普爱好者姬十三于2010年创立的果壳传媒。姬十三曾创办非营利组织——科学松鼠会，果壳网虽然借鉴其模式，但在运营上完全独立。网站主要有三个板块：科学人、小组和问答，皆由专业科技团队负责编辑。公司的重点产品有三个：MOOC学院、知性社区和研究生App。果壳传媒还有阅读品牌"果壳阅读"，专门负责科普类图书的编辑。

果壳网至今已经吸引了上百万爱知识、有意思且渴望分享的年轻人，它致力于"用知识创造价值，为生活添加智趣"。果壳网遵循互联网思维方式。首先是分享精神，用户之间以兴趣为纽带，互相推荐和分享各自认为有趣的内容。其次是社区意识，那些兴趣相同的人可以组成一个小组，作为一个具有高度认同感的匿名社区。然后是充分满足碎片化阅读的需求，用户在"果壳问答"里提出问题或给出答案，更多的用户只需一篇文章即可了解一定的科技知识。

果壳网的内容主要来自两块，一个是用户生成，一个是自主原创。果壳问世之初，以专业的科技媒体为定位，重视自主原创的优质内容，重视用户的口碑积累。在吸引了一部分种子用户后，果壳开始了社区化的尝试，内容同样由用户自主生产。用户可以浏览科技帖，选择是否参与讨论，然后发现喜欢的作者并关注之。这样，原来的内容提供者开始向社区平台转型。

互联网的阅读内容提供商试图发现人们的阅读兴趣，挖掘垂直用户，然后通过功能和 UI 的设置营造独特的使用氛围，形成品牌。在注意力稀缺而信息爆炸的互联网时代，这个品牌成为人们寻找相应信息的第一联想物。

3. 豆瓣

豆瓣是一家久负盛名的社区网站。网站由杨勃（网名"阿北"）创立于 2005 年 3 月 6 日。网站起家于图书影音业务，向用户提供图书、电影和音乐作品的相关信息，特点在于内容描述和作品评论，这在 Web 2.0 网站中别有特色。除此之外，网站还提供作品推荐、同城线下活动、小组话题交流等多种服务，如同一个纯粹的搜索系统，把作品欣赏、观众或读者的表达与交流融为一体，从而帮助那些拥有文艺情怀的都市青年寻找有效信息。

2012 年 8 月，豆瓣宣布其月度覆盖独立用户数（Unique Visitors）已超过 1 亿，日均 PV（页面浏览量）为 1.6 亿。2013 年第二、第三季度，豆瓣月度覆盖独立用户数均达 2 亿，较上年同期增长了一倍。

这得益于豆瓣的用户价值。表面上看，豆瓣是一个文艺作品的评论网站，但它也具备书目推荐和兴趣社交功能，集个人博客、兴趣交友、小组讨论、信息收藏于一体。市场上的图书纷繁多样，以专家为主的书评大多出自营销的目的，读者很难得到真实的图书信息。豆瓣以图书为切入点，帮助用户挖掘真正有价值的图书。对于一本图书，无论是专家还是普通的读者，不同的用户会有不同的感受，用户将自己的评论在豆瓣网上进行分享，同时又可以了解不同用户对同一本书的不同想法，无形中大大丰富了网站内容。

豆瓣网依托书评开发商业模式，引导读者进行图书购买，这是豆瓣网成功的关键。目前，豆瓣网已经逐步扩展到电影、音乐、旅游等领域。通过和当当、亚马逊合作，产生的用户流量和购买收入双方分成。此外网站还有一定的广告收益。

豆瓣评分几乎已经成为文艺作品进行风评测试的标准，其背后是5000万优质的用户资源。但是由于豆瓣一直以一种"用户表达客观意见、排斥商业推广"的风格示人，其巨大流量背后的商业价值并没有得到充分开发。但是社区型阅读内容商的悖论就在这里，在互联网时代，去商业化的信息传播才能代表用户的真实取向，才能拥有高访问量。豆瓣目前的最好选择就是"电子商务＋线上广告"的模式。

4. 糗事百科

当有人喊出"天王盖地虎"时，我们通常会想到下一句"宝塔镇河妖"。但是如果有人的回答是"小鸡炖蘑菇"，那只能说明一件事：两个人找到"组织"了。这个场景设定通常来自一群自称为"糗友"的网民，他们以乐观的态度分享生活中的糗事，以发帖、审帖、看帖、回帖的方式参与网站阅读内容的生产，这就是糗事百科。

糗事百科创立于2005年，2011年正式实现商业化运营。以用户生产内容、审核、投票的方式汇集原创搞笑内容，通过移动客户端、网站、社交账号、订阅渠道等方式传播。糗事百科目前注册用户两千万，拥有一亿发帖量，十亿条用户评论。在微信、QQ空间、微博等社交平台聚集了三千万粉丝，已成为中国用户规模最大、原创内容最多的娱乐平台，为上亿人提供服务。

"我们致力于建设乐观豁达的精神文化，帮助人们缓解压力，获得健康快乐的生活体验。"创始人王坚这样认为。的确，糗百一直以创造快乐为原则积累内容，无门槛发表机制引导用户发布自己的糗事，以糗友参与为主的审核机制保证内容的质量，二者相互配合确保了网站内容不断更新又风格延续，进而保证了糗百的长期运营。

在移动互联网的浪潮下，糗事百科很快便开发了自己的Android和iOS移动客户端，以移动设备用户的需求为参照优化糗百的网页。糗事百科的娱乐性吸引大量用户把零散时间投入到网站上，对于糗百的黏性用户来说，一天连续阅读一个小时以上成为糗友标配。网站发力移动端，为了向糗友提供良好的阅读体验，他们会针对移动设备开设"绵柔版"和"夜用加长版"阅读模式，在提供阅读体验的同时又不失去产品的趣味。

有趣的是，糗事百科仍然是一家私人非营利网站，很长一段时间它不做广告和营销，而是凭借纯粹的用户自发传播发展起来。这种"一劳永逸"的风格还体现在网站UI与功能设计上。网站共分为6个板块，包括"热门""精华""真相""最新""穿越"四个阅读板块以及"审帖""投稿"两个参与板块。网站的设计极其粗糙，来自糗友身边的笑话成为网站唯一的资源。效果却让人吃惊，实际上，糗事百科的排名在世界Alexa2000以上，长期居于阿里妈妈发布的橱窗推广周榜的发布排行榜前十位。

糗事百科的成功在于它发现了一个人类本能需求与互联网阅读的结合点。糗百的用户多为年轻人和底层工作者，在社会不断为他们定义身份和规范时，讲讲糗事成为他们回归自由人时代的一个窗口。而互联网阅读的特点在于娱乐化和碎片化，基于庞大用户不断更新的好笑段子培养了用户的黏性，让用户成为最忠实的粉丝，网站依靠用户口碑自动进行推广的效果简直就是以逸待劳的典型。而以生活糗事、自我嘲讽为核心的幽默内容成为了现代社会压力下普通人引发共鸣的减压工具。

（五）精选：电子读物的大市场

移动互联网的兴起让一些专门针对移动端客户的阅读产品得以出现，以碎片化阅读为突破口，短小精湛的阅读内容满足了读者渴望高质内容和利用零碎时间的需求。

1."one·一个"

《一个》是韩寒自任主编推出的电子读物，2012年6月11日在腾讯网上线。《一个》电子刊计划周期为每天1期，每天22：00更新。2013年12月9日起"one·一个"停止更新与腾讯合作网页，同时官方网站正式启动。现共有四个版本：网页版、iOS版、windows 8版、安卓版，内容包括："一张图片""一篇文字""一个问答"。

韩寒的"一个"以"简单""自然"作为基准理念，以"中国好文字"作为内容编选原则，摒弃无病呻吟、卖弄技巧，沿线着韩寒一贯的风格。2013年8月推出第一个主题书系列，名为《一个：很高兴见到你》，收入文学作品二十八篇，形式包含小说、诗歌、杂文、散文等。其中有韩寒最新作品《一次告别》《井与陆地，海和岛屿》，还收录了陈坤、蔡康永、曾轶可、邵夷贝等跨界明星的文学处女作。

"one·一个"作为一款阅读应用，其内容简单，每天只提供一篇文章、一张图、一句话和一个问题。韩寒的名气造就了《一个》的火爆：上线首日其在苹果应用商店中国区即跃居第一名，而应用积累几百万用户的时间也只用了一年。"一个"准确地找到了互联网，特别是移动阅读领域的用户痛点——内容太多而精力太少。通过阅读一个报道、一个评论、一个文艺，帮助读者找到想问的人，回答问题，这样以少量时间获得深度阅读的体验赢得了用户的青睐。韩寒的名气是独特价值之一，依靠韩寒在"80后""90后"中的影响力扩大粉丝效应。这款应用可以算作是粉丝经济的一个缩影。

互联网时代，大众与明星的距离被无限拉近，自媒体让所有人都有了平等沟通的可能，明星不再遥不可及。但这并没有减少追星的趋势，反而让人们释放出更大的能力去追星。尽管韩寒不算严格意义上的明星，但是其多年来"80后代言人"和年轻公知的形象还是让他积攒了很多不像粉丝的粉丝。而在这款应用里，网友可以看到韩寒的文章和最近的动态，韩寒本人也通过应用与网友沟通。这有效地保持了应用的人格化特点，让核心用户更加忠诚。

2.ZCOM 电子杂志

ZCOM 电子杂志是最早开发中文电子杂志平台的中国企业，网站成立于 2004 年。数据显示，ZCOM 用户数量超过 4 千万，主要涉及国内和海外华人地区。ZCOM 电子杂志与中国移动达成战略合作，以精品阅读应用形式成为移动应用市场主推应用。同时在联想乐 Phone、海尔手机、三星智能手机、华为、华硕、中兴等手机终端中预装杂志阅读应用。同时，ZCOM 电子杂志第一时间开发应用抢占苹果、安卓等电子应用市场。

除此之外，ZCOM 与中国联通、长虹、海尔、TCL、夏普、VIA 等达成战略合作伙伴关系，独家为厂商提供内容支持。目前 ZCOM 电子杂志已经覆盖了国内超过 50% 的 IPTV，用户数量超过 1 亿，成为最大的电视杂志内容提供商。

ZCOM 的核心业务类似搜狐新闻客户端的订阅功能，通过互联网技术开发不同的阅读媒介，在媒介上植入自己的客户端或者网站链接而形成一个平台系统。平台的两头是读者和杂志机构。未来，实体世界的一切与人体无直接接触的活动都有可能复制到网上进行，电子杂志正是将原来的代理邮寄订阅业务复制到了互联网中。

（六）搜索：文库类网站模式

提到文库，最先联想的是百度文库。百度文库是互联网分享学习的开放平台，汇集 1 亿份高价值的文档资料，涵盖基础教育、资格考试、经营管理、工程技术、IT 计算机、医药卫生等 50 余行业。在开放的平台战略中，百度文库联合认证用户及合作机构，打造优质资源，提供专业服务，为用户提供愉悦的分享学习体验。

平台于 2009 年 11 月 12 日推出，2010 年 7 月 8 日百度文库手机版上线。2010 年 11 月 10 日，百度文库文档数量突破 1000 万。2011 年 12 月文库优化改版，内容以专业文献、应用文书、教育、PPT 为主。2013

年 11 月正式推出文库个人认证项目。截至 2014 年 4 月，文库文档数量已突破一亿。

百度文库的本质在于知识文档的交互与共享。以百度财富值作为交互介质，拥有文档资源的用户可以上传知识得到财富，而需要下载这些知识的人则通过财富支付（有时候又是免费）获得所需文档。百度作为交换介质的提供者和平台的搭建者，获得了不断增长的全面的知识性文档，也获得了"货币价值"。

实际上，除了百度文库以外，以文库命名的综合文库网站还有豆丁文库、维基文库等，以及专业性的文库网站如专注于经管的 MBA 文库、专注于科技的 IT168 文库等。

第一类文库是以用户上传与下载为主要模式的网站，比如百度与豆丁。目前的文库大多依靠个人上传文件供免费下载起步和发展起来，这是因为在知识产权不完善的中国，这种模式是成本最低的运营模式，能够吸引最大的用户量。网站的运营者不从下载或者上传文件中抽取佣金，而是在文库中投放广告，或者开发部分虚拟货币，实现收入进账。随着版权管理的加强，C2C 受到的诟病越来越多，这类网站也采取了相应的措施，例如百度文库开始找机构进行合作，转向 B2C，在版权审核上也变得严格起来。

第二类则是基于版权授权的 B2C 类网站，如改变中的百度文库、中国知网。迫于大量盗版文章出现在百度文库中的压力，百度文库开始从 C2C 模式向 B2C 模式转变。百度文库对于个人进行认证，通过认证的个人可以在百度文库提交内容，个人要想获得内容，需要支付一定的费用。另一种方式就是百度文库允许机构的入驻，提交机构拥有版权的内容时，需要向百度支付一定的费用，机构获得品牌的宣传，当然也可以出售内容盈利。中国知网则是天生的 B2C 玩法，购买各种期刊的内容版权，用户支付费用才能阅读和下载。

第三类是行业研究类网站，诸如易观国际、艾瑞咨询等。这类网站主要提供不同行业的研究报告，报告可能由网站运营团队撰写，也可能由专业的机构撰写，或者是从第三方机构购买的，这些报告的主要需求方不是个人，而是机构，包括咨询机构、研究机构等。

（七）终端：电子阅读器市场

有数据表明，在美国市场，电子阅读器占据高达 70% 的市场份额，从 2011 年 11 月到 2012 年 1 月，短短三个月的时间里，电子书的购买者从 17% 上升到 20%，在美国和英国，电子书阅读器是最受欢迎的阅读设备，而在韩国则是智能手机。

1. 亚马逊 Kindle

亚马逊 Kindle 的成功是毋庸置疑的。亚马逊约占美国电子书市场 70% 左右的市场份额，亚马逊 Kindle 推动美国乃至全球的电子书事业，随后传统连锁书店巴诺书店也效仿亚马逊 Kindle 推出了在线销售业务及电子书阅读器 Nook。然而，美国第二大连锁书店鲍德斯（Borders）集团却在电子书的道路上失败了，虽然鲍德斯推出了至少六种阅读器，包括 Kobo、索尼 Pocket Edition 阅读器等，但相比 Nook 和 Kindle，这些阅读器都没能吸引到一定的顾客群。

早在 2012 年的英国，亚马逊电子书市场已超过纸书，这一转变仅仅用了两年的时间。亚马逊公司的数据显示，在拥有了 Kindle 阅读器之后，英国用户购买的图书量不降反升，达到之前的 4 倍。鉴于英国电子书阅读器市场的发展现状，2012 年 5 月，英国最大的连锁书店水石书店（Waterstones）也开始与亚马逊合作，店内销售亚马逊 Kindle，还提供免费 Wi-Fi 供读者浏览电子书，读者还可在浏览纸版书后决定购买纸版书还是 Kindle 电子版。

在韩国，最大的连锁书店教保文库（Kyobo）除经营韩国艾利和 Story 和 StoryHD 电纸书外，2011 年教保文库还与高通联合推出了首款采用 mirasol 显示器的电子书阅读器。公司有一家拥有 9 万册电子书的图书馆，用户在联机教保文库电子书阅读器后即可阅读，除此之外用户还可观看韩国领导教材出版商 EBS 的教学课程影片，并通过韩国社群服务分享内容，练习英语文字发音能力，使用 Diotek 字典应用搜寻内容。

在日本，除传统电子书阅读器厂商外，其他网络公司也在不断推出阅读器及内容平台，如日本最大的网络购物公司乐天，其在收购加拿大 kobo 电子书阅读器厂商后，推出 KoboTouch 阅读器，并且拥有 240 万册书籍、杂志和报纸的网上商城。索尼 PRS-T2 可以借阅其公共图书系统里超过 15000 部电子书籍。

在国内，汉王电纸书拥有 70% 左右的市场份额。它虽然已建立了汉王书城内容资源，但与盛大锦书相比内容资源相对薄弱。汉王拥有的优势是电纸书技术的研发，而盛大锦书在国内的模式则更像亚马逊 Kindle。2011 年底，当当网推出自有电子书阅读器品牌"都看"；2012 年初，京东商城推出电子书刊专栏及 LeBook 客户端。国内其他掌握内容资源的出版社也相继发行自己的电子书阅读器，如上海世纪出版集团的"辞海"、重庆出版集团的"读点经典"。

艾瑞市场咨询（iResearch）整理 eMarketer 最新发布的数据显示，2011 年美国有 3330 万成年用户拥有电子阅读器，这比 2010 年增长了 162.1%；不过，未来几年电子阅读器的增速将会大幅降低，到 2014 年美国拥有电子阅读器的成年用户人数将达到 5390 万。"[1] 华尔街日报 2012 年 5 月报道，培生集团（Pearson）旗下的企鹅出版公司首席执行官约翰·马金森在接受专访时指出，电子书可望在 2015 年底拿下美国书籍市场高于 30% 的占有率（图 5-1）。

1　宋振世，柳贺. 电子书阅读器市场状况对比分析［EB/OL］.［2013-02-21］. http://www.hyqb.sh.cn/publish/portal0/tab1023/info8971.htm.

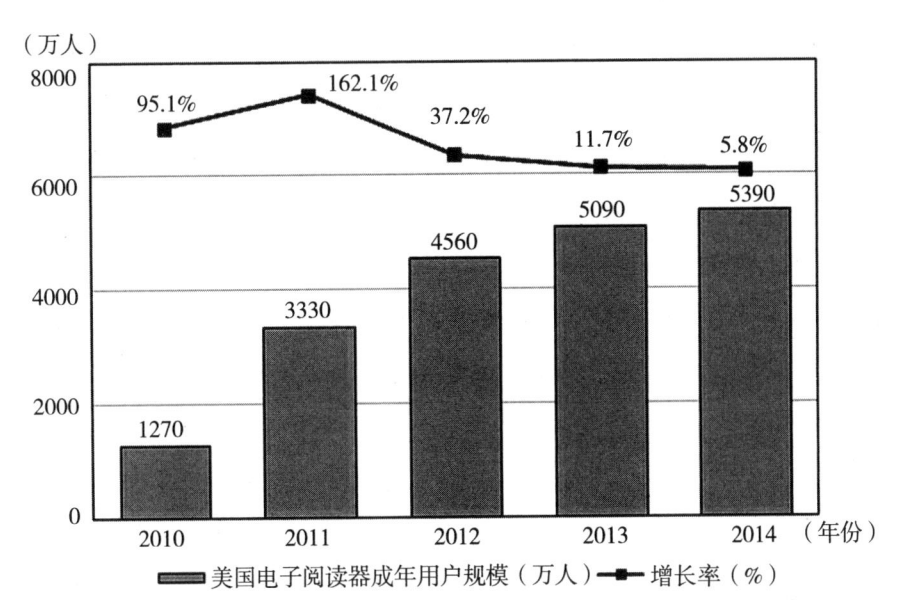

注：图表里面所指的成年用户指年龄大于18岁的美国公民

图 5-1　2010~2014 年美国电子阅读器成年用户规模

2. 盛大锦书

2014年盛大在ChinaJoy上发布了一款新产品——阅读器锦书（Bambook）。进入电子书市场的盛大文学很有可能凭借内容方面的强势地位复制亚马逊的盈利模式。盛大一直在谋划其移动阅读产业链的策略，终端是这一策略落地的支撑。硬件终端与其内容和渠道优势可以形成良性的互补：内容资源分几类增强其硬件终端锦书的竞争能力；硬件与终端则是盛大把握用户需求的检测器；而其在渠道商的优势可以支持内容到终端的有效推广。

为了实现这一产业链计划，锦书还与盛大文学云中书城完成了无缝对接。云中书城累计拥有原创文学内容近600亿字、版权作品300万部、电子期刊杂志1000余种，同时还有60家传统出版社、200多位中国当代传统作家和编剧、110万名盛大文学旗下作家，每日新增内容可达1亿字。强大的"云计算"能力，确保了读者的交流能够同步进行，阅读的同时又可以分享彼此的观点。

然而，激烈的竞争让电子书阅读器市场并没有数据显示的那样一派祥和。索尼在2014年宣布退出电子书阅读器市场。索尼于2004年发布了LIBRLe EBR-1000EP，这让索尼成为第一家使用E-ink电子墨水技术的制造商。但由于市场的替代商品不断增多，削弱了其市场影响力，索尼也只能顺应实际情况，放弃电子书阅读器领域。目前市面上的电子阅读器很多，有专业的Kindle，还有大大小小的平板电脑、手机平板。据BBC统计，2011年是电子阅读器的高峰，全球销量约2300万，估计2017年销量将会缩减到1000万部。总的来说，只要有屏幕，就能成为电子阅读器。而索尼在硬件和电子书供应方面未能超越同行，彰显其独特性，因此渐渐失去市场。

3. 汉王

在中国，目前国产电子书阅读器市场排名第一的是汉王科技。汉王科技在上海有直营门店5家，在售电子书阅读器5款。而电子书阅读器的收入却在持续减少，汉王2014年第三季净亏达到3818万元。

2010年3月3日，汉王科技以电纸书概念登陆中小板，融资11.31亿元。上市7个交易日后，汉王科技的股价突破百元大关；2个月后，其股价最高涨至每股175元。随着智能手机和平板电脑的崛起，汉王电纸书业务迅速下滑，很快成为汉王的负担，巨大的库存几乎压垮了汉王。2010年汉王净利润为8790万元，2011年则变为亏损4.97亿元，股价最低时为15元每股。

实际上，电纸书只是目前汉王的四条产品线之一。2014年汉王实行母子公司管理架构，设六个业务板块，各板块子公司自主经营、自负盈亏。新公司分为两类，一类是汉王根基部分，以汉王国粹为代表，其业务范围包括现有的e典笔、电纸书、汉王笔。另一类则是新兴项目，为汉王寻找新利润点，代表性的有参加了2014年高交会的霾表和空气净化器。汉王还在迅速调整，其电纸书业务也慢回到了上升通道：电纸书的定位从礼品回归阅读器本身。

与亚马逊 Kindle 相比，汉王在内容方面还有很大差距，汉王无法"大而全"，只好改变策略做"小而美"。汉王通过在中文内容方面多年的积累，仍有一定优势，在一些细分领域，即便是亚马逊也没有涉及，汉王需要在这些领域做到极致。[1]

（八）渠道：电商平台与网上书店

1. 图书电商

提起图书电商，首屈一指的当属当当网。当当网以图书零售起家，从1999年成立初就高速增长，2011年更是在美国完成了上市；2010年11月1日，京东图书正式上线，苏宁易购在2011年上线图书频道；2012年4月，1号店图书频道上线。图书电商的时代来了。

图书具有高度标准化的特点，排除了网上购物的质量风险，非常适合在线销售，亚马逊即是从图书销售起家的。而图书购买者往往是那些收入不错又对生活消费有要求的人，这种用户的高度重合性让图书不仅是商品本身，还是一种战略性诱饵，它引导用户的黏性和流量，触发其他商品的销售。很多非图书零售起家的电商网站之所以积极发展图书网络销售业务，正是看中了图书背后的市场吸引力。

1号店进入图书领域采用的是平台化战略。推出1号商城这种"店中店"模式，希望借助商家迅速扩充商品品类和地域覆盖。初期的1号商城每周新入驻商家数超过100，既有各大传统知名品牌，也不乏酒仙网、名鞋库等一批细分品类的领先电商。在这一过程中，1号店图书频道引入四川文轩、浙江博库、安徽华仓、快书包等图书领域的商家。第一批上线的图书包括文艺类、生活类、少儿类、经管类、社科类、科技类、教育类、杂志类、原创文学类九个板块共计图书60万册。

尽管国内电商在图书领域竞争日趋激烈，但1号店选择了一个区别于

---

[1] 侯云龙. 汉王科技：永不抛弃创新基因 [N]. 经济参考报，2015-01-06.

其他电商的思路：利用图书销售商在垂直领域的经营经验，发挥自身流量聚合、仓储配送、顾客体验等方面的优势，稳稳占据了市场一角。1号店在北上广以及武汉、成都、泉州、济南均建立起仓储中心，自配送商品比率较高，保证了配送的及时、准确。

自2014年，京东正式涉足"自出版"领域，开始了贯穿产业链上下游实施图书业务布局。京东的自出版实际上和互联网时代"大数据"技术结合起来，在与出版社合作之前，京东参照网站的销售数据和用户消费行为作出决策。先预估读者需要什么，再决定合作选题，确保从读者需求出发出版图书。这在一定程度上改变了传统出版业的图书生产模式，2014年上半年已出版14个品种。根据京东发布的京东2014年上半年图书销售业绩显示，截至2014年6月京东图书已经排至行业第二。2014年1~5月，京东图书销售增幅较大，儿童图书成销售榜上的主角。其中安徽少儿社和二十一世纪出版社的销售额都在以几倍的速度增长。除儿童图书外，京东开放平台的发展呈现高速增长态势。截至2014年6月，京东图书的第三方商家数量已超过600家，包括79家出版社、20家新华系统出版机构、3家知名书店。中文图书已经超过30万种，其中原版图书新增品种达到200余万种。

图书电商需对图书市场有更精准的洞察和理解。图书电子商务发展初期，电商选择图书，大部分是因为图书是标准化程度较高的商品，品类多，物流成本与客服成本较低。同时用户基数大、质量好、黏性高，较易获得满意度。基于此，各大电商纷纷涉足，想靠图书的低价促销吸引新用户。但京东集团方面介绍，当行业发展到一定程度，单纯的利益驱使，并不足以让电商的图书业务获得更长远的发展。图书电商们必须对图书市场有更精准的洞察和理解，需要更长远的战略布局。

2. 专业性网上书店

（1）互动出版网

互动出版网成立于2000年7月，定位为专业图书的出版与服务商，主要经营业务为国内外专业教育图书。作为一家专业教育类图书的电子商务网站，互动力求产品的丰富和服务的优质，十分重视图书内容的审核，以确保内容的权威性。网站目前的主要合作伙伴为机械工业出版社的华章公司，该公司作为一家科技出版社，专业从事经济管理、计算机、外语书等专业性图书的策划、编辑和出版经营。

出版社（资源提供者）授权互动出版网将其电子书以电子和网络形式销售。互动出版网采用先进的 DMR（数字版权保护）技术为出版社（资源提供者）制作电子书，并上传到互动出版网网站上进行销售。

（2）孔夫子旧书网

创办于 2002 年的孔夫子旧书网，现已成为全球最大的中文旧书网站，2008 年成交额已突破 2 亿元。网站汇集了全国各地 10126 家书店，37242 个书摊，展示多达 72701652 种图书。旧书行业结合互联网成就了孔夫子这样一个 C2C 平台网站。孔夫子以古旧书为最大卖点，在国内古旧书网络交易市场中，拥有高达 95% 的份额。

通常理解的旧书业包括古旧书和旧书两类，前者多指古老罕见且具有文物价值的书，通常称其为珍本或善本；后者则是经常意义上的二手书店或是旧书店经营的业务。随着现代出版业的发展，传统书业逐渐细化为古书业、旧书业和新书业。在欧美等主流国家，古旧书业已经是较为热门的传统行业。相比之下，中国旧书市场则滞后很多。

在古旧书方面，网站拥有大量极具收藏价值的古旧珍本，通过在网上的展示和交易，网站吸引了大批学者、研究者、读书和藏书爱好者的持续关注。而在旧书交易端，网站展示了 1500 多万种图书，它们与新书相比价格低廉，同样具有自己的竞争力。两大特色让孔网备受青睐，普通购书者和学术研究人员两大客户群对其忠诚度要远高于其他图书销售网站。

网站对站内开通的书店做了如下规定：一星和二星书店每年会费 100 元；三星到五星级书店每年 200 元。在星级认证管理制度中，网站还为书店实行不同程度的担保，读者可根据星级标准了解书店的诚信度。同时，网站实行实名注册，只有注册者才可以交易，用户在自愿基础上参加交易。

网站的另一大盈利板块当属拍卖佣金。2007年，孔夫子旧书网在线拍卖业务实现盈利；2008年开年，网站对在线拍卖实施收费，抽取成交额8‰的佣金。2009年，网站在线拍卖区板块的日成交额约为25万元，每天仅佣金费用可达2万元。在书摊广场这一板块，书摊数量也达到了1.5万家的水平，开书摊无须年费和认证，但每次交易需要向卖家收取3%的服务费。

此外，该网站设置的"夫子社区"和"夫子博客"两个板块，亲和力强，交流融洽，加强了书友关于中国图书文化、古旧书知识的交流，促进了会员间的感情沟通，既受书友的欢迎，也为网站凝聚了人气。总的来看，为孔夫子发展成为最大的中国传统文化社区提供了新的可能。

（九）服务：移动通信运营商

在中国，移动通信运营商一直都是移动阅读的主要参与者，基于Wap技术和非智能手机的阅读是早期的移动阅读模式。手机报、手机文字直播、手机小说等阅读产品伴随着一代人的成长，至今仍在低端客户中占有重要的地位。随着互联网的发展，移动通信运营商们积极构建自己的出版运营平台，希望通过多元化的阅读内容吸引用户。

天翼阅读是中国电信推出的一项业务，通过整合各类阅读内容满足客户的阅读需求。天翼阅读以互联网、手机、专用阅读终端和平板电脑等设备为主要媒介，为用户提供各类电子书内容——图书连载、杂志、漫画等。用户可以利用天翼阅读实现内容的订购、下载和配套服务，还可以应用投票、评论和推荐等互动功能。

另一家巨头中国移动推出了"和阅读"业务。它以手机、移动电子书为主要业务形态，针对用户对多种题材的阅读需求，寻求与具备内容出版或发行资质的机构合作。通过整合各种阅读内容，和阅读打通新的图书发行渠道，跻身国内正版数字图书汇聚平台行列。此外，和阅读还实现了"新书抢鲜看"和"海量书库随时读"服务，为用户提供随身阅读的体验式服务。

中国联通也在这一领域开始了相似业务。他们基于客户对各类阅读产品的需求，将内容资源加以整合，通过手机、电视、PC和阅读器为终端，以彩信、短信、电视互联网、Wap、Web 为端口，向用户提供多媒体的、互动式的阅读服务，并配以衍生服务。

五、变化：阅读产业链中的环节

（一）作者与读者

作者是阅读产业生态圈的基石，他们以知识和资讯分享、个人原创表达为目的，提供互联网阅读的基本内容：文学、资讯、专业知识、娱乐与评价。

作为一种工具，互联网的出现让职业和兴趣的界限开始模糊，每一个读者都是潜在的作者。尽管互联网阅读内容因此变得丰富多样，但信息的分散与庞杂让信息搜索和碎片阅读变得效率低下。面对海量的信息，专业的公司制作专业的内容，是互联网阅读内容提供商的经营理念。他们有些借鉴传统出版社的经验，以"网站＋职业编辑"模式，将线下内容提供模式搬到线上，如以新浪为代表的早期门户网站；有的则遵循分享原则，采用"社区＋分享者"模式由用户自行填充内容，如知乎、豆瓣、糗百等；最后，还有以方正、超星为代表的公司，他们以数字化技术为优势，全力推行"数字化技术＋全内容"模式。

互联网时代一个突出的特点就是中介被挤压，去中介化让产业实现了生产者和消费者的直接会面。互联网阅读产业也不例外。数字化技术和点对点传送技术让互联网内容的提供商兼具互联网内容发行商、互联网运营平台的身份。在一家标准的互联网阅读内容商看来，内容生产、内容发行、平台运营本身是不可分割的，平台保证了读者和作者的聚合，发行与生产也就同时发生了。

互联网时代的阅读产品出现了多种类型，正如上文互联网阅读基本分类所描述的那样，互联网阅读的产品丰富多样。相应的销售渠道囊括网上书店、实体书店、门户网站、手机运营商、电子阅读器、众筹出版等多种方式。在这个环节里，阅读内容真正和消费需求和用户体验结合起来，阅读产业的盈利得以完成。

互联网时代，阅读市场的天平倾向买方，通常的阅读内容读者也因为对阅读设备、阅读环境、阅读体验的注重而升级为用户。移动互联网的浪潮让阅读内容的用户们有了如下习惯：将阅读目的定位为消遣娱乐，阅读行为发生在一切空闲时间和场合，阅读的形式是图、文和视频音频的结合体，阅读内容也多为资讯类短文。

（二）涅槃中的实体书店

倒闭潮让人们对实体书店的前景深感忧虑，作为传统阅读产业终端渠道，实体书店已不仅是一种商业模式，而是关乎地方文化的仪式性场所。房租的不断上涨给民营书店带来了巨大的压力，但书店是城市的文化名片，一个城市的商业区需要书店来提升空间的文化魅力。因此，城市地产开发商也在寻求与民营书店合作，以营造地产内的文化空间。如单向街以低租金入驻朝阳大悦城，商业区借此提高自己的人文氛围，实体书店也因此减轻来自房租的压力，最终二者达到双赢的局面。

面对实体书店的倒闭潮，中国政府也采取了相应行动。2013年12月31日，财政部发布《关于延续宣传文化增值税和营业税优惠政策的通知》指出，"自2013年1月1日起至2017年12月31日，免征图书批发、零售环节增值税。此外，财政部办公厅和国家新闻出版广电总局办公厅联合下发了《关于开展实体书店扶持试点工作的通知》，决定对北京、上海、南京、杭州等12个试点城市开展实体书店扶持试点，56家实体书店共计获得9000万元中央文化产业发展专项资金。"[1]

2014年，国内图书零售商渠道的市场增长率再一次达到10%，而地面系统的实体书店在经历了连续两年的业绩下滑后，首度恢复了增长。实体书店出现了复苏的迹象。

1. 诚品书店

诚品书店的成立始于1989年。吴清友和雄狮美术艺术专门店负责人廖美立在台北敦化南路创立了台湾第一家诚品书店。尽管诚品开业初的业绩并不理想，但到当年年底，其全年销售额突破1千万新台币，约合人民币2百万元。这得益于其与常规书店不同的业务模式，诚品书店的业务并非以售卖图书为主，而是设立商业空间作为画廊。诚品向顾客传达出以人文为宗旨的理念，进而许多台湾本土艺术家会将此地作为才艺展示的公共空间。

1994年，吴清友把生活用品与餐饮等业务引入诚品。而诚品真正发展得益于"书屋里的百货公司"模式。2010年，诚品书店做出更大举动：吴清友把42家盈利能力最高的大型商场综合店独立出来，组成新品牌"诚品生活"。2012年8月，位于香港铜锣湾的希慎广场的诚品分店成立，诚品正式走出台湾。2013年1月，诚品生活在OTC上市，融资新台币6.5亿元，约合人民币1.3亿元。诚品的扩张战略得到了资本界的有力支持。

诚品书店的成功在于创新地发展了"书店"的概念。飘香的咖啡、优雅的环境、创新的图书陈列分类、人性化的服务……处处体现了诚品书店以人为本的服务理念。概括起来，诚品的成功之道主要有：

创新书店经营理念。"知识无终点，全年不打烊"是诚品书店提出的独特的经营理念，其对"书店"的概念进行创新，营造了一个从未有过的

---

[1] 陈贝贝. 免税是福利，自强是出路[N]. 新华书目报，2014-02-13.

书店氛围；其店内设计、环境、氛围乃至图书的分类陈列均给人耳目一新的感觉。将书店打造成为一种综合性的文化消费场所，凭借人性化的服务使读者享受网店无法提供的情感体验，满足部分消费群体的情感需求，将诚品逐渐打造成为读书人心中的品牌。

定位精英读者群体。诚品在希腊文中是"精英"的意思。其书店经营的图书对象就是精英群体，诚品开展的多元化经营也是围绕这部分群体进行策划的，因此构成了其经营的特色和准确的定位。纵观诚品书店的选址，不是在商场中经营，就是独立开店，书业已不再是一个独立的行业，而应把书业融入整个的商业环境，优势互补，以小的投入获取最大的收益。虽然是连锁企业，但诚品书店并没有统一的经营模式，根据当地的读者特点实施相应的经营模式。"连锁不复制"，每个店都有独特的风采。

积极转型书业模式。书业的发展是伴随着人类社会的发展而不断发展的。出版物是人类文明发展的记录者。但长久以来，书业是一个投入大、产出小的微利行业，随着市场经济的发展，不得不面对残酷的市场竞争。市场竞争的最大特点就是追求效益，没有效益的企业必将为市场所淘汰。因此，为了适应市场竞争环境，书业就必须进行转型，以书为媒介，融合其他业态，满足读者日益多元化的需求。而诚品书店的成功之处就在于其具有长远眼光，在行业开始进入危机时，已率先创造出了一个能够盈利的模式。

树立顾客的文化意识。虽然实体书店面临着各种冲击，但台湾读者都以到诚品书店购书为荣，并通过自己的实际行动来支持实体书店的发展。有数据表明，顾客的进店购买率通常可以达到70%以上，这是读者对诚品书店热爱和支持的结果。不仅仅是普通读者，台湾的地产投资商也意识到书店文化的重要性，充分认识到书店所蕴藏的文化元素对于提高商业品质、提升公民素质的重要性。正是因为有了这种社会责任感，书店在进入商场时，地产商都给予其最优惠的政策。

未来成功的书店，出版物虽只是书店经营的一部分内容，但却是书店的当家品牌，是吸引读者的理由。除此之外，书店还要注意围绕文化产品特色经营做文章，把文化的外延和内涵不断扩大和深化，使书店成为文化人的文化休闲和情感交流的场所。学习诚品，绝不可简单地模仿，而是要结合自己的实际情况创造性地走出一条适合自己的可持续发展的经营之路。"[1]

2. 单向街

2005 年底，单向街图书馆在圆明园的一座院落里成立。图书馆的名字取自德国思想家瓦尔特·本雅明的同名著作《单向街》。此后的几年里，这家书店成为作家、导演、艺术家交流思想的公共空间。与诚品书店有几分类似，单向街不只是作为书店而存在，还成为理想主义者的乌托邦。在这里，人们可以从世俗生活中暂时走出，重拾精神的力量，并结识思想上的朋友。

2014 年面对互联网的浪潮，单向街顺势而为，开始了与互联网的结合。首先是将"单向街图书馆"更名为"单向空间"。其次是将书店定位为提供智力、思想和文化生活的公共空间。最后，书店内的业务也更加多样，包括沙龙品单谈、出版物单读、餐饮品牌单厨、原创设计品牌单 Design 等几个部分。创办人张帆给出了如下的总结：这是一整套生活方式。

2013 年底，单向空间获得了"挚信资本"千万美元的风险投资。随后，单向空间开了花家地分店和爱琴海商场分店，并开始在移动端发力。实际上，单向街已经成了一家文化科技公司——北京单读科技有限公司。公司在保留实体书和沙龙的前提下，将实体书店转入全媒体运营。单读公司研发的多款 App 总计汇集了百万用户，单向空间的微信号"单向街书店"也已经有 20 多万名粉丝。

尽管实体书店图书销售已走向末路，但以文化空间的定位推动文化市

---

[1] 郭伟. 台湾归来话诚品——诚品书店的经营之道［EB/OL］.［2012-07-23］. http://chinaxwob.com/2012-07/23/content_24 T610.htm.

场消费则是一条新的出路。单向街从一开始就在致力于成为以书店为背景的文化传播平台。

现在的单向空间主要有新媒体、"单系列"产品、Youngthinkers三条产品线。新媒体产品线包括一个以"微在App"为核心，涵盖微网站、微信公众号、微博、豆瓣、单向空间微信、微博公共平台等多个子产品的新媒体系统。单向街与互联网的结合集中表现在App"微在"上。截止到2014年，单向空间共举办沙龙660场，累计参加人数11万人次。但是这些用户无法被整合，也很难在沙龙之后再有交集。"微在"等新媒体产品的出现解决了这一痛点。如果年轻人需要表达意见寻找归属，就可以通过"微在"分享一种共同且颇显深刻的社会价值观，并获得单向街的社群归属。单向街利用新媒体构建起这一个突破时空的社群，其文化和商业价值也随之得到了最大化的提升，这正是传统阅读机构向互联网拥抱的典型代表。

较为有趣的是产品线"单系列"，单向空间里的产品均是以"单系列"面世。杂志《单读》每期单设一个主题，文章由许知远和一些知识分子共同完成。丛书《单谈》则是将历次活动嘉宾的演讲集结出版。在书店的书架上摆放着"单品"系列产品——与设计师合作推出的生活用品、行李箱、文具等。而餐饮服务"单厨"，则在每个空间内提供咖啡和美食。

产品线Youngthinkers则显得目标更为高远。其理念是"为了寻找时代特别的人"，以及"塑造下一个时代文化标签"[1]。在一个高度混合的社会里，人的角色发生变化，Youngthinkers相信艺术家和创业者之间已不再界限分明。通过寻找创业意向的艺术家，单向街也在寻找那些书写未来的年轻人。

单向空间绝非一家普通的书店，早在成立之初其文化交流价值即超

---

[1] 董美圻.单向街：一家书店的商业逆袭［J］.商周报，2014（25）.

过图书零售本身。文化空间的定位让单向街有了极大的包容度，各种创意与思想聚合在这里，也就提供了更多创新的可能。互联网时代价值观和有用的信息变得极其重要，单向街得以从社会型企业转型做商业正是互联网将其品牌与价值放大后的成果，单向街作为一家阅读机构掌握了文化的高地，在此之后，再无难事或许并非虚言。[1]

3. 东京的实体书店

东京的实体书店带有日本特有的精致与人性化，尽管目前国内的许多书店也在做"书+非书类"的产品融合，比如北京的时尚廊书店、南京的先锋书店和广州新开业的方所，但东京的书店更好地诠释了"融合"的概念，大致分为三类。

一是接近传统型的书店，但加进了融合概念，比如 TSUTAYA 书店新宿店、TSUTAYA 书店代官山店和青山 ABC 书店。新宿的 TSUTAYA 书店与国内书店相似，在书之外设立一个文具礼品销售区域。作为一家大型连锁书店，位于代官山的 TSUTAYA 旗舰店拥有三幢两层建筑物一字排开，书店的建筑由英国设计师 Klein Dytham 设计，白色的外观令人仿佛一下进入另外一个独特的空间。书店以书与经典设计品为主要组合，在图书之外提供视听空间。附属的 FamilyMart 也经过重新设计，呈现出与书店风格一致的简洁清新。

青山书籍中心（Aoyama Book Center，简称 ABC）简称青山 ABC，是另一家大型书店，艺术、设计、摄影和生活风格书籍是其主要品项，与之主题相关的相机、文具等也不一而足。小小的柜台，犹如一个个小型主题展览般被精心编辑，偶尔会把新近的偶像菊池亚希子与大桥步的作品放在一起，展示不同年龄阶段的女性的穿衣风格。

二是以文具杂货为主、书为点缀的生活风格店，比如 ETITO365 新宿店、GRAPHIA 新宿店、BONNES FETES 惠比寿店、TOKYO'S TOKYO

1　董美圻.单向街：一家书店的商业逆袭[J].商周报，2014（25）.

表参道店和 MARK'STYLE TOKYO 表参道店。如果说在传统的书店里，文具、玩具和手作材料工具是点缀，那么在 EDITO365、GRAPHIA、BONNES FETES 和 TOKYO'S TOKYO 等生活风格店里，书则是变成了点缀。EDITO365 是 MARKS 公司新创的一个笔记本品牌，在 2012 年的日本设计文具展获得设计文具大奖。这家同名店走中性风，各种文具、皮具和饰品占据了主要位置。GRAPHIA 新宿店其中高度展示书 + 非书"融合"的 CORNER，主要以手作书与相关产品为主，比如纸蕾丝、纸胶带、SCRAP 系列，都是采用样品展示、书籍与产品结合展示的方式，提供适合感性消费的情境。

BONNES FETES 则是一家以年轻女性为主要消费者的饰品店，装修风格时尚、浪漫，在这里，MARKS 与法国知名甜点店 LADUREE 合作的系列产品比较抢眼，而手作书则呈现出适合作为礼物的特质。位于表参道的 TOKYO PLAZA 的 TOKYO'S TOKYO，是一家以漫画为主题的融合性店铺，店铺设计风格以白色为主，简练而现代，在各种设计文具礼品中间摆放主题有联系的图书，是一家新兴的融合性书店。

三是完全颠覆了对书的陈列与销售既定概念的新型潮流店。VILLAGE VANGUARD 是一家融合性潮流生活杂货店，全日本有 399 家店，已上市，并在香港开设分店。书店装修拥挤而不纷乱，图书既有集中专柜，又间插在各种以主题为依据的产品中，比如猫主题的产品周围与猫有关的图书，相机与明信片周围与摄影有关的图书，烟灰缸周围的戒烟图书，或者迪斯尼周边产品周围的迪斯尼人偶图鉴，又比如各种食品周围的减肥书与健身术。图书是与生活方式紧紧联系在一起的，为相关产品背书，与产品一起构成一种不无诙谐、幽默的生活风格。[1]

4. 猫的天空之城

"猫的天空之城"是一个"后书店"的概念书店，它本着精神独立、

---

[1] 吴宏凯. 东京的"融合"书店 [EB/OL]. [2015-04-25]. http://chuansong.me/n/1327541.

自由思想的经营理念,将书店、图书馆、咖啡馆、创意商店融为一体,让阅读成为一种生活方式,为读者提供一个可以静思、创作、谈话及学习的文艺空间。2009年7月4日,第一家"猫的天空之城"(简称猫空)书店诞生在江南古城苏州的平江路上,书店老板徐涛和他网名叫作"猫"的妻子共同完成了猫空的创建。起初的书店只有四张桌子、500本图书,主要经营旅行、艺术、绘本、文学四类图书。老板徐涛出售创意产品、小众杂志和书,同时在店里组织一系列文化活动,比如画展、讲座、影展,当然还包括核心会员的party。

猫的天空之城下属7家分店,分布在上海、西塘、同里等区域,图书在销量5000册左右,每家店月销售额在3万元左右,有2家是加盟性质。

猫空并不是传统意义的书店,从某种程度上说,它更靠近一家创意品店,"书+明信片+创意产品"的概念书店模式深谙年轻群体的消费习惯。当年轻人进入书店,他们要消费的不是书而是书营造的氛围,是记忆和情调。与传统书店不同,猫空书店擅长互联网媒体营销,通过书店官网、微博、微信、人人小站、豆瓣小组等渠道与文艺青年们沟通,时刻为文艺青年提供网络的身份识别场所。

实际上,猫的天空之城有着强烈的苏州地域的标签,如今很多青年游客到苏州都要到书店体验一番。正如创办者徐涛设想的那样:猫空正在成为一个符号,以至于所有到过苏州的人都将这里列入行程安排。这正是实体书店的终极定位所在——城市的文化地标。

5. 书店主题列车

实体书店必须顺势而变,成为读者体验文化、感受书香的场所,这正是网络书商做不到的地方。2015年5月20日,全国首列"移动图书馆"主题列车投入运转,首创了书店和有轨列车结合的模式。阅读列车以广州四家知名书店方所、学而优、禾田书房以及朗声文创园为原型,打造四节主题车厢,分别代表生活类、学术类、女性类以及武侠类书店。列车在全程7.7千米的轻轨上缓缓前行,车厢内有"书童"陪乘客一同聊故事,谈阅读。"U读海珠"主题系列活动也正式拉开帷幕。

禾田书房是一间集书店、咖啡馆、花房于一体，以"女性成长"为概念的生活美学空间。启动当天，禾田书房将"书店""咖啡""花房"及"旅行定制"融为一体。朗声文创园主打金庸主题，独家正版"金庸听书"、版本丰富的金庸武侠作品、画家李志清先生的水墨作品，为读者构筑一个武侠的精神世界。

学而优书店成立于1994年，以销售社科、文化、经管、学术类图书为主，在广州运营五家零售店，致力于推广优质阅读，倡导多元文化的发展。

这趟阅读专列是由广州海珠区政府和南都报系联合举办的"U读海珠"主题活动的成果。在三个月的运营时间里，还将有更多书店入驻展示。海珠宣传部负责人介绍，海珠区发动市民寻找海珠区适合静心阅读的20处书店、咖啡厅、生态园林等阅读胜地，并印制成海珠区权威的"阅读胜地"手绘地图。

（三）出版社的危机：众筹与自出版

传统的出版业中，作者完成书稿交付出版社，出版社将书交由渠道商、零售商甚至电商平台，最后到达读者手中。在这个链条里，出版方与读者分居两端，内容与需求总是难以准确对接。因而在很长一段时间里，传统出版业图书的业绩判断只能来自预测和零星的预订征订活动，策略以保守为主，面对市场的反应总显迟缓。作者、出版社、读者之间的联系松散，渠道商、零售商得到的用户反馈信息较少，整个链条无法高效运转。

1. 众筹出版

众筹出版的出现改变了这一切。众筹，译自英文crowd funding，即大众筹资或群众筹资。国外一批新兴众筹网站悄然兴起，其运作模式是，生产者将项目或产品的概念投放到网站上，消费者根据兴趣"投资"项目和产品；作为回报，赞助者可以得到项目的产品或其他服务。最为受益的当属小微创业者和那些有着突发奇想的创意者了，以往因为资金而被压制的创造力被极大地开发释放出来。

一家叫做 Kickstarter 的美国网站最早开启了这种众筹模式。它支持摄影、出版、艺术、游戏等 13 个大类的项目完成众筹。2010 年以来，英、法、荷等国相继引入众筹模式，而以出版为主业的专业性众筹网站也相继成立，如 BeaconReader、Unbound 和 Wattpad 等，它们灵活运用众筹模式，在出版业进行了很多创新，并完成了多种出版类众筹项目。

2013 年 8 月，美国知名的社会化出版网站 Wattpad 创建 Fan Funding，专门为作者筹集资金。原 Wattpad 社区成员可以在平台上发起众筹项目，为作品筹集资金，用以专业化排版、编辑和印刷。Fan Funding 被认为是全球首家致力于众筹出版业务的社交网站，但众筹出版的模式并非为 Wattpad 首创。早在此之前，Emphas.is、Kickstarter、Spot.us、Wereport，以及在中国的点名时间、知乎、中国梦网等众筹网站上也都开始了众筹出版业务。

在国内，出版类项目一直是众筹网站的重点板块。众筹模式的经典案例当属《社交红利》。该书由磨铁公司策划，作者是有腾讯工作背景的徐志斌。在正式出版以前，出版社通过众筹网实现预售收入 10 万元的业绩，一个月时间内销售图书达到 5 万本。另一个案例当属 2014 年的《周鸿祎自述：我的互联网方法论》。360 公司董事长兼 CEO 周鸿祎选择众筹出版新书，7 月 10 日上线以后的近两周时间里，就筹得金额 64 万元，打破京东出版物众筹的最高纪录。2014 年底，众筹出版再次进入公众视线，一本取名《新的一天》的诗集完成了众筹出版。打工诗人许立志的自杀是这个时代的悲剧，却符合了众筹项目对故事的要求。众筹出版不仅成为了盈利的方式，也为更多普通人通过出版作品表达自我创造了可能。

2. 自助出版

除了众筹类网站，自助出版也是利用众筹的有效模式。知识产权出版社就推出了一款这样的自助出版系统——"来出书"图书自助出版平台运营中心。过去作者写了一本书，能不能出版全由出版社说了算，但是"自出版平台"让作者重新走向了出版业的核心：作者完成书稿即可将自己学术成果的一部分展示在平台上，然后自主选择出版社和编辑。如果无钱出版，作者便可以发起图书众筹，等待知己者集资，并且获得新书的分红。2015年3月，由著名知识产权专家周延鹏执笔的《知识产权全球营销获利圣经》在北京发布。该书于2014年由知识产权出版社"来出书"图书自助出版平台运营中心启动众筹模式，在短短四十天内筹集到50945元，最终推动了该书的刊印发行。

自助出版平台的两个最大特色就是按需印刷、众筹出版。按需印刷保障了平台补缺出版社零库存图书时的机动性——读者可以在10个工作日得到自己心仪的图书，从而真正实现"一本起印，按需印刷"的效果。自助出版平台是对图书数字化出版的一次大胆尝试，也是对国外自助出版快速崛起的积极回应。而学林出版社的自出版平台所采用的也是类似的出版模式。

当然，并不是所有类型的图书都适合众筹，一般来说有四类书较容易获得众筹者的支持。第一种是粉丝图书，通常是明星、"大V"所作。第二种是刚需类以限量版或典藏版图书为主。第三类是可以提供其他增值服务或产品的图书，如名师图书配以线下课程或咨询等。第四类则是那种创意十足、夺人眼球的项目。[1]

3. 众筹的未来

众筹出版通常会利用社交媒体完成出版发行，但由于处于探索期，众筹出版的监管以及版权保护都存在很多隐患，无形中提高了众筹模式风险系数。从国内外的经验来看，这种模式在可预见的时间内并不会真正冲击传统的出版发行模式，但仍然为出版界的变革提供了新的思路。

首先它可能引发互联网出版的深度创新。众筹出版的核心是逻辑读者

---

1 王莹.众筹能为出版业带来什么？[N].中国文化报，2014-10-17.

预先投票选择内容，出版社因此能清楚地知道自己的目标人群。理论上讲，出版社再也不必承担选题失误的风险，因为众筹将这一个过程颠倒，他们提前检验了选题的市场潜力。在众筹模式下，众筹网成为了一种松散的社交广场，作者在"广场"上路演自己的想法，欣赏者自动转为读者，赞助其出版。由于众筹出版门槛很低，并且是一种提供文化产品和有价值信息的创意型行业，更多拥有创意的创业者则被召唤进这个"广场"上来。在创新的成本和风险都大大降低后，大量新的创意产品、新的出版业务以及新的盈利模式势必随着智力资源的释放而出现。

其次，这可能会形成新的出版生态。众筹网站越来越像一个产品孵化平台，众筹网站可以为作者提供出版一本书所需的成本费、协调设计和印刷服务，还可以直接提供推广和出版服务。除了书号，众筹网站几乎可以替代传统的出版社生产图书。实际上，一些商业巨头也看中了由众筹出版业务进入出版业的路径，传统出版机构、互联网金融公司、电商企业试图从外部进入出版业，众筹平台模式是个不错的选择。未来，这些来自不同行业的企业不断兼并、联合、进入、退出，经过大浪淘沙，存活下来的佼佼者将在整个出版产业重新建立自己的版图。

最后，个人出版的业务需求、小型出版组织的创业需求都有可能在众筹网中孕育。出书是很多人的夙愿，在传统出版模式下，如果不能为出版社带来经济利益，很少有人能够靠自己的实力出版作品。而众筹出版极大的释放了这个需求，互联网让信息广泛而高效地传达到每个人眼前，有共同爱好的内容生产者和阅读者相互联系，先付款后卖书，先付款后写书的情况便出现了，越多产品得到支持，越多需求便会被释放。可以预见的是，个性化、创业型出版业务将得到迅速的发展。由于多数作者只能完成文本，但是一个文本成为正式的图书还需要经过编辑制作、印刷、宣传、发行等多个环节，普通人难以顾及。因此大量创业型出版组织应运而生。在为自出版人提供服务的同时，也将为国家战略如何推进信息消费提供有力支持。

但是，国内众筹出版仍有很多问题。西方国家有赞助人制和基督教行善与感恩的文化传统，众筹出版往往是一种捐助与感谢的行为，捐助人获得的回报往往是一些签名本，最多加一些明信片。而众筹到了商业思维矫枉过正的中国，回报就变得别有韵味，可能是受助人与你的社交更近一步，也可能是成为了价值惊人的投资项目。当一切以社交和商业价值最大化来考虑时，可能众筹只是作为宣传的时髦噱头，仅此而已。这样便引申出第二个问题，众筹的项目需不需要众筹。西方国家参加众筹的图书，大多是普通人的普通作品，这些作品有价值，它们需要以众筹来争取问世。但中国的众筹图书往往是名人名家的作品，众筹沦为一种宣传的附庸，如果没有同样引人瞩目。在功利化倾向下，众筹出版继续了传统出版业的商业逻辑，大热的选题会更热，没有商业价值的图书依旧无人问津。一个悖论就此形成：有人买的书不用众筹也能出版，没人买的书众筹也没有人给钱。就知识的平等性而言，众筹不但没有给每个人自由表达的机会，而且走回了众筹前的老路。新价值依旧被埋掉。

第六章　多样性：互联网时代的阅读特征

一、边走边看

据国家统计局发布的 2014 年国民经济和社会发展统计公报显示，移动电话用户达到 128609 万户，移动电话普及率上升至 94.5 部/百人，移动宽带用户达到 58254 万户。互联网网民人数达 6.49 亿人，其中手机上网人数达 5.57 亿人，互联网普及率达到 47.9%。

中国移动智能设备的普及直接促进了移动阅读市场的活跃，尽管智能手机市场已经毫无红利可言，覆盖人群增长速度放缓，但移动阅读用户的活跃度大幅度提高，移动阅读客户端将成为又一大流量入口，移动阅读市场的整体格局趋于活跃。掌阅 iReader 以 31% 的市场份额继续保持领先；书旗小说市场份额占到 12%，排在第二位；QQ 阅读在该季度市场占比达到 10%，排在第三位。在这一大趋势下，即便是传统的出版机构，也在尝试着顺应潮流。

（一）传统媒体的尝试

1."新华社发布"客户端

2014 年 6 月 11 日，"新华社发布"客户端上线。该客户端是新华社在手机端的全球信息总汇，也是国内首个党政企移动客户端集群的龙头产品。这款客户端，以新锐灵动的风格引起广泛关注，当日单条稿件最高点击超过1130万人次，页面浏览量超过5000万。

不难看出，在"新华社发布"客户端的背后将是庞大的政务新媒体服务体系。各地党政客户端将以"新华社发布"为总入口、总龙头、总集成、总发布、总后台，实现互联互通，融合发展。截至2014年底，新华社已在全国签约1240个党政企客户端，被业界誉为"传统主流媒体推进融合发展的现象级标本。"

"新华社发布"客户端的创办与维持的重任交给了新华社的新媒体中心，这也是新华社最年轻的部门之一。按照其官方介绍，这个部门"肩负着推进战略转型的'排头兵'探索新闻信息集成服务的'试验田'、新媒体建设发展的'先行者'、链接市场的'对接口'四重身份"。[1] 在新华社党组的指导下，新华社新媒体中心在两年内实现了"三步走"的跨越式发展，找到了国有媒体的媒体融合之路：一是促进通讯社的核心职能新媒体化，并且不断向新媒体领域延伸，据此创办新华社新媒体专线。二是着力打造新闻信息集成服务平台——"新华通"网，并推出诸如以"三北造林记"为代表的多媒体集成报道产品三十多个，最高点击量轻松达到两亿。三是以"新华社发布"客户端为载体，打造大陆地区最大的党政客户端集群，在移动互联网时代占领媒体融合的制高点。

2. 辽宁报业集团

传统阅读媒体应对移动阅读挑战的趋势，并不是最近才出现的。辽宁报业集团是以辽宁日报为主组建的综合性传媒集团，集团出版发行辽宁日报、辽沈晚报、半岛晨报、北方晨报等11种平面媒体。虽然每天都在生产着数量庞大的有价值的资讯，但如何将这些信息资源通过新的技

---

1 慎海雄. 遵循新闻传播规律 抢占媒体融合制高点——新华社媒体融合发展的实践与思考[J]. 新闻与写作, 2014 (11).

术手段进行挖掘，为受众提供更深层次的内容服务，一直是辽宁报业努力思考的课题。

追溯辽宁报业的历史我们可以发现，辽宁报业集团早在2000年即以北国网的形式涉足数字阅读领域。2005年11月11日，辽报集团又成立了北国数字传媒公司，开办了东北第一份手机报。2010年9月7日辽宁报业集团开启了新媒体发展战略。按照其既定目标，新媒体业务板块将借助移动互联网的势头快速崛起并保持长期、高速增长。而业务融合创新、产业链整合、商业模式创新三驾马车将最终承担传统媒体保持其以往核心地位的重任，无论新媒体领域将怎么发展，辽宁报业只要顺势改革即可。

起初集团移动新媒体战略只有两个产品问世，一个是新闻即时播报，另一个则是辽宁手机杂志。新闻即时播报以辽宁日报的名义在139说客上开辟了一个空间，并且由专人发布新闻，以此解决实效性和互动性的短板。如此一来，辽宁报业集团既可以即时发布，同时用户如果选择接受短信还可以做到即时新闻的即时下发。

辽宁手机杂志则是通过与东软公司合作来完成的。随着移动互联网和社交网络的崛起，传统媒体的商业模式正受到越来越大的冲击。以报纸为主要媒介载体的传媒集团，正努力尝试着借助新的技术手段和平台，用立体化的传播方式将自己转变成一个适应受众新需求的资讯服务供应商。辽宁手机杂志是由辽宁日报传媒集团创办，免费发送给用户的手机产品，和手机报有区别。手机报是以发布新闻为主，而辽宁手机杂志主要是以行业信息、便民信息、实用信息为主，主要涵盖财经、房产、汽车、家居、生活、教育等领域，突出实用性、贴近性、趣味性，为读者提供便捷、个性化的掌上生活。

（二）阅读网站的移动化

最初的互联网阅读网站为了适应移动互联网的到来，开始纷纷建立移动客户端、自有阅读软件甚至硬件以占有端口资源。多年的互联网经验及精准的市场定位，让它们天然有着开展移动阅读业务的内在基因，通过向移动终端提供内容或者自有内容的移动化，快速进入移动阅读领域。

1. 方正与番薯网

2010年新年刚过，方正子公司番薯网就在北大博雅会议中心发布了首款中外图书搜索引擎。在这场名为"自由自在'云阅读'"的发布会上，番薯网联合了万榕书业、中版集团数字传媒有限公司等多家出版机构，以及翰林电子书、易狄欧、易博士电子书、创维、汉王、爱国者、欣博阅、大唐等多家移动阅读终端厂商。目的只有一个，成立自己的"云阅读"平台。

这家名为"云阅读"的平台将为读者提供中文的图书搜索引擎服务、电子商务平台以及全媒体发布系统的综合性"云"服务。如此一来，"云阅读"搜索引擎就成为了普通人的私人图书馆，用户不必花钱也不必挤占自己的时间和生活空间，就可以突破时空的限制阅读喜欢的电子书。在平台中，用户将获得一种全媒体服务，具体来说就是实现了同一内容在电脑端、手机端和其他移动阅读终端设备间的自由切换服务。比如：如果一位文艺女青年通过网站收藏了冯唐的《素女经》，她通过手机上也可以随时开始阅读，并且能够同步到PC端。

2. 塔读文学与"阅Space"阅读器

另一种较有代表性的转型是自有内容的移动化，塔读文学及其"阅Space"阅读器则是其中的典型。塔读文学在"富媒体互动阅读"的产品理念下上线了"阅space"客户端，以阅读平台为核心，整合富媒体用户体验的方式，这种全新的产品理念提供包括标注、页面多样式的套用、图文音视频等内容。

根据易观智库《移动阅读客户端市场份额统计报告》显示，塔读文学平台从2013年第三季度开始，已经持续6个季度保持全平台及Android客户端市场占有率前三。作为一款全平台移动阅读应用，塔读文学自成立以来，就连续推出了全真 360 度翻页、全夜间模式护眼阅读、边听边读等多项行业首创性功能。塔读文学也始终坚持原创特色，坚持品质服务，迅速扩大市场占有率，成为广受读者用户喜爱的无线阅读平台。与此同时，塔读文学秉承开放包容的心态，在加强培养自己的作者体系外，积极开展业内广泛合作，迅速积累了包括原创文学和传统文学等多样化海量精品图书内容。这些卓有成效的创举，为塔读带来了良好的市场回馈，上线四年来，塔读文学快速累计客户端用户超过 1.7 亿，并进入移动阅读品牌行业前三名。

（三）中国移动手机阅读基地

电信服务运营商一直是移动阅读的主要参与者，从早期的 WAP 业务到自有客户端，移动阅读都是电信运营商致力于扩大业务范围的主要途径。在 2014 年中国数字传媒和阅读产业创新大会上，中国移动推出了自己的品牌——"和阅读"。自 2010 年中国移动推出"手机阅读"业务以来，中国移动手机阅读基地月访问用户已经突破 1.3 亿人次，拥有超过 6 亿次的日均点击量，600 家产业合作伙伴，已打造成为开放、合作、共赢的数字阅读产业平台。

此外，考虑到 4G 技术的到来，中国移动推出高清图片、有声读物、多媒体手机杂志、视频手机报等对流量速度连贯性要求较高的业务。而在渠道发行上，中国移动则选择了与互联网公司、终端的厂商、第三方阅读网站等机构合作。

实际上，中国移动手机阅读业务一直致力于构建全新的图书发行渠道，以手机和移动电子书为产品的主要媒介，向用户提供海量图书内容服务，让人享受突破时刻限制的极致阅读体验。中国移动手机阅读基地主要负责开发手机阅读产品、产品发布的平台、业务的日常运营等，并能够全网支持针对六亿多移动用户移动阅读业务推广。

（四）专业移动阅读服务商

更加代表移动阅读趋势的则应该属于那些带有移动互联网基因、以移动阅读技术为支撑的新兴媒体。时下正热的云技术为移动阅读带来了更多可能。通常上"云"的概念来自于业界的一种比喻性解释，它代表了提供资源的网络。在使用者看来，"云"中资源是能够无限扩展并且随时获取的，用户完全可以按需使用，按量付费。互联网被称为水电煤一类的基础设施，正是从其使用的广泛度来考虑的。近些年，随着手持终端市场的发展，内容成了各种手持终端厂商的必需品。于是，以移动阅读服务为主，深深根植互联网的阅读服务提供软件迅速发展起来。

盛大在2010年通过利用自己的数字版权推出"云中图书馆"。它就是一个开放的平台，版权所有者（包括报纸、杂志、论坛、博客）和读者都可以自由接入，通过链接变成其中的一个组成部分。

另一个更为突出的代表是酷云阅读。作为一款基于移动终端的个性化泛阅读应用，它在上线两个月的时间内登顶了Appstore中国区的新闻类排名冠军，在免费应用总榜上能够排名第七位。酷云阅读来自北京的十分科技公司，公司CEO李鹏将公司定位为服务数字阅读的移动互联网公司。简单来说，如果用户在酷云中关注了一位明星，一切与其有关的网上资讯、杂志论点、视频片段乃至社交评论都会被提供给用户。应用的核心是一种智能语义分析系统和个性化推荐算法，技术满足了用户在信息爆炸的互联网中发现内容、阅读内容、分享内容和管理内容的四个痛点。

二、跨屏阅读

互联网时代，读者越来越青睐电脑屏幕互动阅读、移动屏幕随身阅读、电视屏幕情景阅读，同一种内容可能因为场景的不同而使用不同的阅读终端进行阅读，人类进入"跨屏阅读时代"。

很多电子书阅读客户端都推出了各种终端的适配版本，用户可以在 PC 端和各种移动终端之间跨屏阅读。无论何时何地，只要用户拥有网络和一个接收终端就能进行阅读。个人账户的使用和"云空间"上传功能保证了图书在各类客户端的同步。

（一）跨屏的技术

1. 理解跨屏

何为"跨屏"？如果我们简单地将其理解为把图像从一个屏幕转移到另一个屏幕上则会有失偏颇。它是一个外延更大的概念，仅内容转移就包括了图像、资料、习惯使用的软件等。很多时候，它并不是单纯的数据迁移，而是要实现设备间的阅读进度与效果同步。互联网时代我们需要拥有多任务同时处理的能力，不断出现的信息与现实场景的频繁转换让我们不得不随时更换阅读的设备。

易观数据显示，"目前国内平板电脑的季度销售量已超过 260 万台，保有量超过 1289 万台。而拥有平板的人也同时至少拥有一部电脑，即目前已有超过 1000 万的人同时拥有了两部设备"。来自谷歌的多屏设备使用报告显示，在浏览购物网站时，接近九成的平板用户会使用 PC 保持后续关注。可以说，用户对跨屏使用的体验是否满意，直接影响商品的业绩。

上文提到的云传输是实现跨屏阅读的一种有效解决方案。它要求用户注册一个可以在多终端同时登陆的账号，然后通过互联网将该账号的数据同步到不同终端。实际上，云传输几乎遍及所有互联网公司，只要其网站和站内产品提供了账户给客户，在不同平台的客户端或网站间切换就应该享有这种服务，这样用户才能方便地从此设备结束从彼设备开始。

谷歌为个人用户提供了许多周到的跨屏服务：在默认授权的情况下，我们手机上的联系人、邮件以聊天记录总是能同步到其提供的云端存储器。Google Drive 甚至可以解决企业量级的跨屏业务。更为常见的当属我们常用的苹果设备，利用 iCloud 和 iTunes，苹果很好地将同一用户不同设备上的信息同步起来。

除了硬件与软件合一的情况，还有很多独立软件支持云服务的产品。在国外，除了我们所熟知的 Amazon Kindle、Flipboard 和 Netflix，还包括 EverNote、Dropbox、Hulu、Astrid 等众多云传输产品。云端传输的弊端也显而易见，进度同步往往受到网络连接的制约，云传输的响应速度和稳定性难以保证。因此，厂商还会推出一些不依赖网络的跨屏方式。

2. 跨屏的趋势

未来的跨屏将去向何方？第一种可能已经出现：云端、实体同时跨屏，关键在于单屏多任务的结束。早在 Windows 系统问世之初，读者可以在一个电脑屏幕中同时打开多个窗口办公。一屏多窗功能在 Windows95 系统中变得成熟，被保留到现在。但在 Windows8 的 Metro 界面中，系统只支持一块屏幕打开两到三个窗口。在信息负责需要批量处理的互联网时代，用户只能用几部设备同时办公。

实际上，慢慢占据主流的可能是屏幕之间的合作，而不是屏幕内的多窗口切换。所有身处互联网行业的公司，都应该有长足的远见和充分的技术准备。跨屏体验有可能变得日趋完美，那种依靠 U 盘不断转移文件的时代可能要渐行渐远了。

另一种可能的趋势是 Windows 世界照常运转，云端和网络能够独立而无延迟地实现跨屏操作。未来所有电子设备可能都只是摆设，只保留数据收发功能，一块支持互动的屏幕，剩下的交给云端。由于存在这样一个强大的云端，并且网速和收费都让用户可以接受，无缝跨屏操作就可以高效实施了。以此推测，未来世界更加像一个媒介平台，所有设备都可以简化为拥有一个和显示器相融合的设计，就供用户浏览信息或者在窗口作业。

3. HTML

PC 向移动端的跨屏转换常常因为技术问题无法将内容和体验移入，但基于 HTML 的页面开发技术为其提供了可能。以提供专业移动跨屏适配解决方案为主营业务的云适配已与科大讯飞达成合作，重点即是 HTML 技术的应用。

科大讯飞是国内语音领域技术领先的公司，其语音助手灵犀 3.0 便是与云适配共建无障碍阅读合作计划中的技术升级。两家技术公司之所以联合，一方面是因为云适配是专业的跨屏适配服务提供商，拥有国内独一无二的一行 JS 代码为企业网站移动化的核心技术的公司，并且一直致力于吸收新的技术。另一方面云适配也在寻求为企业提供多种个性化及人性化的功能定制开发服务。比如此前为适配后的企业移动网站提供的拨号功能，让访问用户轻松拨打企业电话，有效提高了企业潜在用户的转化率。

据透露，云适配采用的是基于 HTML5 页面开发的跨屏适配技术，通过与科大讯飞专项定制的 Web 语音接口对接，能够为适配后的网站提供语音技术支持。访问用户能够通过语音提示，轻松完成对页面的访问，从而真正实现无障碍的跨屏访问和阅读。按照其官方报道，云适配已经与数万家品牌企业达成合作，涵盖政府、科技、媒体、连锁品牌行业等领域的知名企业，包括中国政府网、联想、微软、中国企业家、探路者等。

（二）跨屏服务与产品

1. 当当读书 4.0

2014 年 9 月 29 日，当当读书 4.0 版正式上线。应用覆盖了 Android 和 iOS 系统下的所有机型，新增了六大功能板块，包括分男女阅读、免费借阅、书评社区、书架社交、千人千面、图书榜单等。而在原有的个人中心、书城、书架、书评及阅读板块也均有创新，实现了"纸电相通"，通过更精致的排版、显示阅读足迹、社会化阅读，帮助读者发现新书，为读者打造领先行业的极致阅读体验。通过发力数字阅读，当当网在图书市场的优势地位进一步巩固。

"发现新书，舒适阅读，打造领先行业的极致阅读体验"是当当读书4.0版上线的初衷。新版App致力于为广大读者提供"纸电搭配，阅读不累"的体验，为了推广需求还开起了买纸质书送电子书的营销策略。当当网和500家出版社合作，推出免费电子书达到5万种，还有1万种电子书是用户1元即可获得的书目。如此空前的宣传力度，足见当当网打造数字出版平台的决心。

由于生活节奏加快，碎片阅读成为如今的主流阅读趋势，在路上、车上，人们习惯掏出手机进行阅读，电子阅读已变成一种随时随地的阅读，正是这种阅读的随时随地性才能有效整合碎片化时间。当当读书上线的新版App，正是顺势而为进行的产品创新。

2. 重庆日报报业集团

重庆日报报业集团有着作为传统报刊的强大资源，其在内容和品牌方面的优势因为与互联网的融合反而被扩大，唯一改变的只是内容传输的媒体由传统转为新兴。重庆日报首先组建了自己的新闻网站，也积极与一些门户网站展开合作；为了适应互联网的移动化趋势，重庆日报早早推出手机报业务，同时开发其他新媒体终端信息服务平台。比较典型的是中华龙网新闻网站和大渝网门户网。凭借这些新兴媒体，重庆日报将其原来的地位过渡到新兴媒体领域。

过去购买报纸的一个重要目的是它的便携易带，方便读者同时在多个场景阅读。现在报纸走向消亡，只是因为屏幕设备的便携性优于报纸，读者对内容的需求从来没有减弱。让读者更为欢喜的是，即使没有原有的屏幕作为载体，读者依然可以继续之前的阅读。重庆日报和很多传统报业集团一样，开发适合多种屏幕阅读的产品，网站、客户端和其他新媒体确保了新闻内容的跨屏传输。因为能够时刻接触人群，也就能够保持其长久的活力。

3. 天翼阅读首创三屏双媒技术

天翼阅读作为中国电信主打的一站式数字阅读平台，为用户提供了图书、报纸、杂志、期刊、漫画、有声读物及新闻资讯等各类内容，用户既能进行数字化阅读，也可以完成评论、分享等互动操作。自成立以来，天翼阅读以"正版阅读，绿色阅读，品质阅读"的理念，致力于为数字阅读消费者提供一站式的高品质的数字阅读服务。

作为中国数字出版行业的领军者之一，天翼阅读首创三屏双媒技术，立足C网，为用户提供全方面、多类型的全网阅读服务。三屏双媒是天翼阅读主打的业务概念，用无缝覆盖的效果触达电脑、手机和电视三种屏幕，以图文、音频两种媒介为用户传播阅读内容。实际上，三屏双媒技术首次亮相于2012年深圳文博会，引起强烈反响，被人们称为"数字出版行业的趋势"。

数字阅读已经成为当今阅读的趋势，而三屏双媒技术拥有"多屏、无缝、高覆盖"的特性，从电脑万维网浏览到手机、平板电脑客户端和WAP，从2.5英寸的小屏幕到52英寸的大屏幕全方位无缝覆盖，用户可以随时随地进行阅读。这主要得益于天翼阅读的努力。

应用三屏双媒技术，天翼阅读用户只需注册一个账号就可以享受在手机、电脑和电子书上订购阅读小说、杂志、漫画等内容，一个账号看遍全网，缝合了传统数字阅读在电脑与手机终端上存在的断层，在任何终端阅读器上都可以登录进行阅读，走到哪里读到哪里，想什么时候读就什么时候读，同时还可以同步用户中心的查询书签、购买记录等服务，让用户真正享受随时随地的阅读体验。

天翼阅读提出双媒理念覆盖图文和有声两大内容，听书看书双合一。在天翼阅读两周年之际，推出安卓2.8版本整合两种模式，把原来的有声阅读客户端融入到图文阅读客户端中，让用户使用一个软件就可以享受听书看书双合一。与此同时还保持了有声阅读的相对独立性，在新版本中开辟有声专门区域和搜索内容，在有声书之后做与普通书不同的标记，帮助原来的有声用户快速找到有声书籍。此外，天翼阅读推出三屏理念，覆盖电脑、手机、TV 屏，让更多的用户参与进来，为全民阅读提供基础。

三、读者＝作者

互联网阅读产业强调读者与作者的互动，读者和作者都不再是单一独立的个体。阅读产业正在从以前的以作者、出版社为中心转向以读者为中心。互联网时代，读者既是受众也是传播者，具有较强的自主性和选择权，公众可以自主地选择、接受和传播信息。阅读的需求被无限放大，成为作者和出版社考虑的重要指标。过去以作者或者出版社为中心的状况发生逆转，读者成为中心，成为阅读、出版过程中的首要因素。

（一）自出版

"自出版也叫原生电子书，是指作者在没有第三方出版商介入的情况下，利用电子图书平台自主出版的书籍或多媒体产品。"[1] 这在前文关于自出版的话题中已有所涉及。自出版的实践来自于美国，美国作家布莱克·克劳奇 2009 年在亚马逊开展"自出版"业务，在 Kindle 上推出的"自出版"作品仅仅在 2009 年 4 月到 2011 年 3 月间即卖掉了 20 万本电子书。

在亚马逊，购买一本"自出版"电子书的花费是购买纸质书的十分之一。但与人们的直观理解相反，作家却因此受益更多，收入是原来的 1.6

---

[1] 郑万青. 论电子书的三大法律挑战 [J]. 中国出版，2013（23）.

倍。过去，当一本书在亚马逊卖出后，作为分销商的亚马逊首先分得售价的 3 成作为平台受益，剩下的收益交由作者和出版社分享，一般作者只能获得剩余部分的 1/4。如果作者通过经纪人与出版社合作，就要把收入的 15% 分给经纪人。这样一来，作者最终只获得总售价的 14.9%。而如果作者直接将自出版的电子书放在亚马逊 Kindle 商店出售，假设亚马逊依旧只拿 30%，作者最后可以拿到 70% 的收益。传统出版社的分账模式既不公平，也不会持久。

相比之下，即便是电子书，传统的出版形式也显得过于烦琐且分成者过多。印刷作为一种输送系统，将作者要表达的内容送达到读者。一直以来，出版控制着这个系统。但现在情况有所改变。以亚马逊为代表的新出版商介入进来，内容可以更快捷、便宜地到达读者面前。

用户在电子出版物上获得了并不亚于传统出版物的体验，低廉的价格对用户有极大的吸引力，特别是在中国。据外媒报道，2012 全年，Kindle 畅销书的四分之一属于自出版读物。而在 2013 年亚马逊公布的前一百名畅销书单上，28 种自出版读物赫然在列。

在中国，自出版同样一派火热，互联网优质内容提供者豆瓣很早就开始了自出版业务的尝试。在豆瓣阅读上，用户可以出版篇幅在 3~5 万字的作品，通过售卖获得收益。而在 2014 年，一些互联网阅读产业的巨头，包括京东、当当及百度纷纷推出了自出版的计划。

应当注意的是，自出版在我国还面临着不小的法律风险。根据国家相关法规制度，无论是实体还是电子出版物都必须获得书刊号。但实际情况是，几乎没有任何电子自出版物符合这一规定。这使得自出版陷入两难困境，没人知道在政策层面究竟会有何种走向。如同国内其他新兴行业一样，政策再一次成为阻碍自出版发展的最大隐忧。由于中国的消费者没有形成付费阅读电子书的习惯，虽然电子出版物的价格低廉，性价比颇高，但盗版仍然猖獗。新生的电子类自出版很难不受这一现象的打击，这也不是国内几家电子出版平台联合起来就可以解决的问题。

(二)Wattpad

Wattpad是一家社交数字出版商,用户可以利用Wattpad提供的在线制作工具进行电子书制作,然后通过该平台将作品分享出去。无论用户是知名作家还是匿名写手,都可以在Wattpad上免费发布文章、故事、小说及诗歌等。可以说,Wattpad是一个"三免"平台——免费创作、免费阅读、免费分享。创始人Allen Lau自诩Wattpad为口袋里的图书馆和在线出版界的YouTube。

虽然Wattpad从事的是传统的出版领域,但是不同于其他出版商,它是一种全新的娱乐形式,通过故事将读者和作者联系在一起,用户可以关注作者,成为粉丝,获得作品更新和参加读者活动的机会,还可以评论故事文章和作者互动。作者可以根据读者的反馈延展故事情节。这种社交化的出版平台可以充分激发用户的主动性,其魅力不仅仅局限于通过文字作品聚集用户,也让用户参与到文学创作过程之中,从而吸引大量黏性用户。

Wattpad每天都发布大量新故事,内容涉及面广泛,题材应有尽有,读者和作者的创作力让Wattpad变得生机勃勃。为了帮助用户更好的参与文章,Wattpad提供了图书管理、自动书签、配套插图、字体类型、背景、大小、颜色等设置功能。不仅如此,Wattpad社区还提供跨平台服务,用户能通过PC电脑、手机和平板电脑阅读文章。Wattpad也是目前唯一提供移动社交功能服务的电子阅读社区。

Wattpad用户有一半来自美国地区,该平台支持英语、法语、德语、日语、韩语等42个国家语言,包括简体和繁体中文。

1. 发展历程

2006年,Wattpad在加拿大多伦多市成立,创始人是Allen Lau和Ivan Yuen。他们起名Wattpad有两层含义,Watt是瓦特的意思,pad代表书籍。创始人 Allen 表示，这个名字寓意了大多数作者有上传个人文学作品的冲劲。

2007 年 2 月，Wattpad 宣布从"古腾堡计划"（由志愿者参与，致力于将文化作品进行数字化和归档，并鼓励创作和发行电子书的一项工程）新增了 1.7 万本电子书，并对移动用户开放访问权限。

2009 年 3 月，Wattpad 开发了一款 iPhone 应用。同年 4 月，Wattpad 快马加鞭地开发出黑莓 App 应用，并在黑莓应用商店 Black Berry App World 上架。6 月，根据 Wattpad 报道显示，其移动 App 应用下载量已经超过了 500 万次。就在当月，Wattpad 又推出了安卓版本应用，并于 2010 年 4 月推出了 iPad 应用。

2009 年 5 月，纽约时报撰文批评 Wattpad 允许用户上传文学作品的做法涉及版权问题，引发了出版行业的抱怨。Wattpad 公司迅速作出回应，在其官方网站上明确指出"不欢迎用户上传违反作品版权的材料"。实际上为了保护原创版权，Wattpad 在 2009 年 4 月（比当时纽约时报的报道还早了 1 个月）推出"Authors In Charge"项目，允许作者或作者代表一旦识别出 Wattpad 有侵权内容，可以直接进行删除，但是该项目只针对"在售出版物"的作家。

2011 年，Wattpad 获得了 350 万美元融资。当年年底，Wattpad 在加拿大创新交流大会上被评选为该国最热门的数字媒体公司，还被毕马威评为加拿大最佳初创公司。同年，该公司联合创始人 IvanYuen 也获得了加拿大创业界最著名的"影响力激励大奖"。Wattpad 每年都会举办几场小规模的竞赛，还会举办一次规模较大的竞赛——The Watty Awards。2011 年，Wattpad 把这一奖项拆分成了三个小项，分别是最受欢迎奖、文学新星奖和最佳匿名作品奖。这样，各种类型的作者都有机会赢得 The Watty Awards 奖项，而且所有 Wattpad 用户都可以参选。

2012 年夏天，Wattpad 和玛格丽特·阿特伍德合作，她是加拿大家喻户晓的诗人、小说家、文学批评家。2012 年底，Wattpad 的注册会员数已经超过 800 万，每月上传作品量超过 90 万篇，文学作品总量超过 600 万。此外，Wattpad 每月独立访问用户数量超过 1000 万。

截至 2013 年 12 月，Wattpad 已经有超过 1600 万读者，读者每月在 Wattpad 上度过的时间超过 40 亿分钟。每分钟都有超过 1 万名 Wattpad 读者可以阅读到一个全新的故事。每天，用户都会上传数千个文学作品，其中有超过 500 位作者发表的作品阅读量已经超过了 100 万次。

2. 盈利模式

Wattpad 还没有构建出清晰的盈利模式，公司首席执行官 Allen Lau 表示："我们仍然处于构建用户群阶段，一旦我们的用户数量达到一个临界点，我们就会让 Wattpad 开始赚钱。1500 万用户这个数量级还不错，但是我们还是希望能更上一层楼。"这个临界点，也就是 Allen Lau 期待的用户数量。

尽管如此，Wattpad 并没有放弃现阶段赚钱的机会，他们采用了几种盈利方法：第一种是传统的广告模式，目前在 Wattpad 网站页面和 App 上均有横幅广告，广告商看重 Wattpad 拥有大量积极参与的读者群及可能一炮而红的草根作家。许多出版广告商都希望利用 Wattpad 平台对目标读者进行营销，比如兰登书屋、学者出版社、麦克米兰出版公司等，当然这些广告并不影响用户的阅读体验。尽管 Wattpad 的广告收入不得而知，但这给 Wattpad 推出付费版本应用埋下了一个伏笔，也就是说，未来 Wattpad 很可能会推出付费的免广告绿色版 App 应用。第二种是 Wattpad 礼品店，这是 Wattpad 推出的一个在线商店，里面除了有和 Wattpad 相关的出版物出售，还有许多印有 WattpadLogo 标志的生活品，比如 T 恤衫、书袋、杯子等。

Wattpad 最近尝试了一种让人耳目一新的盈利模式——"粉丝基金（Fan Funding）"。实际上，粉丝基金是一个众筹平台，众筹时间上限统一为 30 天。它允许作者利用这个平台向自己的粉丝筹集资金，帮助自己完成作品，类似出版界的 Kickstarter。Wattpad 创始人 Allen Lau 表示他们是在线出版行业内最早也是唯一一个将众筹作为商业模式之一的企业。他同时认为这种在 Wattpad 上的众筹模式成功率会比普通众筹网站要高的多，因为其他众筹基本上是向陌生人融资，而 Wattpad 的对象则是忠实读者。Wattpad 会对每笔成功的"粉丝基金"抽取 5% 的手续费用。Wattpad 之所以选择众筹商业模式，主要还是基于其社交性以及在社交基础上建立的高参与度的用户群，其他数字出版平台如果没有较高的读者参与度则不太适合这种模式。

3. 竞争对手

Wattpad 最有力的竞争对手有 Goodreads、Scribd、盛大。两家是国外最大的在线数字出版公司，一家是国内网络文学领域寡头。从目前来看，相比 Goodreads 和 Scribd，一个被巨头亚马逊收购，一个已经拥有上亿用户且获得了近 3 千万美元融资，Wattpad 和他们仍有一定差距。此外，在华语文学领域内，Wattpad 更是无法和收入上亿美元并酝酿上市的盛大文学相媲美。那么，这是否意味着 Wattpad 毫无优势可言呢？笔者认为虽然该领域竞争激烈，但 Wattpad 仍然具有一定优势。首先，Wattpad 的用户参与度相对较高。Wattpad 竞争对手均采用"作者→读者"单向方式，也就是说，读者只能被动接受文学作品，无法参与到文学作品的实际创作之中。而 Wattpad 采用的是"作者＝读者"双向服务方式，读者不仅可以参与作者的文学创作，影响故事情节，甚至能让作者使用自己的名字作为故事主角。其次，Wattpad 社交功能较强。Wattpad 上每个作家除了有一批死忠粉丝，更有"一夜而红"成为明星作家的机会。Wattpad 利用其强大的社交功能帮助推广作家，从数字读物发行到实体书籍出版，结合线上线下提供服务。

当然 Wattpad 的劣势也是不言而喻的，正如其创始人 Allen Lau 所说的那样，目前的用户数量还需要提升，面对着其竞争对手上亿用户，目前 1500 万用户数量可谓九牛一毛。另外，Wattpad 虽然在盈利模式上有所创新，但是如果要迅速扩大收入提高利润，仍然需要明确的盈利模式。

4. 发展前景

纵观出版业界几大巨头，数字产业和增值服务业务已经成为该领域的主要收入来源。加拿大全球专业信息服务和出版最大的跨国企业 The Thomson Corporation 八成收入来自于数字出版和相关服务，而英国出版巨头 Informa Group 的这一比例也超过了 70%。在线数字出版已经是该领域内的浪潮，如果前浪不积极按照风向标转型，势必会被淘汰。

Wattpad 之所以能异军突起，从某种程度上来说，是因为它创新出了一套与众不同的核心竞争力，那就是按需定制作品。这种方式打破了作者和读者之间的高墙，变成了一种合二为一的互动机制，读者即作者，作者即读者。而这恰恰是能够改变整个出版行业的突破口，如果大胆预测，甚至可以说目前只有 Wattpad 具有颠覆整个行业的能力。社交出版商不是简单评论文章、交流心得，Wattpad 抓住了"社交出版"的本质，给自己找到了精准的定位。如今，"社交"一词充斥着各行各业，虽然热门，但是真正理解其中真谛的企业少之又少，相信 Wattpad 有机会在未来爆发出强大的"社交"威力。

四、我读我独

个性化阅读是伴随着移动互联网的发展而兴起的。作为移动阅读应用的一个重要发展方向，用户通过阅读客户端可以自主订阅其所需要的、感兴趣的、关注的阅读内容，阅读客户端基于用户数据挖掘，为其提供个性化阅读内容推荐。多数个性化阅读客户端提供的内容资讯来自于第三方媒体，而有一些具有强大内容整合能力的服务提供商也为用户直接提供资讯，例如搜狐新闻、网易云阅读、中搜搜悦。如果以互动分享和个性化定制为主要标准，移动阅读软件应当主推 Flipboard、鲜果、Zaker 和网易云阅读。

（一）Flipboard

Flipboard 的创始人迈克·麦克库伊在讲述其创业灵感的来源时说，一次他在飞机上同时翻开了几本杂志寻找自己感兴趣的内容，联想到是否可以在电脑上整合这种需求。iPad 发布以后，迈克的构想则顺理成章变为产品。Flipboard 以社会化杂志的定位面世，有九个内容模块，除了预置 Facebook 和 Twitter 上的导入内容，其他七个模块由用户自己选择并添加。点开任意模块，自动排版的杂志内页就会呈现在用户的屏幕上，里面集合了最为精华的内容部分，并以文字、照片、视频等多种形式呈现，地址链接和视频都可以直接打开。

Flipboard 的出现是因为在这个社交网络时代，资讯的泛滥让人们很难及时获得自己想要的信息，简单地说，Flipboard 的理念就是把社交做成一本杂志，通过这种全新的杂志式浏览体验，帮助你及时消化他人分享到网络中的各种资讯。

（二）鲜果

2007 年梁公军创办了鲜果电子杂志。这是类似于 Flipboard 的模式，用户可以第一时间读到自己感兴趣的资讯，范围涵盖新闻、博客、公众号文章、电子书、连载小说等。目前鲜果已推出阅读社区、热点、读书、RSS 阅读器等频道，并快速推出 iPad、iPhone、Android、AndroidPad 等多个版本。这种精选内容、端口集合的方式让鲜果在 18 个月的时间里积累了 500 万用户。如今鲜果已经在移动阅读端占据了相当大的市场份额。

（三）Zaker

Zaker 的前身是国产应用"读览天下"，作为一家新闻聚合类应用，其阅读服务的核心是社会化个性定制。2010 年，读览天下接受君联资本 250 万美元的初始投资，其估值也因此变为 1000 万美元。2011 年，公司完成了第二轮共 1000 万美元的融资，估值飙涨为 4000 万美元。CEO 李森负责公司产品的全部管理和运营职责。个性化定制得到了良好的市场反响，Zaker 客户端目前用户下载量已经超过 3700 万，在 App Store 新闻类免费应用位列第 12 位。在积累了如此大规模的受众后，其盈利依然是较为传统的广告收入，2013 年底其获得的广告费多达 1000 万元。

（四）今日头条

今日头条由张一鸣创办于 2012 年 3 月，同年 8 月产品正式面世。2013 年，今日头条每天有活跃用户两千万，而选择下载并激活这一应用的用户数量甚至高达 2.4 亿。

今日头条最值得称道的技术莫过于基于社交和用户行为分析进行的精准个性化推荐。用户可使用微信、微博、QQ 账号登录今日头条，今日头条则根据用户的社交行为、阅读行为、地理位置、职业、年龄等信息挖掘出用户的阅读兴趣。其社交行为分析的速度可以保证计算一名用户兴趣的时间不超过 5 秒；而通过用户行为重建模型的时间只需 10 秒。强大的数据挖掘和分析能力让今日头条时时根据用户的需求提供相关的信息，用户省去搜寻信息的时间。

今日头条的火热表明，随着阅读应用的兴起，普通的阅读内容服务已无法满足用户需求，智能化阅读成为趋势。这也正验证了互联网阅读的变化：过去读者通过搜索功能找寻大致匹配的阅读内容，之后开始通过关注垂直领域的平台享受阅读，现在通过智能推荐而直接获得想要的内容。

（五）网易云阅读

网易云阅读在 2014 年底低调上线 V4.7 版本，相较于之前版本，云阅读的内容架构更加清晰，此轮升级过后，云阅读已经全面拓展成以用户为中心，聚合书籍、资讯、漫画为一体的全能型阅读平台。

网易云阅读的一大优势在于内容丰富，用户总能找到自己想要的内容。海量用户数据是网易云阅读的另一大优势，他们希望做到的是，只要一登录，就能呈现给读者最想要的咨询内容。这就是所谓的个性化服务。

网易云阅读早先与 Flipboard、Zaker、鲜果等聚合 App 一样，用户自动订阅资讯源，获取自己喜欢的内容，但是随着用户订阅内容的增加，有限的、碎片化的阅读时间使得用户面临信息过载的尴尬，提高阅读效率成为亟待解决的问题。

网易云阅读依托后台的大数据处理和云计算技术，对用户的静态信息和行为历史进行分析和预测，主动为用户推荐内容。如此一来，通过"订阅"栏目，用户可以随意浏览自己想看的信息；通过"推荐"栏目，用户又可以高效的获取信息。据了解，自用户被"推荐"之后，新用户的首日留存提高了 8%。

（六）Google Play News Stand 客户端订阅服务

2014 年 2 月 20 日，Google 官方正式宣布关闭 Android 平台的 Currents 新闻阅读应用，将现有应用用户转移到最新推出的 Google Play News Stand 应用上。Google Play News Stand 将旗下 Currents、Magazines 和 Newspapers 三个订阅工具合并，提供从免费博客内容到《纽约时报》《华尔街日报》等付费资讯在内的全方位媒体信息订阅服务。Google Play News Stand 允许订阅用户自定义感兴趣的话题，同时用户对已订阅的发行商也拥有完全的内容访问权。此外，用户亦可绕过 Google Play News Stand 平台直接订阅发行商的服务，而支付过程则可通过谷歌支付系统完成。

Google Play News Stand 平台提供的版权作品来自 1900 家发行商，内容从免费博文到付费数字媒体资讯，一应俱全。总的来说，此应用除了添加来自报纸的数字媒体资讯，没有太多新的功能和内容，只是将不同产品的功能进行整合。

五、独"阅"不如众"阅"

随着阅读内容的终端化，读者的阅读行为有了庞大的交流群体，利用各种终端，阅读也开始了社交化的趋势。以"多看阅读"为例，"书友圈""书评广场"给用户一个发表评论建立圈子相互交流的平台。用户不仅在"书评广场"中浏览他人所阅读的书籍和评论，还因此产生购买需求。同时，根据喜好组建自己的交流圈，这也是增加用户黏性的良好方法。

（一）微信阅读与熟人分享

微信的普及让基于熟人分享的移动阅读迅速占据人们的生活。"中国新闻出版研究院公布的第十二次全国国民阅读调查结果显示，在微信阅读被首次纳入调查后，我国成年人手机阅读群体中的微信阅读使用频率为每天两次，人均每天微信阅读时长超过40分钟。从微信阅读时长来看，微信阅读接触群体人均每天微信阅读时长为40.98分钟。此外，微信阅读城乡差别不大，男女差别也很接近。该调查还显示，聊天、查看朋友圈中的朋友状态是微信阅读接触者的主要选择，高达80%。而与阅读有关的活动也是很多微信阅读接触者的主要选择，看新闻、阅读朋友圈中分享文章、阅读公众订阅号发布文章的选择比例分别为72.9%、67.1%和20.9%。[1]

此外，微信的一些实用功能，同样获得了微信阅读接触者的青睐，27.2%的人选择扫描二维码，19.6%的人选择QQ邮箱，19.0%的人选择"摇一摇、查看附近的人"，还有15.3%的人选择微信支付，在公众号上进行的如订票、打车、订餐等实用型操作的选择比例达到7.0%。

---

[1] 田菲，徐升国.数字化时代国民阅读大趋势[J].编辑学刊，2015（3）.

（二）社交化阅读成新趋势。

随着微信逐步成为人们阅读的重要途径，大众阅读进入了社交化时代。微信内容以快精短为特点，呈现短视频、纯文字、附带背景音乐等不拘一格、多元化的格局。整体而言，浅阅读、轻阅读、泛阅读依旧是主体。在微信公众号中，70%均为趣味性公众号，而其文化类中只有15%。

微信阅读中，专题化阅读成为趋势，出现了一些具有系统性、连贯性、完整性的内容。过度依赖微信使人懒惰，微信占据了年轻学生大量的时间，他们往往对微信过于依赖。但是微信阅读加剧了移动阅读对人类阅读习惯的破坏，碎片化和跳跃式让人们不再保持高度注意力，不再思考，甚至不再关注内容本身。但是，如果一个人依靠微信获取知识并获得提升本身是过于理想化的事，微信内容杂乱，还有伪科学的、造谣的、抄袭的内容大量存在。长此以往，原创及科普成本增高，微信公众号的原创内容生产减少，微信内容库价值也就贬值了。当然，随着越来越多人特别是真正有见解的人开始在微信上发布深刻的观点，中国第一次有了传递民意与磨合共识的空间。人们对一篇高质量的时政评论大量转发，间接促进了社会由上到下的价值共同体的形成。

一些领域包括儿童阅读、学术阅读和经典阅读还应该坚持纸质书。娱乐和浏览才算作微信阅读的主要功能，对任何试图以微信阅读替代传统阅读的用户来说，结果都是注意力的分散和知识获取的零乱。对于那些有更高的文化追求、希望通过阅读学术和经典作品提升自己的人来说，这样的碎片化阅读无异于自我蒙蔽，大量信息阅读并不会带来知识的提升。

（三）社群阅读与"罗辑思维"

2015年5月，"罗辑思维"合伙人解散的消息引发了业界对自媒体创业者的关注，罗振宇和独立新媒创始人申音的分手又一次让"罗辑思维"

站在了聚光灯下。

"罗辑思维"成立于2012年，是影响力最大的互联网知识社群之一，包括微信公众订阅号、知识类脱口秀视频及音频、会员体系、微商城、百度贴吧、网上论坛、微信群等互动形式，服务于有"爱智求真"需求的80后、90后群体。

2012年12月21日，知识型视频脱口秀"罗辑思维"正式上线，仅一年半就有200万微信用户，视频也有过亿人次观看。截至2015年5月，"罗辑思维"视频产品的优酷播放量超过7千万，微信公众号的订阅数量达110多万。在先后两次的会员招募中，有三万名会员付出共计一千万的入会费。保守估算，"罗辑思维"市值或已超过1亿美元。

"罗辑思维"本质上是基于罗振宇个人魅力的知识分享型社群，由说书人罗振宇为粉丝讲解经典图书，分析热点话题，通过视频吸引粉丝，通过公众号和会员制识别有效客户，再通过图书推荐和产品推广盈利。在这一过程中，知识和书一直是"罗辑思维"的卖点所在。不过，罗振宇坚持认为，在互联网时代，海量的信息流让文字的吸引力大大降低。尽管"罗辑思维"一直都是以传播知识、促进阅读的形象示人，但是准确把握互联网脉络的罗振宇对阅读的前景并不乐观，他坚持认为音频和视频才是产品的主流，而文章不过是一种补充。也就是说，互联网时代里的阅读已经不再重要，为了高效的获取信息，有声阅读的介入才是新方向。

"罗辑思维"业务分为四个主要部分：

"罗辑思维"脱口秀。视频中罗振宇分享个人读书所得，畅言古今，点评当下。"希望成为大家的疯狂书童，每周趁热端上三段读书心得"是罗振宇每期必须重申的观点。脱口秀每周一集，一集约四五十分钟。作为旗下的主打产品，这些核心内容的播放量累计已经到达6770多万，平均下来每集的播放达到116多万次，总评论达到13万条。

"罗辑思维"微信公众账号。每天早上6点20前后，罗辑思维会推送一条由罗振宇录制的长达 60 秒的语音。这段语音通常会从罗振宇的一个朋友或者一段经历说起，在末尾以"今天您回复某某关键词，我给您看一篇文章"结束。

平台微信形态语音+图文。在"罗辑思维"的公众号里，分列"上帝的跳蚤""互动区""逛商场"三个部分，在店铺主页所划分的商品主要有"精神食粮""生存处方""逼格工厂""吃货天堂"四种，其中在精神食粮板块专门推荐经典图书，另有"匠人如神"推广会员参与的特色产品。最热商品主要是图书。基于信任社群，内部推荐式图书信息分享、买书成为了信任熟人做出的文化选择。由于大多数会员都是因为罗振宇的博学而加入，他们将罗振宇的推荐视为一种精品信息推荐机制，确保自己能在有限时间里读到精品的图书。阅读在罗振宇的社群里成为身份识别和自我进步的代表。

《罗辑思维》图书。《罗辑思维》视频节目的前 19 期内容被集合在一起成为图书的主要内容。作为内容生产与用户互动过程中自然延伸的产物，《罗辑思维》通过预售 3 天卖出 3 千本，30 天内连续 5 次再版。由此可见，媒体与社区经济已经真正引入了阅读行业。

《罗辑思维微刊》是"罗辑思维"微信公众账号的电子杂志版，是推送内容的集纳。[1]

互联网时代为基于兴趣和相同价值观的社群的产生提供了便利的条件，优质信息提供者、有效信息筛选者往往成为社群公认的领袖。"领袖"加上个人魅力，就有了粉丝效应和客户凝聚能力。罗辑思维定位为知识分享的社群，其提供阅读内容的方式带有明显的社交性，粉丝和会员们相信，与其独"阅"不如众"阅"，逻辑思维延伸出贴吧、交流论坛和众多微信群，基于罗振宇推荐的阅读方式既是一种个人爱好，也是一次身份识别和社交关系建构的过程。

---

[1] 李成. "罗辑思维"的运行逻辑和想象空间[J]. 中国记者，2014（3）.

（四）弹幕网站与弹幕阅读

最早的弹幕网站源于日本的 NicoNico，观众在 NicoNico 上一边观看视频一边评论，而这些评论及时地出现在了视频的画面上，从右至左快速飘过，并被网站自动保存，用户经过一段时间后还想再看到这些评论，只要再次打开功能开关即可。由于这种视频评论形式很像飞行射击游戏时出现的大量弹幕，因此弹幕在原来的军事和游戏意义上添加了互联网产品的新概念。

弹幕网站在 2008 年左右进入中国，后来逐渐演化成 AcFun 与 Bilibili 两家比较大的弹幕网站。之后，弹幕被引入图书阅读当中，当当弹幕看书为读者提供了边看边交流的机会，大脑中的想法被外放到屏幕上，与人交流的体验以及看到他人评论的快感让互联网阅读超越了时空限制，成为一种娱乐体验。

以 QQ 阅读为例。"社交轻阅读"是腾讯在移动阅读布局上的一个重要方向。QQ 阅读作为 2013 年 9 月才诞生的新晋品牌，凭借腾讯广泛的用户资源和渠道入口优势，客户端市场占有率攀升迅速。QQ 阅读主打"社交轻阅读"，关系链打通之后，用户可以把喜欢的书籍或某个具体章节定向分享给 QQ 好友，阅读的价值得到充分的挖掘，从个体偏好变成圈子的群体传递。此类社交分享优势也是其他移动阅读应用所欠缺的。不仅如此，QQ 阅读从底层架构做好了对接手机 QQ、微信的准备，伺机打造真正全面社交化的移动阅读，反映出移动阅读社交化趋势已势不可当。[1]

六、阅读的第 N 感

多元化阅读是一种综合阅读，读者对阅读媒介的选择持更加开放的态度。除了传统的纸质阅读，互联网阅读将更加融合图像、声音和文字

---

[1] 刘志伟. 移动阅读多极格局出版社面临合作新抉择［N］. 中国出版传媒商报，2014-04-04.

等一切传播符号，同时作用于人的听觉和视觉，从而带来形象生动而富有美感的阅读体验。互联网时代的阅读产品，不仅可以用"看"和"听"的形式去延伸，还可能加入更多游戏化的设置，阅读情境变得更加丰富多样。

（一）网易云阅读

图书、原创、资讯、漫画，内容矩阵成型。在推崇单一需求的 App 法则中，网易云阅读努力追求内容的多元丰富，有媒体称之为资讯、书籍双面阅读器。网易云阅读平台已全面覆盖图书、资讯、漫画、杂志等领域，成为业内独家。

在网易云阅读新版中，四大内容板块架构清晰，定位、搜索方便快捷。不同内容板块看上去相对独立，实则紧密相连，满足了用户由浅及深的需求，内容间的渗透有效提高了用户黏性。比如资讯用户人群多、使用频率高，在书籍等深度内容的引导下，轻度阅读用户容易沉淀成深度用户，强化用户与产品的关系。而云阅读独有的阅读圈，形成用户之间的互动，让用户享受以书会友的乐趣。

（二）暴走漫画

暴走漫画(Rage Comic)，简称"暴漫"，台湾、香港、澳门称之为梗漫，起源于 2007 年的北美。有网友把两幅涂鸦式漫画放到网上，不想竟然受到众多网民的追捧，很快便有更多的人参与到涂鸦式漫画创作中来。在中国，暴走漫画是由一位一直不肯以真面目示人的"王尼玛"发起创作的。暴走漫画的最大特点在于它是以互联网为传播基础的开放式漫画，高度的参与性与解构式审美，让热情的网民纷纷参与其中。网民把自己平常生活中的囧事和段子制作成漫画，再通过这种风格一致又有固定人物设定的手绘表情构成简单的漫画。

暴走有着程式化的人物设定，即便是那些毫无绘画基础的普通人也可以参与到创作中。题材往往是与生活相关的糗事或有趣联想,也包括零星一些讽刺社会现象的反思性题材。暴走漫画的人物设定相对固定,人物的头大到夸张,集中画幅用来表达漫画人物的心情,通常是愤怒、开心和无语。暴走漫画人物的头像特点通常在于嘴和眼,是近几年兴起的一种新鲜的网络恶搞,在网民(尤其学生群体)中引起了疯狂的关注。

互联网时代的阅读内容是多种多样的,以暴走为代表的平面作品也是观众经常关注的内容。由于互联网天然娱乐化和反严肃的基因,人们在网上更倾向于阅读有趣而不是有理的内容。暴走代表了一个极端,人们的阅读不仅符号化,而且"审丑"本身也成为了乐趣。

(三)网络听书

说书的历史最早可以追溯到春秋时期,普通民众通过听的方式获得了书的内容。听书的方式在快节奏的现代社会留存下来。网络听书,是一种以互联网络作为数据平台和传播媒介的听书方式。网络听书一般由听书网站聘请专业的播音人员将已有的文字作品制作成音频版本,供人们在线或下载收听。它是一种新兴的解放眼睛的阅读方式。我国网络听书正处在发展的初级阶段,前景非常广阔。我国网络听书涉及教育、小说、评书、曲艺、经管、幽默、养生、电台、广播剧、学术讲坛等诸多方面,涵盖范围广泛。中国比较大的听书网站有:天方听书网、520听书网、安安听书网、好看听书网、话匣子听书网、馨雨听书网、话匣子听书网等,这些网站大都有独立的有声书库。

近年来,随着网络和新媒体的快速发展,人们的阅读方式发生很大改变,网络在线阅读用户规模逐年稳步上升,得益于智能终端的普及、3G、4G用户规模的增长,移动阅读市场进入了快速发展时期。来自易观国际的数据显示,2014年,我国移动阅读的活跃用户达到5.9亿人,而移动阅读市场的收入规模达88.4亿元。

移动互联网时代，人们的阅读习惯发生变化，"阅读倦怠"困扰着很多人。越来越多的碎片时间让人们对听书产生需求，听书这种比较传统的行为变成一种新的阅读时尚。随着数字技术的变化，潜在的听众群体扩大起来，智能手机作为进入有声读物群体的基本配置，让听书的成本几乎为零，读者可以随时随地进入到"阅读"的世界。

总的来说，相较于传统阅读，有声阅读不需要使用双眼，减少了信息摄入的消耗，在快节奏的现代生活中更能满足用户快速获得信息的需要。现代城市的庞大让人们赶路、等待的时间大大增加，带动听书行业的发展。

移动听书行业的发展前景广阔。2014年，美国媒体圈最受关注的并不是美剧和好莱坞电影，而是收听网络节目，最具代表性的便是Podcast（播客）。在美国，有声书是个年产值超过700亿的产业，而中国的有声读物市场主要得益于近年来移动互联网的快速发展。中国市场仍处于萌芽阶段，根据2014年尼尔森全球图书市场报告，中国的有声书市场将是一个超过20亿人民币规模的蓝海，在日趋激烈和残酷的图书出版环境下，有声书将是下一个可待挖掘的增长点，越来越多的书将被有声化演绎。国内音频行业如喜马拉雅FM、蜻蜓FM、荔枝FM等正在致力于移动听书的发展。

截至2015年4月，喜马拉雅FM已与十多家版权方达成了有声版权的战略合作，累计获取了50%的畅销书有声版权，其中独家有声版权有上千本，已录制完成超过2万小时的畅销出版物内容，将至少200位畅销书作家的作品改编成了有声书，其中包括韩寒、张嘉佳、桐华、郑渊洁、蔡骏等，为用户提供了超过5000小时的正版有声内容。除此之外，喜马拉雅FM也与国内几家大型图书公司达成战略合作，将其所有的优秀作品全都独家制作成有声书，实现各方优势互补，利益共同化，产业升级化，以"看＋听"两种模式同步出版，为用户提供多种视听选择。

喜马拉雅等公司和业内其它很多互联网公司一样做平台，平台带来的蛋糕很大，如何保证平台参与者的利益才是竞争的关键。喜马拉雅平台上的有声书主播（需要经过严格的审查）可以转身变为活生生的自媒体。由于这个音频内容的特性，粉丝的忠诚度极高，他们愿意为自己喜欢的偶像和内容买单。广告仍是盈利的重要来源，除硬广之外，还出现了剧情植入、剧中剧等新的广告形式，移动听书盈利模式更加多样化。

亚马逊于2008年收购了世界最大的有声书生产及分发商——Audible。美国是一个汽车上的民族，国民阅读习惯优于中国，有声书市场在美国是天然存在、自然诞生的。其实国内的出版商早就意识到有声书出版的潜力，毕竟这在美国是一个几十亿美元的大市场，只是大规模的有声化生产具有一定门槛且投入巨大，况且只解决了生产问题是远远不够的，内容分发才是关键所在。在喜马拉雅等互联网公司出现之前，有声书的潜在受众甚至不知道该去哪里找他们想要听的内容。截至2015年，中国有7亿智能手机上网用户和1.4亿的私家车主用户，这将形成千亿的市场规模，移动媒体将成为时代的新主角。

不管市场是蓝海还是红海，都不乏互联网公司的身影，竞争依旧十分激烈。喜马拉雅FM致力于通过平台打造出版社、作家、播主、粉丝、品牌为一体的产业链，打造由出版社电台和作家电台组成的出版社电台集群，通过粉丝效应迅速树立出版社品牌，实现经济效益的转化。同时也有一些新奇做法，类似于众筹模式，读者可以投票选出最想听的书籍，由喜马拉雅提供优秀的播讲者和制作团队进行制作。除此之外还可利用声优文化，将很多文学作品中的角色演绎出来，利用声音辨识度打造专属角色的"听觉拼图"，此后无论此作品改编成电影、电视剧还是动漫，观众都能快速识别。

喜马拉雅FM携手果麦文化传媒举办网络选拔活动，为韩寒的三部经典作品《三重门》《青春》和《他的国》寻找有声播讲者，海选的优胜者获得了韩寒小说有声版的有偿录制机会，成为韩寒小说的"御用播音"。

果麦文化传媒董事长路金波认为好的收听体验反而会促进线下实体书的销售，有益于共同探索数字出版在音频领域的新的合作模式。

有声读物的快速发展，也引发了很多人的担忧。有声读物的兴起让静默阅读的习惯受到威胁。那些追求纯正纸质阅读体验的人认为，一边做其他事情一边听书带给人的体验，根本不能与仪式化的静默阅读相比。不过有科学研究证明，对于有阅读能力的人来说，读故事和听故事之间并没有太多区别。不管怎样，每个人的阅读体验都是不同的，多一种方式让用户选择，何尝不是一件好事。[1]

（四）"新华社发布"新体验

一直以来，传统媒体都因单向度传播问题而饱受诟病。在传统媒体面前，用户永远只能被动地接受信息，和信息传递者之间无法进行平等交流，缺少了互动的传播容易沦为一种宣传工具而遭受抵制。

在这一点上，就连最为传统的新华社也在试图作出改变。其 App 产品"新华社发布"与已经面世的新闻客户端产品并无二质，都是经过用户评论、转发、分享、定制到自媒体和本地个性化服务。作为新闻聚合类产品必争的自媒体领域，"新华社发布"增开自媒体板块。"新华社发布"希望在该板块下延伸自己的功能定位，成为开放性的媒体平台。如此一来，过去那种权威却不亲近的形象被打破，互联网时代的"新华社发布"主动向普通人靠拢。

地方频道一直是主流媒体的特色之一。而仅仅拥有内容并不能增加用户的黏性，媒体必须将用户的需求准确表达出来。"新华社发布"的记者资源毋庸置疑，以此为依托迅速建立覆盖全国的地方客户端系统，并将地方频道取名为"家乡"。地方的生活服务信息和实时资讯通过"新华社发布"抵达用户。而 LBS 智能定位的应用，可以直接根据用户所处位置推荐

---

[1] 张萍.移动互联网时代传统出版行业猛受冲击，移动听书行业成香饽饽［EB/OL］.［2015-04-18］.http://www.csdn.net/article/2015-04-18/2824506.

此时此地的全部信息。

与今日头条的个性化推送功能相似，"新华社发布"通过与技术公司合作，开发了一种叫做"用户画像"的数据分析系统。在新闻推荐引擎上，通过分析用户的行为得出其需求和习惯，用其推送精准的新闻资讯满足用户需求。

尽管权威的内容和全面的信息是官媒特别是门户网站一直以来的优势，但垂直化不足还是成为其更大的软肋。在一个以兴趣和社群为划分的社会里，人们不再追求面面俱到的内容和信息。更多时候，他们只要知道一些全国性的话题，剩下的时间便会专注于自己感兴趣的领域。但是对于新华社这样的权威媒体来说，大而全本身就是其必须做到的事情。相比之下，其他来自体制外或者不具备这种内容资源的阅读媒体，还是应当安心专注于细分领域。[1]

七、阅读无处不在

互联网时代，随着经营理念的转变，实体书店、图书馆焕发出勃勃生机。时代在不断进步，传统阅读方式在信息过剩后让人们的需求淹没在信息世界里。手机和电子书等新兴阅读媒介的发展进一步形成对传统阅读方式的挑战。

(一)24小时书店与民间图书馆

2014年4月8日，北京三联韬奋书店成为北京第一家24小时书店。类似还有24小时民营书店"博书屋"，2006年成立至今的深圳中心书城24小时书吧，台湾的"诚品"、上海的"大众"及2015年开业的成都24小时书店，大众阅读的社会公共空间正在形成，社会书香氛围渐趋浓厚。

1　郭静."新华社发布"新闻客户端，主流新闻还有机会吗？[EB/OL].[2014-06-13].
　http://www.tmtpost.com/115924.html.

24小时书店像是一座城市的精神灯塔，代表着一个社会的价值追求。除去24小时书店的模式，越来越多的书店形式开始走向民众。

巡回书库是一种相对传统的流动图书馆模式，它或者为馆外读者提供送书上门的服务，或者在交通不便的边远地区设立图书流动站，给当地读者提供宝贵的图书借阅服务。2009年2月25日，中国首家公益赠书图书馆——"民间流动图书馆"成立。"民间流动图书馆"希望以网络店和实体店两种形式向国内外读者赠送免费的优秀图书。图书馆遵循"纯公益、全免费"的理念，坚持向社会各界人士赠好书，传好书。

民间流动图书馆以定期或者不定期的形式向学校、社区及进城务工人员免费赠送优质图书。流动图书馆以公益的形式传递"人人看书、人人传书、人人赠书、人人爱书"的理念，这正是我们对于阅读的最美好愿望。

24小时书店和民间流动图书馆代表一种良性的文化趋势，普通人对阅读更加重视，无论是商业行为还是公益活动，都代表民众需要一个合理的途径表达对书、对阅读的信仰。在阅读日渐成为一个产业而颇有娱乐化之嫌的时候，这种现象向更多的人宣誓，阅读依然可以保有其原生的文化内涵，代表一个时代一个地区最可贵的精神生活。

（二）公共文化服务与苏州图书馆

苏州图书馆是专为未成年人和外来务工人员特别打造的流动图书馆，在全国属于首创。少儿集装箱图书馆分为0~3岁和7~12岁两种。前者利用仅有的25平方米，设计出哺乳区、娱乐区和阅读区三个区域，在设计风格上富于童真童趣，区域内采用的是软胶、环保EVA等安全材料，避免对宝宝的伤害。后者外形与设计风格相似，分阅读区、休闲娱乐区、常识区等，以自主阅读为主。为外来务工人员打造的集装箱图书馆主要是工地书屋，功能强大，可供读书、上网、看视频资料等。逢年过节想回家，外来务工人员还可以通过工地书屋上网订购火车票，十分方便。

普通人的阅读除了需要市场来填补需求，对于为数较多受限于知识结构和经济水平的低收入者来说，闲暇的阅读空间需要由公共部门来营造和提供。苏州图书馆的举措说明互联网时代对于阅读需求的满足不能仅仅停留在互联网的免费或低廉产品的提供上，公共图书馆应有的担当在这一环节被激发出来。

（三）读书会

读书会应当算作一种较为古老的组织形式，但在阅读长时间脱离大众视野的今天成为了新潮的表达形式。互联网时代阅读行为本身在经过社交化和个性化之后，开始向线下组织发展，像是一场久别后的重逢。其实，最早的民间读书是由白领和知识分子自发组织而成，有着相同爱好的社群集合在一起，彼此分享阅读经验与感受。

1. 兴起的民间书会

（1）阅读邻居

2011年，由化名为绿茶、杨早和邱小石的三位阅读爱好者发起了名叫"邻居"的读书会。读书会以图书、电影等为对象，成员间面对面交流，分享彼此的阅读心得。书会其实是由学者、媒体和书店共同构筑的阅读空间，体现了当代年轻知识分子的公众意识与行动力。由于阅读邻居活动的主题新颖、深刻，读书会成为社科领域的主要读书会组织。书会的活动规模并不算大，每次只有十几人，场地选在社区书店——读易洞内，因为书会的小规模而保持了深度：来到阅读邻居的参与者，可以向其他会员介绍自己认为有价值的书目，并且就本期的主题图书进行讨论。参与感促使人们对即将读的书产生更浓厚的兴趣。

类似的民间书会还有很多：如以讨论建筑与人文为主题的诚品社区图书馆，以有过留学经历的年轻妈妈为主的皮卡书屋等。民间读书组织的活动以公益为主，具有较高的自律性，能定期开展。在这个互联网阅读盛行的时代，书会的兴起如同一场归园田居式的阅读运动，让更多的人意识到阅读的魅力。它们更像是这个社会阅读土壤率先结出的花朵，期待着全民阅读春天的降临。

（2）雨枫书馆

尽管中国的民间读书会刚刚起步，但其定位是多种多样的。大体可以分为有专业背景的人组成的专业领域读书会和背景差异明显但以兴趣组织在一起的书会两类。无论哪一类，书会的目的已经超出了阅读本身，而成为一种以阅读为纽带的社交组织。成员在书会里得到彼此的认同，交换同样的价值观。以雨枫书馆为例，它的成员全部是女性，以严格的会员制设定准入门槛，其服务对象为有高质量阅读需求的女性。2007年创办以来，书会在北京开始了3家书店，负责承办书会的活动。北京阅读季期间，雨枫书馆会连续举办多场以促进小学生阅读为主题的公益性书会。在书会上，成员们选出领读者，由领读者讲解一本书。讲解完成后，会有半个小时的讨论时间，而在这个过程人们还必须做笔记。更有趣的是一个叫做阅读大使的职位，会员们依次任职，为下一期书会准备主题和书目。这种认真而自律的女性读书会给参与者一种重新学习的氛围，在高教育水平的女性当中颇受欢迎。

（3）Open Academy

Open Academy（以下简称OA）是一个致力于满足大家深造需求的高端读书会，致力于成为终生求知的先锋性典范。那些希望持续进步的职业人士可以在这里获得很多在线课程，特别是高品质的顶级名校课程。在"上课"的过程中，彼此之间还获得了一个高认同感的友谊圈。其成员一直在推动一种高效而新颖的学习方法，其观点是"以知识的愉悦提高社会总体福利"。

为了保证让书会课程参与者学有所得，书会的课程申请相当严格。下面的一段课程介绍为我们提供了参考：

"OA设有专门的申请委员会，对课程报名者进行初步审核。OA申请委员会的成员会接待您并与您进行 5 分钟左右的随和的交谈。面谈结束后，你将以体验身份开始 OA 课程。在两次课程后，OA 申请委员会的成员会根据课程参加者对您的共同评价，判断是否接纳您正式参加课程。"

尽管并非学校组织，但是 OA 的"期末考试"同样被严格设置。以其社科类课程为例："学员"需要提交学术性报告作为结课作业，甚至还要准备课程心得。结课评估所需流程同西方高校一样。这种严苛的自我学习型书会代表一种良好的趋势，人们对阅读、对自我提高的要求更加迫切。阅读再次成为一个纽带，连接着一颗颗求知的心。

2. 组织与理念

近几年国内民间阅读组织发展蔚然成风，向成熟迈进的同时，资本开始介入其中，而此时的民间阅读组织能否可持续发展成为一个受人关注的焦点。

从组织方式来看，各种民间阅读组织多发端于线上，然后在线下开展实际的交流。自媒体让书会的组织更加便捷，无论是组织会员、读书分享还是读者交流与会员福利，仅凭网络就可以实现这一切。在豆瓣上我们可以找到很多读书会的小站，其中有信息的发布、活动的记录以及运营者的招募。互联网激发了人们对书会的需求，让相同的人走到一起，也让组织更加便捷。

至于书会理念，不同的书会各有不同，书会总是从各自的主题出发吸引会员、举办活动。野地里图书馆定位于学习型组织，理念为"以人为本、以书为媒、以爱为线、以心为公"。这种学习多与人生和成长有关，围绕这一理念，书会把西方哲学、传统文化和心灵探索作为活动主题。而一家叫做燕京读书会的组织则提出"传承中华生命智慧"的理念，会员通过学习国学知识践行这一理念，多以儒释道三家的经典文本研读为主，有专业的教授指导书会活动。

并不是所有的书会都以自发组织为主，一些公司也进入书会创办者行列，比如阅生活读书会的发起者是"女人 i 旅行"和漓江阅美文化传播公司两家法人单位。书会的理念也因此变得比较宽泛，更像一种商业化的读书俱乐部形式。在"搭建读书交流平台，推进读书分享活动、营造良好读书氛围"的理念下，书会的阅读范围主要集中在生活、旅行和时尚方面。

3. 新加坡经验

有关书会的问题仍然较多。由于国内民间阅读组织还处在初级阶段，行业规范、建设标准都有很多空白。如此一来，国外的经验显得尤为重要。新加坡的民间阅读组织十分成熟，设立了新加坡读书会发展协会。这一组织的日常事务就是通过课程提高读书会的组织水平，同时为读书会培养领导人才，培养新的书会组织。作为各个读书会之间的协调人，新加坡读书会发展协会很好地推动了新加坡阅读活动的开展。来自不同领域、阶层和区域的读书会代表了所在群体的思想高度与精神追求，读书会的蓬勃发展提升了新加坡整体的文化和艺术风气。新加坡读书会发展协会相继推出读书会咨询服务、网络读书会服务、出版读书会刊物等。除了协会的努力，公共图书馆也在文献资源、场地、设备、经费、人员等方面为民间书会提供了大力的支持。[1]

八、书香渐浓

2015年3月15日，"全民阅读"再次写进《政府工作报告》，国务院总理李克强在会见采访十二届全国人大三次会议的中外记者并回答记者提问时表示，书籍和阅读是人类文明传承的主要载体，希望全民阅读能够形成一种氛围，无处不在。

长期以来，公共图书馆的建设任务主要落在地方政府的身上。作为城市文化建设的重要标志，公共图书馆的建设水平及其拥有率成为衡量城

---

[1] 刘志伟. 民间读书会的价值与前景考察[N]. 中国出版传媒商报, 2014-04-22.

市文化建设水平的重要指标。2014年底，广州市属公共图书馆注册读者154.8万人，但人均每年借书不到4本，平均到全市人口，每年人均借书不到0.5本。每80万人拥有1座公共图书馆。相比之下，日本平均每4万人就有一座图书馆、英国是1.9万人，美国是1.8万人，德国达到1万人一座图书馆的标准，而法国图书馆的密度达到了平均4000人一座的水准。为此，广州专门出台了《广州市公共图书馆条例》，通过建立四级公共图书馆，将广州打造为"图书馆之城"。

北京出台《首都公共图书馆服务体系构建方案》，公共图书馆图书将实现互相流通。按照方案，北京准备出台一个以首都图书馆为中心的"总分馆制"。以首都图书馆为中心，各区县分馆及街道、乡镇、村、社区的图书室、图书站联动起来搞图书配送。这样，全市5000多万公共图书馆的图书资源就可以有机运转起来。北京图书资源丰富，但是资源分割非常严重：有的书是首都图书馆的相关配套，有的是"益民书屋"的相关配套、"全国图书共享工程"的配套，等等。各部门都在投入，但效率比较低。

上海市公共图书馆2014年度阅读报告显示，文学类图书已占总借阅量52%的比例，高居外借图书榜首。同时，社会热点对阅读的拉动趋势十分明显，比如讲述作家萧红故事的电影《黄金时代》在2014年10月上映后，萧红所著《呼兰河传》的月外借量上升了近50%。报告同时显示，越来越多的人开始使用公共阅读资源。2014年，上海市中心图书馆以及255家公共分馆的通借通还量达5851万册次，同比增长超30%。上图普通外借室藏书36万册，被外借的图书近35万册，流通率超95%，一半以上的读者年外借量达14册。尽管如此，在人均公共图书馆借书数上，多伦多为每年每人12.24册，纽约为每年每人8.32册，柏林为每年每人6.81册，巴黎为每年每人3.98册，而上海仅为每年每人0.84册，北京仅为每年每人0.41册。

过去一段时间，国家统计调查数据显示居民阅读率偏低，这大多与统计的数据不包括电子阅读，特别是微信、微博、App等碎片化阅读有关。实际上，随着互联网的发展，微信、客户端应用等新媒体为人们提供了更为便捷、个性化的数字阅读服务，人们可以根据自己的兴趣和需求随时随地获取阅读资讯，由此看来，读者的阅读量和阅读需求是逐年递增的。互联网为阅读提供了技术和内容资源支撑，虽然阅读的形式和习惯发生了一定的变化，但是阅读的性质和作用没有改变，反而呈现出开放、多样性、快捷性等新特性。书香渐浓，"全民阅读"并不只是一个梦。

反思篇

　　阅读是信息接受的过程，传播媒介的转变并不会改变阅读的本质。当下阅读朝移动化、电子化方向发展，纸媒逐渐淡出人们的日常生活，多样化的电子阅读涌现。而网络、电视等其他媒介形式的发展也让人们担忧阅读的处境。但是事实证明，新形态的阅读方式更能适应当代人的阅读需求，而传统阅读方式和新形态的阅读相辅相成，并不会消失。总之，无论阅读形式和阅读媒介如何改变，阅读并不会消亡，还会实现爆发式增长。

第七章　旁观者：一场并非多余的批判

一、"全民阅读"，你准备好了吗？

从党的十八大报告中的"开展全民阅读活动"，到 2014 年《政府工作报告》中的"倡导全民阅读"，再到 2015 年《政府工作报告》中的"倡导全民阅读，建设学习型社会，提高国民素质"，全民阅读正受到越来越多的关注。

近年来，随着新媒体的迅猛发展，知识传播的途径增多、成本下降、效率提升，人们的阅读方式也随之发生了巨大的变化。第十二次全国国民阅读调查报告显示，2014 年，我国公民数字化阅读方式的接触率为 58.1%，较 2013 年上升了 8.0 个百分点，各媒介综合阅读率为 78.6%，较 2013 年上升了 1.9 个百分点。2014 年，有 49.4% 的成年国民进行过网络在线阅读，41.9% 的国民进行过手机阅读。有专家指出，数字阅读正一步步成为推进全民阅读的重要抓手。

面对信息碎片化和娱乐化的社会现状，有人担忧现代人将丧失阅读的时间和能力，但是实际上，读者的阅读量和阅读需求是逐年递增的。

阅读是信息接受的过程，传播媒介的转变并不会改变阅读的本质。当下阅读的特点是移动化、电子化,当纸媒逐渐淡出人们的日常生活,多样化的电子阅读便随之而来。而网络和电视等其他媒介形式的发展也让人们担忧阅读的处境。但是事实证明,新形态的阅读方式更能适应当代人的阅读需求,而传统阅读方式也并没有消失,而是和新形态的阅读相辅相成。总之,无论阅读形式和阅读媒介如何改变,阅读并不会消亡,还会实现爆发式增长。

(一)垄断噩梦 or 乌托邦幻想——谷歌图书搜索计划

2004年底,拥有全球最大搜索引擎的谷歌(Google,以下用Google表述)公司在加州宣布,该公司将与美国纽约公共图书馆以及哈佛大学、斯坦福大学、密歇根大学和英国牛津大学的图书馆合作,将这些著名图书馆的数千万册馆藏图书数字化,全世界的用户都可以通过该公司著名的Google搜索引擎在线检索和浏览这些文献。

据英国《卫报》报道,搜索巨擘Google对图书行业的涉猎将引来一场业界的争议风暴。英国图书出版行业用"书籍焚毁者"形容Google的图书搜索计划。哈里波特丛书的出版商、布鲁姆伯瑞出版公司董事长尼基尔·牛顿(Nigel Newton)对Google图书搜索持否定态度,称其为"赤裸裸的掠夺",并说这是对版权的公然蔑视。

在国内,占据搜索市场份额半壁江山的百度除了跟北京大学图书馆、中国科学院国家科学图书馆合作,进行书目方面的搜索服务,还跟超星、方正、书生等大型电子出版公司进行战略合作。

图书馆项目的推广由于牵涉到出版社、图书馆、版权所有者等多方面利益,其推进的难度是非常大的。Google在美国的图书搜索计划就已经激怒了部分出版商与作者,图书版权拥有者们指控Google没有经过他们的允许就扫描了那些有版权的图书。复杂的版权纠纷使得Google被迫将自己的图书馆计划一度从"Google Library"易名为"Google Book"。而到了国情与民情都与美国不同的中国,Google将所有图书扫描上网供用户查询可能只是一厢情愿的想法。

相反，百度与图书馆的合作项目虽然看起来简单，但显然充分考虑到了项目推进的难度。书目的电子化方面，各大图书馆早有部署，百度要做的第一是解决各大图书馆书目搜索的"互联互通"问题，给自己的搜索用户带来便利；第二是使自己庞大的搜索用户转化为各大图书馆的读者，给图书馆提高效率带来帮助。是"理想主义"还是"实用主义"，百度选择了后者。

谷歌图书搜索计划被部分学者看成是"电子启蒙运动"，是一场"乌托邦"式的知识分子的狂欢。正如谷歌的使命宣言是"整理世界信息，使其得以广泛传播和运用"。谷歌图书搜索计划将图书馆的馆藏电子化，对世界读者开放，这使读者更接近这些世界级图书馆的珍藏，让更多的读者收益。相反的是，它被出版商看作是"垄断者"，被作者看作是"偷猎者"。谷歌图书搜索计划对实体出版商是很大的冲击，从某个角度讲加快了电子书的发展进程。而另一个则涉及版权问题，谷歌也在积极寻找应对方法。总之，被称作"电子启蒙运动"的谷歌图书搜索计划终将扩大读者阅读量，改变读者阅读方式，有助于知识的传播。而"乌托邦"式的幻想，是指知识传播的"大众化"，让各类知识更接近普通民众，而不再是某部分人的"特权"。正如图书馆的城堡是有限的，而网络空间是无限的，未来知识的传播要比用传统阅读方式获取知识更加便捷和高效。

（二）碎片化阅读，信息量爆棚——微信阅读

近年来，微信朋友圈里的阅读内容无论从数量还是点击率来看都是逐渐递增且影响力巨大。微信阅读的来源有两种，一种是微信公众号推送的文章，另一种是朋友圈分享的文章。微信公众号发展形势迅猛，无论企业还是个人都可以注册专属的微信公众号。朋友圈分享的文章传播影响力极大，网友可以通过点赞和评论的方式互相交流阅读文章的心得。与此同时，网友可以转发并通过收藏功能将文章保存在手机里。

微信阅读的成功正是因为迎合了当今时代的特性和人们的需求。如今，快节奏的生活方式使人们无法在固定的一段时间内保持阅读的习惯。因手机的轻便性和文章的短小性，微信阅读正好适合人们利用碎片化的时间阅读。而微信的内容设定也满足了读者的心理需求，微信文章内容多种多样，能满足不同读者需求。

个性化的定制公众号和有着相同生活环境的朋友圈分享，满足了个体的需求，节约了阅读选择的时间，增加了信息的针对性和准确性。与此同时，微信阅读加入了大量的图片和表格，让阅读内容更加生动易懂。而鲜明的标题、内容的浅显性和篇幅的简短也是吸引读者的重要原因。

除此之外，微信阅读的庞大信息量和即时性也是读者所钟爱的，微信文章多是时下流行的热点事件，且信息量很大，这就满足了人们日常生活中的"谈资"。由于传播率的广泛，微信中的话题常常成为人们日常的聊天话题。而时下最流行的"分享"行为，也成为微信阅读得以广泛传播的原因之一。

朋友圈设置的点赞和评论功能，使读者可以进行思想交流，并可以看到他人关注的话题。而分享有价值、体现个人关注点的文章也成为读者分享的心理原因之一。公众平台的目的在于帮助人们消除地理的限制，像订阅号一样符合"二八原理"，即80%的用户在朋友圈里阅读内容，而20%的用户到订阅号里面去挑选内容。朋友圈的文章更容易被大家相信和接受是因为由熟人转发的更有可信度和针对性。

可以看出，微信阅读的快速发展给人们生活带来了很多改变。观察身边，许多曾经不看书本的人也加入到微信阅读中来。暂且不论微信阅读的浅薄性和知识的碎片化，信息传播的效果是十分明显的。而微信阅读的成功正是做到了提供良好的用户体验，迎合读者的分享心理和对阅读内容的期许。从微信阅读的案例中，我们可以看出，阅读的人数和数量是增加的，且朝着一个扩大阅读维度的方向发展。

（三）小清新，大作为——诚品书店

在"图书电商"的冲击下，传统实体书店面临着亏损和倒闭，大型传统书店在城市已经寥寥无几，显然是因为传统书店已经不能满足读者的需求。因为单从购书的角度来看，"图书电商"可以以低于实体书店的售价提供更快捷的"送书上门"服务，免去了读者的购书负担并节省了时间和开支。但传统书店的成功转型案例近年来也屡见不鲜。以北京为例，有专门以"艺术"为主题的"时尚廊"书店，这里主要售卖关于艺术的图书，同时书店的装修风格也很具艺术气息，而且会定期举办有关艺术的讲座和交流会。这里俨然已经不只是一家书店，而是艺术的交流中心。又以北京的"字里行间"书店为例，同样是以精致文艺类书籍为主，主打人文的讲座和交流活动。这些带有个性化和小清新风格的独立书店，彻底颠覆了曾"称霸一时"的新华书店等老牌书店在读者心目中的刻板印象。似乎书店不再只是图书的售卖地点，更成为一种娱乐休闲场所。在所有的独立书店中，最为著名、发展最为成熟的当属台湾的诚品书店。

1989年，还是新华书店的鼎盛时期，而诚品书店的创立无疑是对传统书店的一种挑战。起初，诚品书店也如当今许多的创业项目一样，更多的是一种理想主义。本着人文、艺术、创意、生活的初衷，吴清友在台北仁爱路圆环创办了第一家诚品书店。随着书店人气的不断上涨，诚品书店逐渐成为连锁书店，如今的诚品书店已经在中国设有多家分店。每一家都人潮鼎盛，并且成为了当地的文化地标。诚品于2004年被《时代》杂志亚洲版评选为"亚洲最佳书店"，2011年获选"台湾百大品牌"文创服务类别企业。诚品书店的成功多半归功于它以文化创意为核心的复合式经营模式。好的创业项目多是拥有好的商业模式，而对于书店这一个拥有悠久历史的行业来说，能想到新的经营模式着实不易。诚品书店的创新主要就是打破了售卖图书的单一经营模式。书店不再只是一个中间商，书店的空间也不只用来存放图书。诚品书店目前业务范围涉及画廊、出版、展演活动、艺文空间和课程、文创商品，以及公交站、医院、学校等各类型特殊

通路之经营，并延伸至商场开发经营和专业物流中心建置等专业。与大型的跨界企业相比，诚品的经营范围也扩展到生活的各个领域，但是核心都没有离开"文化空间"。诚品书店将图书领域的经营拓展到了文化领域的经营。画廊、出版、展演活动、艺文空间和课程及文创商品，结合了台湾创意产业的优势，继承了"生活美学"的理念，将图书和文艺活动结合在一起，打造出充满人文气息的空间环境，为当代读者提供了一个文艺休闲场所。在打造文艺休闲场所的基础上，跨界结合教育和文创商品，不仅增加了收入，同时拓展了公司的业务范围，不断探索着未来的发展方向。

诚品虽然是连锁书店，但是在连锁中丝毫看不出复制的痕迹。每一家诚品书店都是一家独立的书店，有着自己独特的气质。诚品力图和当地的地理人文环境结合在一起，打造出人与空间融为一体的效果。也正是这样，每一个城市的诚品书店都可以凸显城市特色，而每一个诚品书店也都打上了不同城市的深深烙印，这也使得诚品书店成为旅游的标志地之一。

除此之外，诚品的内部空间设计也充满人性化和个性化。诚品书店设置了不同的主题空间，不同的主题空间不会给人以突兀的差距感，反而是由高低不等的通道相互连接的，在整体上给人以和谐感，而书架的设计更是彻底打破了规矩的长方形书架的压迫感，书架的最顶层也触手可及，书柜面板都保持15度倾斜，便于浏览和拿取，仿佛是人与书的不期而遇，凸显了知识的平等性和传播性。店铺的实木地板，整洁而温暖，方便读者随时坐下翻阅书籍。

诚品有自己的"诚品畅榜"，定期向读者推荐图书，但"诚品畅榜"中不只是当下流行的畅销书，更有诚品精心挑选的优质小众图书。这充分体现了诚品的人文气息，满足了不少爱书者的需求。以诚品的口碑，不少被诚品推荐的小众图书，也成为了热销图书。除此之外，诚品的图书分类也与众不同，诚品并不像以往一样按照图书的体裁分类，更多是根据图书的内容和特质分类，如别具特色的性别研究、台湾研究与自然生态环保等，逐渐开发了许多台湾地区先前尚未成熟的出版书种。诚品书店的24小时不打烊状态，也开启了阅读无时差的先河。这也迎合了当代都市人们的夜生活，11点后，诚品书店的人流量反而会增大。正是由于这种经营理念和经营模式的不断创新，哪怕是一点点细节的改变，都足以看出诚品的诚意。在快节奏的现代生活中，当人们满足了物质需求，更多是渴望得到精神上的关怀和温暖。书店作为人们精神的圣地，售卖的不再只是冷冰冰的书籍，更是充满人文关怀的空间、温暖的设计和贴心的服务。

诚品使书店不只卖书，而且经营空间。这种思维正是得益于互联网思维。它以一个主体书店为核心发展出画廊、展演、居所、生活文创平台、生活旅游事业、物流、艺术基金会等经营内容，同时也衍生出了儿童书店、文具馆、咖啡馆、音乐馆、美食馆、网络书店等自营品牌。"诚品书店"给我们带来的思考是，在互联网和数字化冲击下，实体书店如何转型，如何吸引读者。诚品的魅力不仅展现在书上，还是一种生活方式。传统书店已经不能满足消费者的需求，如今，人们更渴求的不只是书本所传达的信息，更希望得到一种阅读的享受过程。而诚品正是结合了消费者的需求心理，将诚品营造成适合阅读、增加品位的体验空间，售卖的不只是书籍，还是时间，是空间，是生活方式。通过诚品案例，我们可以看到实体书店在如今并不是走向终结，而是走向更广阔的天地。当人们希望阅读的形式更多样，阅读的感觉更多样，实体书店具有电子书、网络空间所不具备的功能，这里可以交流思想，可以驻足思考。所以，实体书店的转型为阅读的进一步发展提供了可能。

马歇尔·麦克卢汉曾在1962年预言电子时代会让印在纸上的文字消失，但现在看来，这样的预言并不可能。诚然，网络出现了，媒体和信息无孔不入，但这些都没有减少纸质书的印刷，更没有影响到阅读的地位。

对"纸媒"和电子阅读的争议始终持续着，但是对阅读的肯定没有减少半分。微软公司前主席比尔·盖茨曾承认，比起电脑屏幕，他更喜欢在印有文字的纸上展开阅读："即使是我，有高级的显示器，热衷于引领网络生活方式，遇到超过 4~5 页的材料，也会将它们打印出来。我喜欢随身携带材料，并在上面作批注。这是一个巨大的障碍，阻止着网络技术的应用范围扩大到能与纸张不相上下的程度。"盖茨认为必须对数字格式技术做彻底的改进，否则书本不会消失在网络空间里。[1] 而对于在一个图书是"诞生于数字化"的、读者是"数字化土著"的世界中的"原住民"来说，通过电子书进行阅读是自然而然的事情。就像电视的出现并没有使广播消失，网络的出现并没有使电视消失一样，电子书的出现短期内也不会使纸质书消失。两种媒介是相辅相成的，新兴媒介会引发传统媒介的改革，让阅读体验达到一个新高度。总之，不管阅读的方式怎么改变，思想仍在，知识仍在，信息仍在。

"全民阅读"不仅是政府作出的指示，更是社会发展的必然趋势。而在建设"全民阅读"社会时，应该协调政府，鼓励社会各界的通力合作。政府主要起到引导和规范的作用，立法是全民阅读的首要保障，政府应该加强文化立法，提供文化消费和服务。江苏、湖北、辽宁、深圳等省份已经率先完成了地方立法工作，奠定了"全民阅读"在学习型社会和全民文化素质建设中的法律地位。除了文化立法，政府对文化建设的基础性投入是必不可少的。文化作为公共资源，具有很强的思想意识性，不能完全依靠市场调节。

"逐步推进基本公共文化服务标准化均等化"是我国公共文化服务发展的目标。由于我国东西部发展差异较大，经济发展失衡，造成文化资源分布不均。经济发达地区的公共文化服务相对完善，且投入较大。而经济欠发达地区公共文化生活匮乏，公共文化补贴不足。例如，在中国的县级城市和乡村，缺乏图书馆和图书室；而在以北京为首的大城市，每个区都配备图书馆，不仅图书储量丰富、图书馆环境良好，而且配备了先进的电子阅览设备。除此之外，还建有像"书香朝阳"等移动自助借阅机，方便

---

[1] 罗伯特·达恩顿.阅读的未来[M].熊祥，译.北京：中信出版社，2011.

居民借阅图书。这种文化资源的分布不均，会进一步拉大地区间的经济差距，所以对经济欠发达地区的文化投入应该尽快加大。

随着网络技术的发展，缩小由经济不均造成的文化不均已并非难事。由于人们阅读习惯的改变，多数信息来源于互联网。从另一个角度来说，互联网是人们平等接收信息和知识的通道，互联网使知识不再是"贵族"的特权，是普罗大众触手可及的资源。如今互联网基本解决了信息接收问题。而随着"谷歌图书搜索计划"和中文在线的"在线全民阅读网"的发展，不同地区的人可以共享在线图书。如果中国的图书馆也自发成立"图书馆联盟"将各省市大型的图书馆联接起来，供全民下载阅读，就可以有效的解决图书馆分布不均的问题。

与此同时，图书馆的职能不应仅限于提供图书借阅，更应该与教育结合起来，变成一个提供教育研究服务的机构，开展线上和线下活动，为儿童、特殊群体、政府、社会机构提供寓教于乐的机会。

文化企业是建设全民阅读社会的主要动力。随着市场经济的发展，市场在经济发展中起决定性作用。而文化发展不仅使精神意识有了建设者，同时也促成了一个巨大的市场，在满足物质需求的同时，人们更倾向于精神消费。随着阅读 App 和阅读网站的增长，人们渐渐接受了电子阅读方式，也从过去的下载盗版书阅读，逐渐接受购买正版的电子书。阅读产品质量和品质的提升，对培养大众阅读习惯和建设社会阅读风气有着重要的作用。

尊重知识、崇尚阅读的氛围是需要靠政府和社会共同努力的。将阅读培养成为一种生活习惯、一种生活方式更需要长时间的努力。我国各省市已经做出了相应的提高措施。以文化氛围最为浓重的北京为例，2011 年启动的"北京阅读季"，不仅提高了社会对阅读的关注，同时为北京市民提供了更多接触阅读的渠道。利用新媒体的宣传方式，通过网站、微信、微博等，让市民充分体验到阅读的快乐。而上海是利用已具有品牌号召力的书展，加上新媒体的宣传力度，积极探索数字化阅读的新方式新途径，开展线上和线下活动，为市民推荐优秀图书作品，培养市民的阅读习惯，其中"青少年读书网""书香上海"最为著名。四川的"书香天府——四川读书季"整合全省的阅读资源，利用新媒体和数字阅读，为居民阅读搭建平台。浙江省的"全民阅读节"和广东省的"南国书香节"独特之处是与电子书阅读提供商进行合作，充分体现了政府指导、企业"领跑"的模式。江苏省出台了《江苏省人民代表大会常务委员会关于促进全民阅读的决定》，并与凤凰集团和建设银行合作打造"书香建行"，保证了公共文化服务的资金来源，是公共文化服务投资的又一创新举措。除此之外，湖南开展的"三湘读书月"、广西的"八桂书香网"、贵州的"贵州书香网"都是结合当地的资源优势，利用新媒体、电子化阅读方式，整合资源、搭建平台，推动线上和线下活动，积极带动居民参与阅读活动，构建社会良好的阅读氛围。

我国阅读文化建设起步较晚，而欧美等发达国家阅读文化建设相对成熟，很具借鉴意义。美国的法制社会进程起步较早且各方面法律完备，在文化立法方面也不例外。美国推行的《不让一个孩子掉队法》，是为了提升儿童的阅读能力，并保证每个美国儿童都能享受阅读。法案为学龄前儿童制订了"早期阅读优先"计划，培养学龄前儿童的阅读习惯。对于学前班到小学三年级的孩子，美国制订了"阅读优先"计划，支持和保障本阶段儿童的阅读权利。

英国政府则是通过基金会来控制各种社会团体的运营，从资金的发放和控制来确保社会团体的工作质量，不利用行政手段干预。对于文化发展，更是如此。英国的国家和地方的公共图书馆都得到了英国政府的资助，定期会举办文学推广活动。而在 2005 年，英国政府更是启动了"阅读起跑线"计划，每个英国儿童可以免费得到价值 60 英镑的阅读资料。韩国向来重视文化产业的发展，其文化体育观光部作为国家推动全民阅读的最高领导机构，其下设读书振兴委员会，每五年制订一份读书文化振兴基本计划，中央政府有关部委和地方政府据此制订年度实施方案。除此之外，2007年，韩国通过《读书文化振兴法》，以法律的形式确定了读书的重要性，也为读书提供了法律保障。法国对文化产业的调节主要是通过税收手段，法国长期对书店免税，支持实体书店的发展。德国则是通过税收促进阅读，对实体书店免税，并减免增值税。其推行的"书价联盟"政策，稳定了书籍的价格，统一了新出版18个月的书籍在书店和网络的价格。加拿大政府则为独立书店购置电脑设备支付一半费用。[1] 可以看出，国外对阅读产业的支持是结合自身国情的，有不同的特点。注重知识产权保护的美国利用立法的形式，确保阅读产业有法可依；侧重经济调节的英国则是按照以往基金会的形式对阅读产业进行经济控制，从而达到治理的目的。除此之外，英国尤以"文学故乡"为傲，发展阅读产业不仅是为了国民素质的提升，也是其让阅读作品走向世界，以出版获利的重要渠道；韩国的文化产业发展和中国有相同之处，多是以政府为主导，只是韩国对阅读产业更为重视；法国则是通过税收调节阅读市场，扶持实体书店；而德国更是通过一些法令，控制书价，稳定市场；加拿大直接通过政府补贴支持基础设施建设。由此看来，中国应该结合自身国情和市场规律，充分利用各种方式，支持阅读文化建设。

二、内容为王

"数字出版搞起来才发现最大的问题还是内容。我们不能拿教辅填补数字出版，不能仅仅拿老祖宗留下来的做数字出版，也不能只引进国外图书。出版社要想做数字出版，首先要把内容做好，把原创内容做好，这个是我们的看家本领。"中国少年儿童新闻出版总社社长李学谦的观点得到学者和出版人的一致认同。

阅读是内容为王，渠道为王，还是终端为王或者体验为王，存在很

---

[1] 郑海鸥. 聚焦"互联网+"全民阅读：传统阅读数字阅读齐发力[N]. 人民日报，2015-04-02.

多争议。随着阅读产业进一步发展，读者对阅读的质量要求越来越高，阅读最终走向内容为王。而在电子书市场，电子书的质量参差不齐，要想在电子书市场取得优势，必然要提供给读者高品质的阅读内容。

随着互联网技术的进一步提高，越来越多的精品阅读会从书面转移到屏幕上，为用户带去良好的阅读体验。因此各厂商会将业务的重心转移到优质内容的争夺和创造上来，寻求与出版社的合作，大力采购并独家买断一些重磅图书，提升平台的内容质量，以优质的内容吸引越来越多的高端用户。

（一）内容为王，质量为先

相比于国外，中国在开拓内容市场的时候困难重重。首先，欧美国家对版权保护力度很强，所以盗版相对较少，这样就减少了盗版的恶意竞争，正版的授权意识为电子书打下了良好的基础。其次，在版权保护的条件下，欧美读者有购买正版的良好习惯，为正版电子书营销减少了阻力。而在中国坚持售卖正版内容并非一件易事。在阅读公司崛起的过程中，不少公司选择提供盗版内容。而掌阅却一直坚持提供正版内容，并不断提高内容的质量。掌阅得到正版内容后，会校对、重新排版、设计封面。如果读者发现书中的错别字，或者内容不完整，可以申请全额退款。掌阅科技的CEO成湘均说："掌阅的目的是要让它的用户打开这扇读书的门就会发出惊叹。"不仅如此，对内容质量孜孜不倦，促使他们研发了自己的PDF转换文本系统，这套系统已经成为世界上识别准确率最高的中文系统。

中国三大通信运营商利用现有庞大的通信用户，分别成立了自己的阅读平台。中国电信成立了天翼阅读平台。天翼阅读平台不只拥有强大的阅读群，同时还拥有丰富的阅读资源。天翼阅读平台的图书储量将近20余万册，包括书籍、原创小说、杂志、漫画等。其中，书籍分为17大类，共15万余册；杂志分为8大类型，近2万余册；漫画、杂志等特色资源无论从数量还是质量上都在行业内名列前茅。除此之外，还有19个资讯类型的资讯资源，为用户提供了以综合类为主、专业类为辅的个性化定制的全方位资讯服务。

可以看出，中国的阅读企业已经意识到阅读内容的重要性，开始选择正版内容提供商，同时注意提高内容的质量，丰富书籍的储量。但推动发展不该只是阅读终端的责任，更应该提高内容生产商的速度和质量。以汉王为例，汉王在 2010 年时是中国阅读器市场的老大，但 2011 年就已亏损惨重。汉王的没落，除了受到以 iPad 为首的平板电脑的冲击外，还因为汉王没有重视内容提供平台的建设，而是坚持终端为王，以为汉王阅读器足以占领市场。但是苹果、亚马逊的成功并不限于 iPad、Kindle 等优质阅读器，其本质上是拥有强大的资源平台，以优质内容吸引读者。

据易观智库分析，目前市场仍然是以渠道为王的市场，排名前三的均拥有强大的渠道资源，掌阅具有终端预装渠道优势，QQ 阅读依靠腾讯庞大的用户基础，91 熊猫看书凭借 91 助手应用商店进行推广。但是，以内容为导向的厂商正在市场中占据越来越多的份额，如塔读文学着重培养签约作者，份额持续增长；云中书城依靠盛大文学强大的内容资源背景，份额也稳中有升；多看凭借其精品内容的理念，赢得用户的青睐；腾讯在扩大阅读用户规模的同时，通过与创世中文合作，加强原创内容的建设。如此可以看出，未来移动阅读市场将进入内容为王的时代。

阅读终端设备的体验，虽然是吸引读者的一个重要原因，但是阅读的本质是内容，如果舍本逐末，则得不偿失。真正的阅读是获取知识和信息，而阅读终端只是内容的载体，如果没有好的内容，载体的存在缺乏实际意义。就好比 Kindle 的成功，除了它良好的用户体验，更多的是依靠亚马逊的电子书资源。所以在发展阅读产品的时候，必然是先有优质的阅读内容，其次才是阅读设备的优化。几大电子书经销商的成功，前期是取决于广泛和良好的渠道。但是当阅读市场转向以消费者为中心，渠道则变得不如内容重要，只有优质的内容才会吸引和增加消费者黏性。良好的渠道可以丰富阅读内容的数量和质量，但前提是电子书经销商要树立"内容为王"的理念，对渠道进行合理选择，选取内容最佳的渠道商，这样可以节约资源提高效率。不少电子书在用户体验上提出新创意，增加互动和定制化服务等，但是如果没有优质的内容，这些都是无用功。优质内容既包括数量的庞大和种类的齐全，也包括书籍内容的品质化。庞大的电子书数量可以满足读者对书籍的需求，而种类的多样性，增加了读者的选择权。但如果数量多而内容差，必定不会吸引读者，只有拥有高品质的阅读内容才会满足读者的阅读需求。不仅是阅读的内容信息，助销信息也更加全面：作家信息、推荐语、内容简介、作者自评、书序、编辑简介、媒体评论、获奖信息等。

（二）内容整合，王中之王

腾讯、盛大、百度三足鼎立的局面被腾讯文学和盛大文学的强强联合所打破。虽然腾讯文学和盛大文学占网络文学市场份额的70%左右，但是掌阅仍然是移动文学阅读市场的老大，占26.1%的市场份额。而QQ阅读则以17.9%的市场份额排名第二，百度旗下的91熊猫看书则居第四。

"大而全"是中国各行业的共同点，也是各种问题存在的根源。"大而全"的思维模式也存在于阅读企业。当前我国的阅读企业企图打通整个产业链，希望既做内容提供商，搭建内容平台，又要做自己的阅读器。不能客观地看待自己的优势和劣势，也就不能集中精力做到"小而精"。虽然我们看到了亚马逊是一个巨型的阅读集团，但是它只是利用自己的优势做了资源整合者。Google就是一个利用自身优势进军阅读产业的典型案例。因为Google本身并不产出内容，但是却凭借全球最大的搜索引擎，满足了用户对内容资料的搜索需求。搜索在信息量爆棚的今天，已成为人们生活中不可或缺的工具，在阅读领域也不例外。读者希望更快速精准地查找到自己想要阅读的材料，此时就是Google发挥优势的时候。所以谷歌公司推出了Google Reader。只需要一个RSS源，Google就可以把你想看的内容汇总起来，同时用户还可以自定义归类、分享。这让Google Reader成为PC时代最好的RSS工具。但是，阅读企业在争夺数量有限的数字资源的同时，也扰乱了市场，造成恶性竞争，并不利于阅读市场的可持续发展。阅读企业应该充分利用自身优势，在阅读产业中找准定位发展，同时应该注重资源整合，"优势互补""强强联合"，这样才能实现"双赢""多赢"。

除此之外，互联网巨头公司涉足阅读产业，也为阅读产业带来了新形态。互联网巨头公司联合专注阅读的公司组成大型阅读集团，业务包括内容生产、包装、销售和衍生品行业。这样不仅整合了阅读资源，更有利于阅读产业做大做强，也从根本上保证了阅读品质。但与此同时，所有公司都想做行业的垄断，这是不可能的，恶性竞争会造成资源浪费，不利于品牌的长远发展。相比于占领产业链的各个环节，做资源整合才是出路。"强强联合"有利于企业的长远发展，也为读者提供了良好的阅读品质。而各取所长，各自分工更可以发挥企业现有的优势，利用好企业现有的资源。正像谷歌基于搜索的优势，在图书领域专注于整合图书资源，并不垄断资源，而是利用并帮助推广其他平台的图书资源。各家应该以更加开放的心态各取所长，相互合作，才能让阅读产业良性发展。

（三）"酒香也怕巷子深"——内容为王，包装为衣

掌阅不仅仅注重内容的质量，同时也为内容提供了华美的外衣，真正做到了从内到外吸引读者。掌阅 iReader V3.5 在用户体验方面做了全方位的提升。首先，掌阅新版本增添了 App 皮肤自选功能，这样不仅是迎合了读者对颜色的不同喜好，也是根据人眼对不同颜色的反应做出的应对，其中包括咖啡色、黑色、木条纹等。其次，增加了定时关闭语音朗读功能，可以伴随读者安然入睡。再者，掌阅新版本的图书一键管理功能，增添了全文搜索功能，方便读者获取想看的内容。还有基于大数据的书籍推荐功能，根据读者信息推荐读者可能感兴趣的优质好书。除此之外，新版本支持更多的手机阅读格式，供读者选择，包括 TXT、UMD、PDF、EBK、CHM、EPUB 等。而以往的掌阅 iReader 就有许多人性化的体验设计，例如护眼模式，可以在长时间阅读下保护眼睛，而不会使眼睛因为长时间盯着屏幕而产生不适。还有自动保存阅读进程、通过"云书架"记录阅读内容，方便"跨屏"阅读。更为有趣的是，可以搜索到周围人在看什么书，并可以"窃"书。而作为百度旗下的著名阅读品牌，91熊猫看书也很注重产品的用户体验，设置了摇摇分享、云书架、品阅汇等便捷有趣的功能，为读者提供了阅读以外的乐趣。此外还有语音朗读、Wi-Fi传书、眼保健操、护眼夜间模式、智能断章、仿真3D翻页、多格式阅读、批量订阅等多个贴心功能。这些功能设计结合了社交媒体的功能，满足了读者阅读以外的社交需求，使阅读不再是一个人的事，而是一件可以和他人分享的娱乐活动。

如今，所有的产品都强调用户体验，虽然阅读以内容为本，但是阅读过程也是一种体验。要想吸引现在的读者，内容已经不能满足读者的需求。现代读者对于审美、体验有着各自独到的见解。虽然传统阅读也强调排版和包装设计等，相比于传统阅读，电子书阅读的可塑性更强。对于电子书，排版和包装设计体现在对内容的调整上，或者阅读内容已不单单是文字，更结合了声音和图片。此外，当下阅读已不单纯是为了获取知识，更是娱乐休闲的一种方式，所以在阅读过程中，用户体验是很重要的。在保证阅读内容的高品质的前提下，用户体验才是增加用户黏性的关键。阅读的用户体验包括提供良好的阅读终端、阅读设计的精致化、阅读品牌化营销等。最后，阅读趣味性的增强也是必不可少的，增加阅读的个性化、定制化服务，交互式体验等，都是当代阅读的必备条件。

北京大学现代出版研究所所长肖东发2012年到韩国参加书展，了解到韩国的畅销书销售量在10万册以上，这点与中国相似。但是，众所周知中国的人口远远超过韩国，肖东发感慨："国内的阅读力太低了。我们在拥抱数字出版之时不能忘记'内容为王'。"

华文天下图书有限公司总编辑杨文轩说了一个现象，许多书在网上只需要两元钱都没有人愿意付，之所以如此，他认为："（这是因为）内容的稀缺尤其是优质内容的稀缺。而这是传统出版没有解决的问题，现在搭上了数字出版，同样的问题也不能解决。"

阅读的本质是内容，随着时代的发展，读者对优质内容的需求也更加凸显。而在目前电子书品质没有保障、良莠不齐的情况下，阅读内容的高品质发展是大势所趋。这不仅是要求图书经销商提供优质的阅读内容，同时要求更多的作者创作优秀的阅读作品。阅读内容的欠缺为阅读产业提供了很大的商机，只有能够提供优质的阅读内容，才能得到读者的青睐。此外，增强用户体验也不可或缺。

三、没有免费的午餐

据统计，2013 年，我国 38.7% 用户可以接受付费阅读，而 2014 年 44.3% 的用户接受付费阅读，比 2013 年提高了 5.6%。2013 年数字化阅读读者可以接受的电子阅读物的价格是 1.28 元，而 2014 年读者可以接受的价格为 1.58 元。随着移动媒体的发展，手机已经成为人们生活的必备工具，影响着人们生活的方方面面，同时也改变着人们的阅读方式。手机阅读也成为人们的主要阅读方式。据调查，33.3% 的阅读用户接受付费阅读，2013 年手机阅读用户平均为手机阅读花费 21.43 元，而 2014 年为 16.47 元。可以看出，虽然我国电子阅读用户的付费意识有所提升，但付费意识和付费习惯仍然薄弱且不稳定。美国的电子书市场发育相对成熟，电子书的收益已经超过了纸质书。BookStats 的统计显示，2013 年，美国在线电子书收入为 75.4 亿美元，而传统的纸质书的收入则为 70.1 亿美元。

虽然中国读者对电子书的付费意识不如美国，中国读者更倾向于免费的手机读物，但付费意识正逐步在加强。在美国，电子书阅读的产值已经超过了纸质书本，这表明中国电子书市场是一片巨大的"蓝海"。由于中国图书盗版现象的存在，电子书市场更缺乏版权保护，虽然国家一直在加大打击力度，加大对知识产权的保护，但用户的消费观念和习惯已经养成，习惯免费的东西。所以在电子书付费的进程中，将会遇到重重阻碍，发展的时间相对也要长一些。

未来阅读在内容提供上可能是免费的，但会在服务方面加大收费环节。精品内容阅读在增加服务的基础上提高收费力度。但随着人们对优质的正版电子书和优质阅读产品的认可和依赖，付费意识也会渐渐树立起来。电子书付费模式有助于出版产业的良性发展，是对版权的尊重和保护，也是对作者的尊重和支持，可以促进更优秀的作品产生，也有利于企业推出更好的阅读服务，给读者更优质的用户体验。

（一）"打包"图书，按月付费——电子书订阅服务

Oyster 作为一个初创型企业，坐落于纽约百老汇街边一个不起眼的办公室里，面对亚马逊、苹果等强劲的竞争对手，Oyster 并没有感到压力，正是因为它独特的运营模式以及对阅读的关注力。Oyster 和音乐媒体 Spotify 及一些视频媒体一样，采取包月服务。Oyster 的订阅用户每个月只需支付 10 美元，就能随意阅读超过 100 万本电子书。Oyster 推出了自己的手机应用，用户只需付费后打开应用，便像拥有了自己的私人图书馆，可以任意阅读 Oyster 电子书库中的图书。

随着 Oyster 用户和营业额的不断增加，亚马逊的业务受到了强烈的冲击，本来以电子书零售为主的亚马逊一年后推出了 Kindle Unlimited 包月订阅服务。与 Oyster 相同的是，用户每月只需支付 10 美元，就可以通过手机应用或者亚马逊自己的阅读器 Kindle 任意阅读超过 60 万本的电子书，同时可以收听超过 2000 多部有声读物。

阅读包月订阅服务不只受到了电子书提供商的青睐，随着这种模式的成功，被称为文档版 YouTube 的 Scribd 也推出了自己的订阅服务。当然 Scribd 的电子阅读内容不只包括电子书，还包括各种形式的阅读资源。Scribd 的收费方式也有所创新，不仅提供 8.99 美元的包月收费标准，同时

还提供包年、24 小时畅读两种付费方式。与此同时，还提供读者无限制在线阅读和 20 本限量离线阅读两种方式。

三者的运营模式虽然相似，但却有着自身的特点。亚马逊作为老牌的阅读企业，拥有强大的阅读资源，拥有自己的正版电子书库，可以满足读者不同的阅读口味和阅读需要。与此同时，亚马逊的 Kindle 阅读器也培养了大量购买正版电子书的读者。Scribd 虽然不如亚马逊的电子书储量多，但是 Scribd 的 CEO Trip Adler 表示："我们不能提供全球所有的书籍，但是我们所提供的绝对值 8.99 美元。"

电子书包月服务在一定程度上优惠了有良好电子书阅读习惯的读者。读者可以在一个月内缴纳一定金额，尽情阅读自己中意的电子书。其次，电子书包月服务与电子书零售不同，它更倾向于选书的过程，读者可以没有限制地浏览书籍，就好比在图书馆选书，这给读者提供了优质的用户体验。可以看出，在电子书收费环节的创新，为电子书盈利带来了新的前景，这对国内的电子书经销商是一种启示。要想培养国内电子书读者的付费习惯，就应该充分了解电子书读者的心理需求，这样才能打动电子书读者，让其心甘情愿付费。但是在中国版权意识淡薄情况下，很多网站提供免费的电子书和 Kindle 资源，导致消费群体的丧失，这需要进一步的法律保护和监督力度。

（二）"借阅"模式兴起，先看后付费——当当 4.0 免费借阅功能

除了包月订阅服务，国内还兴起"借阅"服务。这也是一种新的阅读产品运营模式。"借阅"主要指用户可以在限定时间内免费阅读，如 72 小时或 24 小时，但在限定免费时间后就需要支付费用。作为国内首屈一指的阅读平台，当当数字阅读推出了"借阅"功能。当当为用户每周提供 300 本各种类型的正版电子书，限定用户 72 小时内免费阅读。72 小时以后没有阅读完，就需要付费购买了，而且会在最后五小时内倒计时提醒用户。

当当阅读的"借阅"模式当然也不是"免费的午餐"。虽然供读者72小时免费阅读，但是当当的一部分收益来源于月活人数和用户黏性。72小时的免费阅读为当当读书积攒了很多的读者群，通过广告赞助盈利。而且在积攒了"人气"之后，也为下一步付费阅读奠定了基础。"借阅"模式相当于"试读"，让读者有一种在书店选书的感觉，可以随意翻阅图书，这样做是充分尊重消费者的选择，就如同电子书读者在书店和图书馆中试读图书，这样可以知道图书的大概内容是不是自己想要的，是不是自己喜欢，将购书的过程也变成了一种享受。免费"借阅"功能其实是倡导付费阅读的开始，用户可以选择自己喜欢的书，并在72小时内读完，这样也培养了固定读者群，增加了用户黏性和月活人数，当当读书可以通过免费的72小时试读积攒读者群，可以从诸如广告等渠道获得额外的收益。而72小时过后，便开始收费，这样也有助于逐渐培养读者的付费意识，系统的倒计时提醒服务也凸显了一切为用户着想的理念。

"借阅"模式看起来是免费的，但是App中增加了广告，会降低用户体验，所以无形中读者被消费了，而且在体验了正版书后，培养其阅读正版书的习惯，读者就会慢慢接受正版的付费电子书。"借阅"模式是培养读者付费阅读、支持正版的一种创新举措。和读书包月相比，"借阅"更符合中国人目前的电子书消费习惯。从免费到付费，需要循序渐进的过程。这样就给电子书读者一个心理预期，当读者感受到产品的精致化体验感觉和增值服务，用户黏性就会增加，电子书读者的付费习惯就能被渐渐培养起来。

（三）坚守"初心"，终见曙光——"掌阅"坚持电子书付费模式

电子书的付费模式已经是势不可当，但是在电子书市场初现的几年，盗版电子书猖獗，挤压正版电子书市场。阅读企业就在这样的夹缝中生存，而掌阅更是坚持七年只做正版电子书。七年间，掌阅已经拥有4.8亿的用户和每日1500万的用户访问量以及各类优质电子书版权35万册。虽

然目前掌阅的盈利仍主要来源于售卖正版电子书。而掌阅的"任性"，是由于坚持数字阅读的行业操守，坚持心中的底线，坚持对阅读的尊重。掌阅的"任性"也恰恰奠定了掌阅的品牌文化，使掌阅成为一家专注阅读品质的阅读企业。成湘均作为掌阅科技的 CEO，认为电子书相比于纸质书已经具有足够的价格优质，不应该再以盗版电子书来牺牲出版业的未来。断送了正版电子书，断送了出版业，也就是断送了整个阅读产业，断送了出版人的未来。

七年来，掌阅坚持正版和付费，在免费和盗版"横行"的国内电子书市场存活注定不易。目前掌阅的投入主要是每年 3 亿元收购版权的费用，通过用户的阅读付费，足以支持掌阅的自负盈亏。掌阅科技 CEO 成湘均曾说，我们宁愿放弃 1000 万的免费用户也要选择 100 万的付费用户。2009 年，由于掌阅开启付费模式，掌阅的用户减少了百分之九十。但随着掌阅产品内容和质量的提升，掌阅的用户逐年增加。掌阅不仅坚持正版内容，同时还注重用户体验，对正版内容进行重现排版，检查错别字，也不投放广告。掌阅的技术人员占到了公司员工总数的三分之一，掌阅还为电子书添加了图片、视频、音乐等多媒体。在收购正版内容后，还需花费约一年的时间独立开发。目前，掌阅阅读产品每天接到几百万的用户支付，掌阅的 iOS 系统用户需要绑定信用卡支付，而 Android 系统的支付相对简便。总之，掌阅坚持的正版付费已经初见成效。[1] 在版权意识淡薄、盗版横行的中国互联网市场，掌阅可以做到坚持七年力挺正版，采用付费模式，是对行业良知的坚守，也是一种富有远见的战略。

随着中国法制环境的不断健全，对版权的重视程度不断加深，坚持和发展正版已经成为一种大趋势，许多曾经靠经营盗版的企业也渐渐向支持正版转型。而随着中国经济的崛起，人们生活水平的提高，对物质和精神产品质量需求的提升，正版产品更符合如今人们的需求，支持正版成了有

---

[1] 刘佳.7年不融资：掌阅的 4.8 亿用户是怎么来的［N］.第一财经日报，2015-04-24.

知识、有道德的标志，而付费模式无疑是支持正版最好的表达。电子书付费模式已经来临。掌阅在过去几年里，通过支持正版、坚持收费的原则积累了4.8亿拥有付费习惯的高品质忠实用户，这对其以后的发展无疑是最大的优势。而对于掌阅的"痛苦岁月"来说，掌阅并没有采取为了留住用户，采用盗版、免费提供资源等手段，也没有利用广告盈利，而是选择放弃不愿付费用户，为已有的用户提供更优质的服务，包括对电子书的精致排版、包装、结合影音等，用优质的服务和精致的产品吸引用户、留住用户。一个好的公司必然有一个好的经营理念，正是"掌阅"对阅读尊重的初心，让其今日大有作为。

随着中国对版权保护和人们付费意识的增强，"免费午餐"时代终将落幕。而在竞争激烈的市场化体制下，付费的形式发生着多种多样的变化。如何让用户感觉到实惠，给读者最好的用户体验成为电子阅读企业的目标。而在电子书"包月"服务和电子书"借读"功能的引导下，越来越多的创新模式将会出现。电子阅读成为不可逆的潮流，企业看到的是巨大的商机，读者看到的是更好的阅读体验和服务，怎么将二者有效地结合起来，是值得思考的。总之，相对于纸质书的定价，电子书的定价要便宜许多，对于读者来说，购买电子书将会成为一种习惯，并且要比购买纸质书更加频繁。

四、众"阅"时代来临

"移动阅读与阅读并非一回事。到了数字时代后，阅读已经越来越不像个人的行为，分享的存在让阅读已经完全不是个人主义的行为，而成为了一种小圈子式的集体主义行为。"上海交通大学媒体与设计学院教师，知名博主、新媒体观察者魏武挥这样评论。

移动阅读和传统阅读的不同之处在于在线阅读的特性，在线阅读往往会引发在线社交。在社交软件流行的时代，人们倾向于分享生活。正如用微博、微信分享照片、言论一样，分享文章和自己的见解也成了自然不过的事情。除了微信、微博之外，近来越来越多的专业阅读 App、阅读网站等都推出了自己的阅读社交平台。

在互联网阅读 2.0 时代，以社交为目的阅读将是主流。要让作者跟用户、用户和用户之间更好的互动，以此指导更好地创作和产生内容。通过内容社交，也可以把单纯买卖关系的用户聚拢起来，形成粉丝经济、打造用户黏性，构筑数字阅读的"护城河"。

（一）写作界的 YouTube——Wattpad 写作社区

国内有很多的写作平台是网络作家将自己的作品放到社区内，让大家阅读或收取一定的费用。而美国的 Wattpad 作为一个写作社区，却不只是一个人提供小说的地方，更是一个分享的平台，所以 Wattpad 也被称为写作界的 YouTube。Wattpad 不仅是一个写作社区，更是社交社区，用户有着对阅读共同的兴趣爱好。在 Wattpad，作家和读者没有明确的界限，注册用户可以在 Wattpad 平台上发表自己的诗歌、文章、故事和小说，而其他人可以在线阅览或者通过 App 阅读这些作品。Wattpad 也是一个发表自由观点的"海洋"，爱好文学的人可以在这里对自己关注的作品进行讨论和点评。参与的人包括专业作家、业余作家、知名作家、新手作者，还有许多只想表达的普通人。Wattpad 增加了评论和小组讨论功能，通过评论可以让作家即时得到读者的反馈，讨论则可以让读者得到交流的乐趣并找到兴趣相同的人。Wattpad 从成立就受到了世界各地作家和读者的追捧，目前注册用户遍布美国、加拿大、澳大利亚、菲律宾等国家。

Wattpad 的社交魅力还体现在可以让用户参与作品的创作过程，注册作家将自己的作品发布到 Wattpad 平台，作家会根据读者的反馈重新进行作品改编。有些作家会开放自己一部分作品的阅读权限，需要读者用一定的电子商品交换才能阅读全文，而读者之间也可以进行电子书的交换。

Wattpad 为新人作家提供了一个可以向全世界展示作品的平台。相比于知名作家，新人作家得到的资助是有限的，所以 Wattpad 发起了"粉丝基金"，通过众筹的方式为新人作家提供出版资金。"粉丝基金"顾名思义是粉丝资助自己喜爱的作家，但作家会通过以粉丝的名字命名书中的人物等方式回报粉丝。

Wattpad 是一个网络虚拟社区，将作家与读者、读者与读者连接起来。在社区内，读者只需注册一个账户就可以参与写作和讨论。社区分为专业作家和非专业作家，读者可以发表自己的作品。在过去，我们只能看到名人为图书撰写书评，而其实图书主要针对读者，只有读者的评论才是最中肯、最有价值的。所以 Wattpad 正是为读者提供了一个可以表达观点、表达读后感的机会。不仅如此，它还为书友之间提供了一个交流思想、互换意见的平台。好读书者必然更重视书友之间的交流，在交流之间对作品有更深的理解，产生新思考。而 Wattpad 最为创新的地方，是让作者更尊重读者的意见，让作者和读者充分交流，了解读者的阅读喜好，也让读者更理解作品。这种社交式的写作增加了读者的趣味性和参与感，为爱好写作和读书的人提供了进步和娱乐的平台。除了进行交流，Wattpad 还提供其他形式的社交活动，比如互赠电子书。与聊天类的社交软件相比，Wattpad 让爱好写作和读书的人聚集在一起，更有针对性，更好展开产品的开发利用。

Wattpad 具有很好的用户黏性和"粉丝效应"，网站成立了"粉丝基金"，通过读者自愿资助，给作家出版作品。这是社交类读书网站的另一个发展趋势，可以和粉丝形成紧密联系，出版自己喜欢的书籍，而不必通过出版社。微信阅读等社交阅读方式只是改变了读者的阅读方式，而 Wattpad 则使作品的创作过程也充满了分享。

（二）平台决胜未来——"罗辑思维"的"福袋"销售

"福袋"其实是"罗辑思维"推荐的好书集合，将它们打包出售，受到了"罗辑思维"粉丝的追捧。售价 499 元的书籍"福袋"在 90 秒内就卖出了8000套。这充分证实了社交网络的力量，也又一次证明了粉丝经济效应。

"福袋"实验改变的不是阅读方式，而是阅读销售方式。"罗辑思维"充分利用了社交网络的凝聚力和吸引力。与传统图书销售渠道相比，网络平台的开放性，使读者获得了充分的图书信息，并得到了更好的用户体验，所以传统图书并不是不存在市场，而是缺少具有吸引力的销售途径。

大多数的传统出版社都在数字化，将销售纸质书转变为销售电子书，但正如中文在线的董事长兼总裁童之磊所言，这种运营模式会导致移动阅读的恶性竞争，势必会制约阅读行业的未来发展。而"罗辑思维"的实验正好说明其实除了数字化转变，还有其他方式和途径能扭转传统出版的逆境。不论是在图书的创作环节还是图书的销售环节，只要运用互联网思维，以用户为中心，就可以找到盈利点和突破口。

移动互联网时代的用户不只是读者也是创作者，更有可能是销售者。他们会产生内容、分享内容，而这些社交平台也自动形成了销售平台，阅读厂商需要做的就是寻找定位，锁定目标群体，引导消费者。

从微博开始，我们渐渐意识到在互联网领域人们是按照个人喜好去分类，去关注，去社交的。之后的微信朋友圈，更是凸显了群体的概念。随着城镇化的发展，每个人都在社会中扮演着不同的角色，有着许多不同的生活圈子。而此时，正需要与不同的人分享不同的信息。移动化阅读需要平台建设，阅读不再是一个人的事，而是群体行为。但更为重要的是，在群体中间也需要进行分类，针对性地向特定群体投放内容，才会使读者更容易产生共鸣，节省读者时间，找到自己最钟爱的阅读内容和最喜欢参与的群体。

创始人罗振宇在"罗辑思维"微信公众账号的基础上积累了很多阅读群体的关注，借此向粉丝打包出售自己喜欢的书籍。他超越传统售卖理念，融入互联网思维，针对信任自己的粉丝群体出售书籍，这正是平台化阅读的最好例证。借助互联网，人们跨越了传统的书评，而选择相信自己长期关注的阅读账号。与此同时，以"福袋"方式的出售是一种创新方式，让读者在购书的过程中获得了很好的用户体验。

（三）弹幕读书——创新 or 作死？

随着网络媒体越来越重视社交功能，就连阅读软件也添加了弹幕的功能。弹幕起初只是在 AcFun 和 Bilibili 网站里被使用，也被一小部分群体所接受。弹幕就是在视频播放的时候，视频的顶端或底部会随时滚动播放网友的评论，网友随时可以参与到讨论之中。近年来弹幕受到了广泛的欢迎，被应用到各大视频网站。弹幕迎合了用户喜欢"吐槽"的习惯，随着生活压力的增大，"吐槽"在一定程度上可以释放压力。同时弹幕更多的是满足了用户交流的需要，就连春晚也设置了弹幕功能。所以弹幕发展至今已经成为主流趋势，不再是小众文化。

由于阅读对社交功能的需要，弹幕也被应用到了阅读领域。各大阅读企业都非常重视电子书储量、书籍质量和用户体验，但在如今阅读市场竞争激烈的情况下，想要在众多的阅读产品中脱颖而出就必须有标新立异的功能吸引读者。弹幕交流的新颖方式被阅读企业所推崇。当当率先推出带有弹幕功能的"当当小说"，用户可以随时随地对小说中的故事情节和人物进行讨论和"吐槽"。这也符合了当下网络小说的特色，不少网络小说就是为了给读者娱乐解压，编撰了离奇古怪的故事情节，正适合读者"吐槽"。而弹幕也存在缺陷，就是会干扰读者专心阅读，所以"当当小说"设置了关闭弹幕的功能，在读者想要专心阅读的时候只要点击关闭弹幕的图标，就可以屏蔽其他人的评论。

弹幕增强了阅读的社交性和娱乐性，使得阅读不再是一个人的活动。正如有学者分析认为的，"弹幕阅读很契合社交媒体时代的阅听习惯和交往方式。过去，受众是独自与作品对话、互动。弹幕的出现，使得其他人成为在场者，并且成为新的对受众的影响源，甚至这种评论成为一种受众的互动方式，从而成为观看动机之一。"[1] 阅读从以往需要安静的个人空间和时间，变成了需要分享、需要讨论的模式，也是在信息时代的必然转变。传统的信息接收和个人学习已经不能跟上时代变化的步伐，信息共享和交流学习才是多元知识接收的途径。

社交化阅读的目的是让读者之间、读者和作者之间可以交流，然而交流的时间和方式都是不固定的，这也就给了很多阅读产品可以创新的空间。弹幕阅读方式是受视频网站的启发。与其他阅读社交方式不同的地方是，弹幕是在阅读中进行的交流，让在同一时刻读相同内容的读者进行对书内容，包括角色、场景的讨论。

弹幕最早的产生，是为了对影视作品"吐槽"。如今，在生活压力过大的环境下，人们希望通过媒体释放压力，而不只是接受信息。这也正是改变了传统阅读单向接受信息的状态，变成了边接受边释放。与此同时，人们似乎适应了互联网社交，更喜欢和陌生人交流。所以在阅读的时候，人们也希望可以和"志同道合"的人交流想法和观点。除此之外，泛娱乐化导致了社交化的普及，单向、个体的信息传播已经不能满足人们的需求。

社交化阅读是阅读发展的一个大趋势，阅读正朝着娱乐化、社交化发展。虽然对于深度阅读而言，这或许会影响信息内容的接受，但是在信息化时代，书本中的信息已经赶不上时代发展的脚步，而人与人之间的信息交换更有助于人们对新信息的接受，更有助于思想的交流。

参与性和互动性已经成为当下阅读产品的趋势，也正是由于用户的需求，阅读也不再是一个人的行为。人们阅读的目的也悄然发生着改变，人们阅读不仅是为了获取知识和放松休闲，更是一种娱乐和互动的体验。阅读为人们提供着"谈资"，可以让彼此在相同的语境下沟通交流。碎片化阅读为这种以娱乐和交流为主的阅读提供了条件，新闻也

---

[1] 周慧虹．"弹幕"阅读是一种冒险[N]．经济日报，2015-05-03．

罢、文章也罢，比起阅读，人们更愿意发表自己的见解并与他们讨论。《知乎》的出现正是迎合了这种心理需求，人们看得更多的不是文本本身，而是评论。正如网易新闻更吸引关注的不是新闻本身而是读者之间的评论。所以各种形式的交互方式被嫁接到阅读上，阅读从此变成一种集体行为。

五、作家的平民化

过去写一本书对于普通人来说是遥不可及的事情，将书籍出版更是不太现实。出版图书似乎是知识分子和权贵的专利。而在互联网普及的今天，出版已经从高高在上的"神坛"走进了人们的日常生活。似乎现代人更渴求表达自己的看法，并希望更多的人分享自己的生活和观点。所以出版作品已经成为了一种时尚和一种娱乐方式。因此，许多发布个人写作作品的平台相继而出。其中包括众多的自出版平台，还有一些微信公众账号等。相比于过去的博客，自出版更倾向于出版，让作品除了分享还可以获得版权并取得一部分收益。这主要包括针对书籍的自助出版平台和其他形式的自媒体运营。

自助出版或个人出版是指由作者本人出版的任何一本书或者其他媒体，不需要第三方出版商的参与。自助出版实体书也就是个人印刷，作者负责全部流程或者部分流程交给公司负责，包括书的封面设计和排版、价格、销售、营销和公关。自助出版并不限于实体书，电子书、小册子、销售说明书、网站或其他形式都可以是自助出版。

自媒体又称"公民媒体"或"个人媒体"，是指私人化、平民化、普泛化、自主化的传播者，以现代化、电子化的手段，向不特定的大多数或者特定的单个人传递规范性及非规范性信息的新媒体的总称。自媒体平台包括：博客、微博、微信、百度官方贴吧、论坛/BBS等网络社区。

（一）自助出版平台——平民作家的曙光

近年来，无论是电子图书经销商还是网络写作社区，都相继推出自出版服务。网站提供平台，让专业和非专业的作家以一定的格式上传自己的作品，网站通过各种渠道帮助其众筹，并对其作品进行包装和推广营销，再以各自的渠道让作品与读者见面，使作家取得更多的利润，而网站按比例抽取分成。像亚马逊、Smashwords、Barnes & Noble、苹果和Kobo都推出了自出版服务，根据公司的资源和规划给出了作者不同的帮助和条件。

亚马逊打出Kindle的王牌，将自助出版的优秀作品上传到Kindle上，直接和百万读者见面。亚马逊承诺通过Kindle自助出版平台的作品接触市场更快，出版时间小于5分钟，作品在24小时和28小时内登陆Kindle商店。作者可以收取在美国、加拿大、英国、德国、印度、法国、意大利、西班牙、日本、巴西、墨西哥、澳大利亚等地销售额70%以上的版税，也可以将自己的作品放到Kindle Unlimited和Kindle Owners' Lending Library上赚取更多的利润。与此同时，作者可以自主管理、掌握版权，自行设定价格，随时对书的管理做出调整。

Smashwords是一个专门做自助出版电子书的网站。Smashwords为读者提供自助出版的软件，并帮助作者将Word文件转换成电子书文档。作者有权利自己决定自己作品的价格，而Smashwords只赚取消费者购买电子书的费用的10%，并不对作者收取服务费和其他费用。作家和出版商赚取85%或者更多的作品销售额的净收益。作者更可接受75%的附属收益，作者在Smashwords上出版的收益是传统出版商的四倍。这种创新的盈利模式增加了作家和出版商的净收益，降低了消费者的价格，也降低了作者出版的成本，增加了作品的创作量和销量。这对出版商、作家和读者来说是三赢模式，并有利于与零售商、作者、出版社结成联盟。目前，已经有超过7万的作家和一些小的独立出版商在Smashwords上出版和销售书籍。

Smashwords自助出版作品的零售商主要包括索尼、苹果、Barnes & Noble、Diesel eBook Store、Kobo等。这些主要的零售商不仅受众广，且影响力极大，可以提升作者的知名度，书籍销售的渠道也更多元化。Smashwords 不仅提供免费自助出版服务，同时也免费帮助作家和出版商宣传。2010 年，Barnes & Noble 成立了自出版平台，作者可以获取比 Smashwords 多 5% 的版税。越来越多的阅读企业将目光投向自助出版平台的领域。

自出版平台的出现主要是为取缔第三方出版商。第三方出版商的消失使得作者可以获取更多的收益，而作者对自己的作品拥有更多的管理权，同时也降低了出版的门槛，使出版平民化了。电子书经销商推出自出版服务主要有以下原因：首先，自出版迎合了当下读者的习惯，爱分享，爱互动，使非专业作家有了可以出版作品的机会。其次，电子书经销商都面临着内容短缺的困境，即使是全球最大的亚马逊也不得不面对着图书出版商的威胁，老牌图书出版商担心亚马逊进行垄断，影响纸质书的销量，所以向其提供的电子书要比纸质书滞后很多。而自出版的出现解决了电子书发行滞后的现状，自出版平台和专业及非专业的作家签约，使得其可以为电子书经销商提供大量新作品。再次，省去了出版商的中间环节，实现了去中介化，使得出版程序简化了，缩短了出版时间，并且节约了很大一部分资源，使作家的收益最大化。最后，自出版平台利用自身在电子书领域的优势，为作家提供帮助和服务。与传统的出版商不同，自出版平台是靠服务和帮助作品推广收取费用，是适应互联网形势的新思路。

（二）出版不是梦，众筹来帮忙

Fundedflow 是一个众筹平台，资金募集主要是通过捐赠和投资的模式。Fundedflow 众筹主要集中在出版、游戏和技术领域，这是因为 Fundedflow 的创立者主要来自这些领域。除此之外，他们认为出版和游戏产业的市场潜力巨大，集聚了富有创意的人才。但是由于这些行业的入门费用高，所以需要资助的比较多。虽然有些作者的书籍已经被一些在线平台出版和销售，如企鹅公司在线出版、亚马逊、Barnes & Noble 等。但是这些作者的作品不能在书店销售，因为并没有人愿意投资一个新手作者出版纸质图书。所以 Fundedflow 就是希望众筹的方式资助新手作者出版纸质书籍。

创造机会，公开透明，择优支持，积极行动是 Fundedflow 的原则。Fundedflow 希望解决独立出版、游戏生产及创意活动所面临的资金短缺和市场失灵问题。Fundedflow 为创业者和有创意的人提供了一个可以展示自己项目的机会，也为喜爱这些项目的人提供了一个可以支持和参与项目的机会。

除了 Fundedflow 这种专门的众筹网站，一些自助出版平台也有自己的众筹项目。例如 Wattpad 的 "Fan Funding" 就是通过粉丝或者读者对作家的资助，帮助作家实现出版的愿望。Wattpad 的作家都可以发起自己的众筹项目，可以是为了出版筹资资金，也可以是为了完成电子书的排版等筹集资金。但是每一个众筹项目必须在 30 天内完成，否则已筹集的资金就会被退换给读者。这种模式和 Kickstarter 类似。

Wattpad 的作家相应也会根据读者资助的资金给予他们不同的回馈。捐助较少的人可能会得到经过专业化编辑的电子书，而捐助较多的人则可以得到以自己名字命名的一个角色。由于衍生于 Wattpad，所以 Fan Funding 上所有项目最终成形的内容，都将会在 Wattpad 上免费出版。

对于出版业来说，众筹仍然是一个新现象，它的出现和发展还有待考证。但是不少众筹网站已经有许多关于出版的众筹项目，而专门针对出版行业的众筹网站也越来越多。虽然电子书的自出版平台已经为作家提供了出版平台，但有些作家还是不满足于电子书的出版，希望可以在实体书店销售自己的作品。而一些出版商并不愿意相信一个新人作家，于是只有借助众筹网站筹集出版资金，作家才可以有机会让自己的作品进入实体书店。出版众筹也给了读者一个去支持自己喜欢作品的机会，读者可以通过试读支持自己喜欢的内容题材，资助其出版，并且可以按照相应的比例分成。相比于专业的众筹网站，Wattpad 的作家社区里，本身作家对读者就有很强的吸引力，通过粉丝效应，建立粉丝基金，让读者支持自己喜欢的作家和喜欢的作品，并让作家以和粉丝互动等为补偿条件，作家可以更容易地获得出版资助。

（三）自媒体兴起，人人都是大明星

短短几年内，"罗辑思维"涉足的领域已经涵盖了知识类脱口秀视频和音频、微商城、百度贴吧、微信公众订阅号、会员体系、微信群等。而"罗辑思维"的自媒体公共微信号，在2013年一年内就积攒了110万关注量。而且"罗辑思维"尝试了互联网的收费模式，在不承诺任何会员服务的前提下，募集了近千万的资金，这些"粉丝"大多是"80后""90后"。

在阅读领域，"罗辑思维"一直以自己独特的创意，创造着一次又一次的销售奇迹。"罗辑思维"的创始人罗振宇一直通过自己的平台与大家分享阅读体验，带领大家一起用新的思维方式探索世界。

但"罗辑思维"并不是罗振宇的"独角戏"，罗振宇身后有一个专业创作和策划团队，其中最为著名的要数"罗辑思维"出品人申音。申音具有互联网思维，熟悉互联网的运作模式。例如，"罗辑思维"在做线下活动的时候，设置了一个"爱与抱抱"环节，鼓励人们表达自己的真情实感。第二个设置叫"打赏箱与吐槽箱"，对活动满意的给予打赏，不满意的就写下改进意见。"罗辑思维"还曾联络"粉丝"和餐馆发起"霸王餐"的游戏。除此之外，"罗辑思维"与很多的合作伙伴合作，通过聚集用户免费体验合作商提供的产品和服务，达到宣传营销的目的。在我们身边充斥着"硬广告"的时代，这种体验式的新颖宣传方式，更容易让消费者信赖和接受。

这是因为"罗辑思维"深谙年轻人的想法和诉求，通过这样的方式，拉近了与年轻人的距离，并成功得到了年轻人的追捧，为下一步的互联网盈利奠定了基础。"罗辑思维"通过游戏的方式拉近了"粉丝"的距离，形成规模化的社群效应。"罗辑思维"通过网络自发组成的社区，关

注者大多拥有相似的爱好和价值观，这样的群体更具有活动针对性和行动组织力。

互联网时代下，我们可以看到越来越多的自媒体和标榜个人价值的创业者，这也体现了个人价值如今已经超越了组织价值。我们可以看到像聚美优品的CEO陈欧个人为企业代言，主张个人品牌力度，也可以看到"罗辑思维"将罗振宇打造成自媒体的明星。正是由于这些个体的个人魅力，才会吸引大批"粉丝"的追捧，也就拥有像"粉丝效益"等成功的互联网盈利模式。[1]

罗振宇和他的团队利用微信公众订阅号等互联网平台发表自己的观点，经营自己的活动。他们并没有明确的产品，却做着一次次成功的营销。因为他们深谙互联网经营之道，在互联网经济下，人们更渴望线上线下的交流。尤其对于"80后""90后"来说，他们渴望精神上的向导。在阅读的世界里，可能只是一个人的活动，但通过罗振宇每天60秒的思想传播和好书推荐，年轻读者更能感受到阅读的互动性和引领性。微信公众号以及微博认证为许多"草根"达人提供了表达思想和传播理念的平台，吸引着一大波的年轻粉丝，由此产生了粉丝经济。自媒体是时下的主流，而且成为了人们日常阅读和收看的一部分，人们从自媒体接受的信息并不少于主流媒体，自媒体的创新思维更能吸引年轻读者。

随着互联网的发展，信息的传播主体已经不再是主流媒体，出版也不再是出版商的专利。如果想发出声音，想要被关注，只要拥有好的作品、好的思维，就可以在互联网上大放异彩。自助出版平台实现了作家的平民化，去掉了出版的中介环节，使作者直接接触读者，让作者的作品可以更好地被读者所理解和接受。出版众筹的出现，解决了作家出版的资金困难，让作家可以更自由地创作自己钟爱和读者喜欢的作品。与此同时，作者也对作品拥有了更多的管理权，改善了写作环境，更有利

---

[1] 房旭. 出品人申音：《罗辑思维》怎么个干法？［EB/OL］.［2014-03-27］. http://www.forbeschina.com/review/201403/0031960.shtml.

于写作事业的发展。而自媒体的出现，则是让信息和思想以碎片化的方式传播，更贴近人们的日常生活，也让许多有思想的草根一族成为家喻户晓的"大明星"。

六、众口不难调，"读"爱这一口

随着社会发展的日益多元化和碎片化，受众的需求越来越个性化，是"一条无限的长尾"，提供基于个性化需求的定制服务，将是数字出版商未来盈利的"蓝海"战略。在现在社会，尤其是年青一代越来越要求彰显个性，比起单一的事物，他们更喜欢与众不同的东西，而阅读时下已经成为了标榜个性和品位的一种习惯。对于阅读内容，读者当然希望可以有与众不同之处。由于人们的年龄、性别和工作、生活环境不同，对于阅读内容的喜好各有不同。与传统媒体不同的是，网络阅读可以根据读者的要求调整内容，不再是一张报纸知天下。如今，人们即使用着相同的阅读软件，阅读的内容也是各有不同。

（一）小清新 or 重口味？——个性化阅读的开始

《一个》被用户所熟知，是因为韩寒的个人标签使其成为了极具个性的阅读 App。但其实《一个》是韩寒与腾讯共同创建的电子杂志。《一个》主张在复杂的网络信息和庞大的阅读资源面前，让读者静下心来每天只深度阅读一篇精选文章。《一个》周一到周五每天出一期。分为两个频道，分别是由一个报道、一个评论、一个文艺、一个问题外加一张首页图片组成的"一个"频道和集中发布韩寒的赛车报道、文章写作、小说连载及个人照片和相关视频的"韩寒"频道。《一个》以与互联网时代特征相反而取胜，在纷繁复杂的网络信息时代，以信息少而精来取胜，风格简单鲜明。

《一个》的成功首先来自于用户对韩寒的喜爱，对他思想和风格的认同。《一个》的用户群多为"80后""90后",也多为韩寒的"粉丝"。但《一个》并不是韩寒及其个人团队的产品,是和腾讯合作的成果。腾讯作为大型互联网公司,是《一个》独家发售的网站平台,腾讯网使《一个》不需要印刷发行,同时也为《一个》提供了资金和技术支持。随后《一个》推出了自己的App,下载量一直居高不下。

《一个》与传统的报纸杂志不同,它不收取读者阅读费用。它与其他杂志App也不同,不添加任何广告。[1]虽然目前没有明确的盈利模式,但是《一个》以其简单易读、轻松解压的风格,赢得了年轻读者的追捧,占领了年轻人的市场。

网络阅读最大的困惑就是信息量太大,筛选精品要耗费读者大部分时间和精力,而《一个》做到了每天只推送一篇精品文章,让读者可以利用有限的时间,享受阅读。《一个》在短时期内便在年轻人群体中产生巨大影响,正是因为其品牌的独特性,代表了新锐读物中的个性化内容,是青年人尤其是文艺青年追寻的简单、精致、个性化的阅读产品。这样的阅读产品不仅符合读者的需求,也在一定程度上影响着读者的品位,是个性化阅读的必然产物。

(二)客户端订阅服务更懂你

在信息量巨大的网络时代,用户每天接受到的阅读信息纷繁复杂,却仍不能满足对特定信息的需求,反而增加了阅读"无用信息"的时间,增加了用户的时间成本。所以阅读市场急需从"多"转为"精",精准到用户的阅读需求,精准到用户的阅读兴趣,精准到用户的阅读容量。

Flipboard就是一款利用用户社交网络信息来整合阅读内容的手机软件。起初,Flipboard只与Facebook合作,后来拓展到新浪微博等国内社交软件。Flipboard不仅可以将微博、人人网、Instagram等社交软件中的图片、

---

[1] 詹文使. 网络轻读物:《一个》的"轻阅读"体验[EB/OL].[2013-11-21]. http://www.netconcepts.cn/personal-blog/21179.html.

状态、好友信息等做成杂志的形式供用户阅读，还根据用户音频记录，为用户推荐广播，通过用户的收听习惯为用户订阅音频，帮助有视觉障碍的用户实现"阅读"。Flipboard 还具有搜索功能，可以让用户自己检索想要阅读的内容，不必花费时间去大量阅读无用的信息。

GooglePlay Newsstand 不只是社交媒体的阅读信息，更包括了《华尔街日报》《纽约时报》等付费咨询。GooglePlay Newsstand 整合了 Currents、Magazines、Newspapers 订阅工具，帮助用户订阅自己喜爱的阅读内容。谷歌公司利用自己研发的信息检索工具对用户信息进行分析，再根据用户数据对互联网信息进行检索，搜索出符合用户兴趣和需求的阅读资源。谷歌公司正是利用了自身强大的搜索引擎进行阅读资源检索，在定制化阅读领域具有无与伦比的优势。

Zaker 起源于国内的阅读定制平台。相比于国外的定制软件，Zaker 更懂得中国用户的阅读习惯。Zaker 目前已经拥有超过一亿的用户群体，凭借个性化和互动性，比其他阅读软件更加重视阅读体验和内容品质，所以赢得了用户的青睐。除了订阅服务，Zaker 根据用户需求增加了推送功能，也根据用户的阅读习惯提供不同的阅读模式。

《懂小姐》是 Zaker 平台的原创栏目，以"懂小姐"这个虚拟人物身份，每期提出一个话题，引发用户提问与解答。《懂小姐》自上线以来受到用户的追捧，并且在以往的阅读平台增加了社交功能，满足了用户的互动需求。除了《懂小姐》以外，像《星八刻》《Tea Time》《早报》等栏目也受到用户的追捧。Zaker 在原有的订制业务基础上不断创新，不断拓展阅读内容和阅读服务，从一个订制化的阅读平台逐步转型为有品质的阅读服务提供商。

互联网信息的繁杂并不利于用户及时准确地找到自己想要的阅读内容。通过专业化的信息处理订阅软件，可以对用户的数据进行分析，标记出用户的喜好，每日固定推送用户感兴趣的内容。与用户的社交软件密切关联，很多客户端订阅服务根据用户信息分析出用户的喜好，及时推送相关热门信息和新闻。不同读者对不同领域的信息喜好程度不同，所以这种客户端订阅服务是十分必要的。定制化服务更为人性化，针对用户个人量身定做的信息推送客户端，给人一种"私人定制"的感觉。

（三）你的关注就是我的头条——新闻搜索引擎

以往的"头条"都是媒体认为的重要信息，而在如今以用户为中心的互联网时代，用户最关注的才是"头条"。"今日头条"就是一款充分尊重用户喜好和选择的产品。通过充分发掘用户的数据信息，每日为用户推送对用户最有价值和更符合用户喜好的个性化阅读信息。"今日头条"不仅是一个新闻阅读软件，还为用户提供感兴趣的电影、游戏、音乐等领域的咨询，是一个基于用户数据提供订制化、个性化的咨询平台。

同样作为搜索软件，搜狗也推出了自己的阅读移动搜索客户端。搜狗阅读搜索客户端具有扫码比价、微信头条、本地生活三大功能。搜狗与微信合作，用户只需要登录微信就可以搜索感兴趣的阅读内容，也被称为"微信头条"。"微信头条"将阅读内容进行标签化，方便用户查找自己感兴趣的内容，包括八卦、娱乐、体育等方面。搜狗搜索解决了微信信息繁多杂乱的问题，帮助用户更好更快地查找到自己所需求的信息。除此之外，搜狗搜索也增添了原创的频道和功能。

传统的资讯客户端也注意到了个性化定制的重要性，在不改变传统信息发布模式的基础上，增添了读者自助关闭信息的功能，读者可以关闭自己不喜欢的信息，并让它不再出现。如新浪新闻客户端，在每条新闻右角处注有"不再关注此类新闻"的角标，用户可以随时关闭自己不感兴趣的新闻，系统就不会再推送这类新闻。

网络正改变着人们的生活，同时也改变着新闻。现在微博上的热门话题可以成为新闻，正是因为它受读者关注。因此不少新闻门户将目标锁定在了微博、微信上，通过对客户在社交网站上的信息数据分析，推送用户可能感兴趣的新闻，其中包括社交软件的热门信息。而新闻门户的内容也不只限定在传统新闻,更扩展到了音乐、电影、游戏等其他内容,同样是根据用户的喜好推送。现在的新闻客户端已经转变成多媒体、全方位的阅读内容产品,往定制化方向发展,使其成为用户的专属信息推送平台。

在信息庞杂的互联网世界里,静心阅读已经成为难事。无用信息的干扰,占用了人们太多的时间。阅读的定制化服务是改变信息混乱现状的最好办法。得益于社交软件等对用户信息的储存和处理,阅读软件可以很好地分析出用户的阅读喜好和习惯,定时推送用户需要的阅读内容。这样节省了用户挑选阅读内容的时间,提高了阅读的质量和效率。其实定制化的步伐应该再大一点,让用户可以只使用一个阅读软件,就能读取所有想知道的信息和文章。除此之外,个性化也成为现代阅读的特点,阅读界面设计的个性化、阅读内容的个性化、阅读品牌的个性化缺一不可。

七、"你的数据就是我的依据"

"大数据"是数据化趋势下的必然产物。数据化最核心的理念是:"一切都被记录,一切都被数字化"。"大数据"带来了两个重大的变化:一是数据量的爆炸性剧增,最近两年所产生的数据量等同于 2010 年以前整个人类文明产生的数据量总和;二是数据来源的极大丰富,形成了多源异构的数据形态,其中非结构化数据所占比重逐年增大。牛津大学互联网研究所的 Mayer Schonberger 教授指出,"大数据"所代表的是当今社会所独有的一种新型的能力——以一种前所未有的方式,通过对海量数据进行分析,获得有巨大价值的产品和服务或深刻的洞见。这种前所未有的巨大价值和深刻洞见,并不仅仅来自于单一数据集量上的变化,而是不同领域数据集之间深度的交叉关联,可以称之为"跨域关联"。譬如微博上的内容和社交关系,Flickr 上的图片共享,手机通信关系,淘宝上的购物记录等数据通过同一个用户关联起来；又如移动手机定位的移动轨迹，车载 GPS 的移动数据，街旁网上的签到数据，顺丰物流的递送数据通过同一个地点关联起来。跨域关联是数据量增大后从量变到质变的飞跃，是大数据巨大价值的基础。

"大数据"被应用在阅读领域，贯穿了阅读的整个过程。首先，在读书内容的创作方面，作者会针对人群的大数据分析，创作读者喜欢的情节和人物。其次，图书经销商会根据读者大数据分析，购置和销售受读者喜爱的书籍。最后，一些网络图书经销商会根据用户数据推荐书籍。根据用户社交网站信息、用户网络购物记录等获取大数据，再利用专业化的数据分析，便可得出用户的喜好、购买习惯等。这样有利于服务商针对用户的特性制造、推荐阅读，节省成本，提高效率，也有利于用户获取更好的用户体验。

（一）细心的卖家——购书推荐

大数据的初级阶段是指企业自身的产品和服务产生了大量的数据，通过对这些数据进行深入的挖掘分析，改进自身业务，改进后的业务吸引更多用户或客户，产生更大量的数据，形成正向循环。亚马逊通过电商平台记录用户的购买和浏览记录，运用一系列针对用户行为的算法，推测并为用户推荐其可能感兴趣的商品和服务。这种大数据分析充分考验了企业对数据处理的能力，不仅是数据收集的全面性和真实性，更重要的是对数据的分析能力，有利于提高用户黏性，增加企业销售业绩。在中国的阅读领域，当当、京东、淘宝等多家主流网络图书经销商都采用了大数据挖掘技术，根据读者之前的图书购买记录，推荐与读者之前购买图书类型相似的图书，或者推荐和读者搜索相关的图书。当当作为国内首屈一指的阅读企业，早就开始关注对用户数据的分析，这样可以更好地为用户提供服务。当当读书还根据性别不同，推荐不同性别可能感兴趣的图书。

读者的购买数据被网络图书经销商采集，用于给读者推荐同类型的图书。这样做不仅方便了读者选书，也增加了图书经销商的销量，只是可能会涉及读者的隐私问题。如果图书经销商将读者数据挪作他用或者售卖给其他机构，就会侵犯读者的隐私及其他权利。所以，应该加大对"大数据"的管理，保护公民权利。大数据的应用方便了读者的日常选书、购书、阅读。与此同时，大数据也是一种信息的整合，通过读者的购买、阅读记录可以分析出读者的购买心理、阅读需求及更多读者的个人信息，可以用于帮助读者制订学习和工作计划，为读者推荐他（她）所从事领域的佳书良作。

（二）读者"大数据"成为作者的写作依据

在 IP 领跑的网络世界，好的 IP 代表着巨大的财富价值，而网络文学被改编成影视剧的案例也不少见。受欢迎的影视剧都是根据已经具有一定人气的网络小说改编而成，从而保证了受众群。而网络小说的创作就是充分迎合了读者的喜好，根据读者想看的情节写作而成的。让读者参与到作品的创作过程里来才能充分保证读者对作品的喜爱。所以不少阅读企业将作者和用户结合起来，根据用户的阅读数据，充分挖掘用户的阅读喜好，让用户的数据成为作者创作的"依据"。

京东出版通过分析京东商城的图书销售数据，研究消费者的阅读习惯，形成 C2B2C 模式。京东出版通过数据分析得出结论并为作者提供读者感兴趣的主题，出版读者感兴趣的书籍。数据战略已经成为京东出版与亚马逊、当当网抗衡的主要战略。京东很早就开始储备自己的数据技术和数据分析人才，通过京东电商平台积累的消费者数据，推出了"京东白条"等优质互联网项目。

虽然 Wattpad 从事的是传统的出版领域，但是又不同于其他出版商，它是一种全新的娱乐形式，通过故事将读者和作者联系在一起。用户可以成为某些作者的粉丝，获得作品更新信息或参加读者活动，还可以评论故事、文章和作者互动。作者则可以根据读者的反馈延展故事情节。

这种社交化的出版平台可以充分激发用户的主动性,其魅力不仅仅局限于通过文字作品聚集用户,也让用户参与到文学创作过程之中,从而吸引了大量用户。

传统出版商以作者为导向,或者以出版社的编辑为导向,但是在市场化的机制下,一切要向以读者为中心转变,作品的内容也不例外。只有受读者喜欢的作品,才可以在市场上取得成功。当电子经销商加入出版大军的时候,他们利用自己固有的经销平台,储存读者的购买数据,并充分利用数据科技对数据进行分析,在出版图书的时候,更多的是出版读者所喜欢的作品。与此同时,将大数据加入到图书的创作环节,根据读者的购买记录,可以分析出不同年龄、性别、职业的人偏好哪类图书、哪种情节、哪些人物特征等,由此创作出符合作者需求的读物。但是这样利用数据创作出的图书,其内容的深度、真实性都会受到影响。好的作品都是取材于生活,作者有感而发,专门针对读者喜好去创作,可能短期内会受到市场欢迎,但其前景难测。也许针对实用性读物或者流行小说,大数据挖掘是不错的办法。不仅如此,大数据也可以应用到对图书的包装、策划和宣传上,针对不同读者的阅读习惯对图书进行不同排版和印刷设计。

(三)利用大数据提供更好的服务

Hiptype 是一款电子书阅读数据统计分析应用。在缺乏数据服务的年代,出版商或作者要得到一本书的详细数据和反馈并不容易,需要大量的访谈和调研,而大数据技术的使用给了出版社和作者精准分析读者阅读习惯和喜好的机会。

电子书以其便捷、廉价、跨平台的特性正越来越受到各方青睐。目前,几乎所有的收费电子书都会提供部分章节让读者试读,然后再决定是否购买。这样一来,出版商需要弄清楚人们读到了哪里,读完后有没有购买,以及其他各种体验,才能卖出更多电子书。美国创业公司 Hiptype 由此开发了一套电子书阅读分析工具,试图解决这一难题。

Hiptype可以统计电子书被购买和试读的次数，并且能根据读者的收入、年龄、地理位置为出版商提供读者的数据，可以记录读者的试读记录和购买记录，帮助出版社得知读者在阅读哪一页的时候进行了购买，或者在阅读哪个情节的时候放弃了试读。这样方便出版社对出版内容进行调整，更容易把握读者的阅读喜好和习惯。

传统书店和传统电子书店能给出版社提供销售的数据和畅销书的类型，但是不能精确到某个章节和某个情节。传统书店和传统电子书店提供的数据已经不能满足出版社的需求，这就是Hiptype存在的意义。

除了电子书经销商，专门针对阅读数据分析的公司也层出不穷。与传统出版相比，电子书更容易获取用户信息，不仅是用户的购书信息，更多的是用户的阅读习惯。通过电子阅读设备，记录用户的阅读习惯，从电子书的下载量可以看出用户喜欢哪一类的电子书。这不仅可以帮助电子书出版商，同时也可以帮助传统出版商和作者。从用户的阅读标记可以看出用户对哪些情节和哪些内容感兴趣，通过读者的评论，可以获取更多的读者阅读信息。用户对一本书的阅读时间、阅读过程也值得研究，如果一本书的阅读时间过长，就要考虑书籍的长度和内容的难易；一本书是否被完整阅读或者中途放弃，可以看出书的章节节奏是否把握良好……诸如此类的细节分析，不仅要求技术的提高，也要求数据挖掘的精确性。

"大数据"技术已经成为不可逆转的趋势和潮流，在阅读领域，对大数据的利用十分必要。阅读产业面对互联网和新媒体的冲击，其形势不容乐观，但前景十分广阔。传统阅读很难满足以年轻一代为主流的阅读群体，要了解读者真正喜欢的阅读内容和阅读方式，"大数据"技术成了不二之选。从作品内容的创作到图书的销售都少不了大数据的参与，大数据像读者的基因，影响着整个阅读产业的发展。而大数据的获取并不是难事，对大数据进行科学有效的挖掘和分析才是重中之重。这不仅要求技术手段的进一步提升，更要求对数据的敏感度不断加强。大数据为读者带来的是阅读的便捷和享受，为经销商带来的是高效率和高收益，为作者带来的是创作灵感。但是，我们仍需从法律和管理方面做好对用户大数据的保护，以免读者的数据信息泄露，造成消极的影响。

八、"大阅读"时代的来临

以版权为核心的数字阅读时代将不仅仅依靠免费阅读所带来的广告收入，还会利用读者和品牌形成影响力，通过 IP 授权去开发衍生品，比如影视、网络游戏等来开辟渠道，同时也会依靠众筹、打赏等互联网盈利新模式。除此之外，更会催生出一些后期影视制作公司，甚至是推动内容创意产生的应用全平台化。从用户的习惯变迁来看，移动互联网阅读时代的用户不但是消费者，更是生产者，他们会主动地生产内容。而阅读软件就会成为平台，里面的人群熙熙攘攘，会群聚，会分类。好的平台自然就会形成新的社群，而平台要做的就是引导。

（一）"巨无霸"阅读企业

IT 界的企业并购已经十分常见。例如 Skype 被微软收购、摩托罗拉全产业链被谷歌收购、EDS 并入惠普旗下等。而阅读企业与 IT 界的联合主要是通过收购技术服务完成的。美国的桦榭公司就是通过收购 Jumpstart 实现网络广告营销的，因为 Jumpstart 具有丰富的网络营销经验。而在 Jumpstart 被收购后，美国桦榭公司也对 Jumpstart 的网站进行了更新，提高了访问量，并升级了搜索功能。

在"大阅读"时代下，阅读企业都纷纷加强企业并购和资本运作，运用多种融资手段，其中包括众筹等新兴的筹资方式，不断打造企业品牌，增强企业实力。兰登书屋和企鹅集团的合并，说明了传统出版商已经意识到只有加强合作才能应对数字出版的冲击。贝塔斯曼作为世界上最大的大众图书出版商，与世界第二大出版商培生集团一样，在数字阅读时代受到了像亚马逊等数字出版企业的冲击，所以两大世界级的出版商决定联合发力。他们不仅进行资本合作，也进行两大集团的资源整合，希望在与以亚马逊为代表的数字出版平台的谈判过程中占有主动权和议价权。而苹果、亚马逊、谷歌等国际大型电子科技公司，也在巩固传统电子书业务的同时，不断延伸出版产业链，积极探索新的商业模式。可以看出，传统图书出版商已经通过兼并重组进军电子书市场，不仅和数字出版商展开竞争，也力求在电子出版平台取得话语权。

目前中国网络书店的图书价格与实体书店的相差甚远，正是因为中国的出版商面对强大的电子商务平台没有自主定价的资格，这样并不利于阅读产业的健康长远发展。而且中国缺少具有分量的大型出版集团，不能在国际市场上与国外的阅读企业竞争。美国前四名的出版企业占据市场份额的百分之三十，仅贝塔斯曼一家的销售收入就超过了中国五百八十多家出版社的总收入。成立大型的出版集团是目前阅读产业发展的必由之路。大型的阅读集团有助于打破地区局限，集中力量增强阅读产业的实力。

由畅销小说《裸婚时代》《步步惊心》《鬼吹灯》等改编的电视剧受到了观众的追捧，而这些都出自阅文集团。阅文集团由腾讯文学和盛大文学联合成立。阅文集团整合了起点中文网、红袖添香、潇湘书院、华文天下、悦读网等知名的原创小说平台。全民阅读是阅文集团的发展目标，阅文集团立志成为中国最大的阅读企业，并进军国际市场。阅文集团很看重网络文学，认为网络文学促进了全民阅读的进程，使读书不再有经济和门槛的限制。经过整合之后，阅文目前已经拥有超过五十种类型的 1000 万部作品。阅文集团也意识到内容的重要性，开始加强 IP 开发，延伸 IP 产业链，进行游戏、动漫、影视等周边产业研发，希望打通整个 IP 产业链，使文学作品的内容价值发挥到最大。

除了阅文集团以外，不少互联网公司也纷纷进军阅读市场。百度、阿里巴巴、腾讯号称中国互联网的三大巨头。三大巨头意识到中国文化产业的巨大市场潜力和经济效益，所以纷纷进军文化产业领域。三大巨头通过投资和并购小型文化企业，占领文化产业市场。网络文学除了产生直接经济效益外，还有巨大的 IP 开发价值，比起游戏产业、音乐产业而言，网络文学的盈利空间更大，所以受到了三大巨头的关注。百度拥有纵横中文网、91 熊猫读书、多酷书城等渠道，拥有众多的阅读发布平台和受众读者群。这些网络文学平台涵盖了手机客户端、PC 客户端及 WAP 客户端。除此之外，百度大力支持原创，并积极与其他领域进行跨界合作，试图延伸 IP 产业链。阿里巴巴收购了新浪微博百分之十八的股份，成为其第二大股东，其目的是在移动端拓展自己的业务，并拥有一定的网络传播力和话语权。[1]

"大阅读"时代自然需要大型的阅读集团，其实这种大型阅读集团的业务早已超出阅读的范围，可以说是全媒体、大文化的集团，集合了内容制造、包装发行等各类业务。这种大型集团的优势在于对资源的整合，利用自身资金充足的优势，整合行业资源，包括内容、人才等。将小型阅读企业整合，可以聚集资源，也可以为读者提供更多的阅读内容。平台的整合，还能够节约读者选书的时间和精力。与此同时，这种大型的阅读集团有实力做产业链的延伸，将阅读渗透到电影、电视等领域，是对文化资源的再利用，也能获得更多的收益。大型的阅读集团是阅读品质的保证，有利于形成品牌效应，吸引更多的读者。阅文集团是腾讯文学和盛大集团"强强联合"的产物。二者的联合，做到了资源的最优整合，腾讯拥有很庞大的用户群，而盛大则具有大量优质的阅读内容，二者将用户和产品结合在了一起。而且企业树立了推动全民阅读的崇高理念，这会引导企业向注重阅读品质、关注读者需求等方向发展。与此同时，阅文集团依据自身优势，打造全 IP 发展，延伸阅读产业链。

（二）全版权运营

IP 版权之所以会受到各大互联网公司的追捧，是由于好的 IP 版权具

---

[1] 陈杰. BAT 的"文化圈地运动"[N]. 北京商报，2014-04-04.

有很大的"粉丝效应"。粉丝对文学作品的喜爱不只是对文字本身的喜爱，也会喜欢与作品相关的影视剧、动漫、游戏乃至衍生商品等。所以网络文学IP开发的市场潜力巨大。百度文学的成立正是顺应了IP版权全产业链发展的大趋势，整合了"纵横中文网""百度书城""91熊猫看书"等子品牌，并得到百度贴吧、百度音乐、百度视频等资源支持。与此同时，百度文学还和多家游戏公司、影视公司合作打造完整产业链。而百度文学的成立就是百度进军文化产业重要的一步，其全产业链战略更是结合了娱乐、社交、视听等多种元素。

如今从某种程度而言，网络文学的价值已经远远超出了它作为文学作品的价值，更加着眼于IP版权开发的价值。所以一旦网络文学平台将网络文学出售，而不进行深度开发，网络文学的价值就被忽视了。百度文学力争打造网络文学完整的立体化产业链，加强衍生品开发，这不仅增加了创作者的收益，同时也满足了粉丝对作品的追捧。[1]

IP运营在如今的阅读产业中无疑是重中之重，不仅是书籍的版权，更包括以书籍为蓝本衍生出的电影、电视、游戏等。百度文学整合了百度旗下的阅读品牌和自己的阅读产品，这样有效地做到了资源整合，也有利于抵御市场竞争。也正由于互联网企业渐渐进入文化领域的风潮，百度文学借机完善文化产业，打造以版权内容为核心的全产业链经营。对IP的保护和利用，可以增加作者收益，并鼓励作者创造出更多更好的作品。同时，这样做也是对读者负责，有版权保证的作品，在品质上才能更吸引读者。将一部好的文学作品，进行电影、电视、动漫、游戏等版权开发，拥有极高的粉丝效应，可以产生品牌效应，带来更多的收益。粉丝们会因为喜欢一本书，而关注其改编的电影、电视、游戏等。这样的全产业链运作，可以将作品的内容价值发挥到最大。这样的IP运作，也在一定程度上推动了版权保护进程，人们的版权意识会得到加强，保护版权的措施也会越来

---

[1] 申琼.百度文学正式成立，力推网络文学主流化发展［EB/OL］.［2014-11-28］.http://www.sootoo.com/content/534023.shtml.

完善。

《非诚勿扰》《十月围城》《建党伟业》等影视作品的成功离不开中文在线积极推行的全版权运营模式。中文在线联合长江文艺推动传统图书、数字阅读、互联网、手机端等全面发展，为中国的出版业提供了很好的发展模式。中文在线目前已经是中国最大的数字出版服务提供商之一。中文在线拥有三百家出版机构合法授权的二十余万种数字内容，并且与两千多位作家签约，其中包括余秋雨等知名作家。中文在线十分重视数字内容的保护和开发。中文在线已经与乐视网、北京海润影业有限公司、北广传媒、北京目标在线科技有限公司、北京世界星辉科技有限责任公司等多家公司签约，将文学作品改编成影视剧、网络剧、有声读物、游戏等。

中文在线采取全媒体出版模式，拥有自己发展的三个主要动力。第一个是版权资源。中文在线拥有强大的网络平台，拥有众多的版权资源。中文在线联合多家出版社和法律机构成立了在线反盗版联盟。因为中文在线意识到版权是阅读产业的生命线，而联盟形式是推动版权保护的重要力量。其次，中文在线也十分注重原创力量，培育了许多具有创作力的新兴原创作家。最后，数字教育的新兴市场也是中文在线关注的重点。中文在线在"书香中国"互联网数字阅读平台，聚合了大量知名作家的优秀作品，通过深入结合应用IT业界"云服务"技术和数字出版业"云出版"技术，根据读者的年龄特征、行为特征将优质数字出版内容智能推送给目标读者，该项目目前已覆盖全国三万余所中小学校。中文在线的三大主营业务分别是数字阅读产品、数字出版运营服务、数字内容增值服务。除此之外，中文在线还与电信运营商、影视公司、游戏公司等合作，积极延伸文学作品产业链。中文在线实施"一种内容、多种媒体、同步出版"，积极打通数字出版产业链，向多元形态转换。中文在线也打通了包括手机终端、电子阅读器终端、PC终端等，满足了不同终端读者的阅读需求。

当大屏幕上日益出现"大白""灰姑娘""长发公主"等迪斯尼的人物

形象，在商场里则几乎同步出现了各种关于他们的衍生商品。迪士尼公司的动画产业链已经非常成熟，而国内的出版社也看到了儿童出版的力量，展开了动漫、衍生品的全产业链运作。童趣出版有限公司就率先尝试了全产业链运作。目前，童趣出版有限公司积极研发动漫图书、动漫电影和衍生商品。《喜羊羊与灰太狼》《巴拉拉小魔仙》被童趣出版社改变成畅销书、儿童智力玩具、母婴用品等。除此之外，童趣还大力发展教育产业，增添了幼儿园培训课程、幼儿启蒙图书等项目。依靠优秀的作者、精致的书籍设计，童趣在启蒙图书教育市场取得了不小的成绩，其中《孩子，我留什么给你》《妈妈教的那些事，老师给不了》等优秀图书都深受家长和儿童的喜爱。早先，童趣是通过引进迪士尼的图书，打开了儿童书籍的销售渠道，后来出版的《哪吒传奇》《喜羊羊与灰太狼》等国内原创动画图书也取得了不俗的市场业绩。随后，童趣大力投资少儿文学领域，成立了自己的少儿文学出版中心，目前已经有超过一百种的优秀文学作品，而且少儿文学形式日益多元化。童趣不仅借鉴海外成功经验，而且积极发展原创产品，做到了"引进来"和"走出去"的协同发展。[1]童趣立足儿童文学，积极拓展少儿教育市场，积极争取教育和文化结合的全产业链运作，并运用逆向思维，将好的动漫作品改编成动漫图书，为特色出版社的全版权运作树立了一个可借鉴的模式。

从传统出版业向数字化转型，再从数字阅读到全产业链发展，都是因为内容是可以重复利用的资源，通过对内容进行深度开发、整合获得影响力，开展跨媒体、多样化经营，实现多元化盈利目标。此外，在专注于精品内容的同时，也必须关注产品阅读体验、渠道分发能力、内容衍生品增值、运营生态的建设等。要利用自身的内容优势拓宽和延伸产业链，积极开发针对各类移动终端的数字出版产品，丰富产品种类，最大化发挥其价值。同时，作为出版企业，可以与新媒体公司开展深层次合作，如与网络

---

[1] 蓝有林，刘海颖，刘志伟. 出版产业的融合与拓进［N］. 中国出版传媒商报，2013-08-02.

技术、通讯运营等领域的公司展开全方位的合作，实现多元化盈利。

（三）文学衍生财富的"大时代"

由畅销小说改编的《左耳》《小时代》等电影，都取得了良好的票房和广泛的关注度。而近年来收视率极高的宫廷戏如《步步惊心》《甄嬛传》等也是改编自网络畅销小说。至于《仙剑奇侠传》系列，无论是网络游戏还是电视剧都获得了很高的关注度。由此看出好的文学作品被改编成电影电视等，利润空间和影响力是很大的。

《小时代》的出现，充分体现了粉丝电影的魅力。这部电影的受众群都是原作培养起来的粉丝，在电影开拍之初，《小时代》的读者就对其抱有很大的热情，当电影上映后，其票房不言而喻，主要支持者是郭敬明的粉丝和这部小说的粉丝。虽然对电影的改编褒贬不一，但是后续的《小时代2》《小时代3》的票房仍然不错，这也促使郭敬明将自己的其他文学作品搬上大银幕。可以看出，备受欢迎的文学作品进行衍生产品开发的市场前景是广阔的。只是在衍生品开发的时候，应该尽量保证品质，这样才可以获得长远利益。就像人们评价《小时代》电影的旁白过多，并不是常见的电影手法的表达，更类似小说的表达方式。在依据文学作品创作电影、电视剧等衍生产品的时候，应该加大资金和人才的投入力度，树立一个良好的品牌形象，才能赢得消费者的青睐。

《甄嬛传》等宫廷剧改编的成功，不仅是小说本身的吸引力，更多的是制作团队的精良。无论是服装、道具、台词都十分讲究，这才深受观众的喜爱。所以全产业链经营不是一味的大而全，更多的要精而细，需要集合各个领域的人才，或者将版权出售给有资质的创作团队。IP运营中各个领域产品的开发是一种联动效应，好比电影的成功会带动电视剧的收视狂潮，所以在对版权的运营上应该保持战略性和长远的眼光。

全产业链运营增加了产品的受众，像《仙剑奇侠传》是兼顾了网游和电视剧，电视剧的开播吸引了网游爱好者，而很多观众受这部电视剧的影响开始尝试其网游。二者是相辅相成的，各自为对方增加受众。所以说，全产业链IP运营可以在最大限度上扩大产品的知名度，吸引更多的受众。

"大阅读"时代的来临，似乎不可避免地面临着几家巨头阅读公司的竞争，小的阅读企业在这场竞争中要么被吞并，要么被整合。而大的阅读企业则利用资源整合优势拓展自己的业务，朝着全产业链方向发展，其中对IP的保护和利用是尤为重要的。这就更要求大型阅读企业获取优质的阅读内容和优秀的作者。文学作品被改编成电影、电视剧可以产生很好的粉丝效应，让文学作品内容的价值发挥到极致，也可以取得最大的经济效益。

九、读万卷书，只需一个屏

纸质阅读不会消失，但是屏幕阅读会成为阅读的新"常态"。当社会化阅读成为主流，没有交互的阅读就是"耍流氓"。

数字阅读蕴含着巨大的市场机会，据初步统计，2013年美国市场上的电子书已占图书总销量的30%，在英国市场占比约为20%。乐观估计，到2017年美英图书市场电子书的份额将达到50%。相比而言，中国电子书市场才刚起步。2012年中国电子书市场规模为31亿元，2013年增长至60亿元，2014年攀升至100亿元。而且，随着互联网技术的进一步提高，越来越多的精品阅读会从书面转移到屏幕上，为用户带来更好的阅读体验。因此各厂商会将业务的重心转移到优质内容的争夺和创造上来，寻求与出版社的合作，大力采购并独家买断一些重磅图书，来提升平台的内容质量，以优质的内容吸引越来越多的高端用户。与此同时，企业在产品技术上也是精益求精，力求让用户更加享受阅读过程。

（一）App用户体验，包罗万象——当当读书4.0版

当当网通过在平台化运作、数字书、无线销售等领域全线发力，使图

书线上市场的份额逼近50%，通过App最新功能强化用户体验，使得在数字阅读领域的优势地位进一步凸显。2014年9月29日，当当读书4.0版正式上线，支持Android、iPhone全系列机型，新增免费借阅、千人千面、书评社区、书架社交、分男女阅读、图书榜单等功能，在个人中心、书城、书架、书评及阅读板块均有功能创新，并实现"纸电相通"，通过更精致的排版、显示阅读足迹、社会化阅读，帮助读者发现新书，为读者打造领先行业的极致阅读体验。

"发现新书，舒适阅读，打造领先行业的极致阅读体验"是当当读书4.0版上线的初衷。新版App致力于为广大读者提供"纸电搭配，阅读不累"的体验，实现了"纸电相通"，而且买纸质书就送免费电子书。当当网和500家出版社合作，推出了5万种免费电子书供读者选择，9月29日起买纸书就能获赠同本电子书。此外，还有1万种电子书读者只需加1元换购就能获得。如此空前的力度，足见当当网打造数字出版平台的决心。

由于生活节奏加快，碎片阅读成为如今的主流阅读趋势。在路上、车上，人们习惯掏出手机进行阅读，电子阅读已变成一种随时随地的阅读，正是这种阅读的随时随地性才能有效整合碎片化时间。当当读书上线的新版App，正是顺势而为进行的产品创新。

正所谓"书非借不能读也"，当当读书4.0版新增免费借阅功能，海量畅销书都可以在当当书城进行免费借阅。用户在限定的时间内可以免费看书，类似于"阅后即焚"。每天都有10本小说、经管、励志、社科、生活类的畅销书供选择，用户在72小时内阅读完即可，最后5小时系统会有倒计时提醒。

新版App还能根据用户的买书记录，通过大数据运算有针对性地为用户推荐可能感兴趣的书单，并根据用户的喜好和行为轨迹，推荐出其关心的书评内容，并有名家书评推荐、热门精选书评推荐，多达5000万条书评滚动更新，助力用户掌握书籍动态。当当读书4.0版推行"书架社交"，公开支持"偷书有理"，通过地理定位的方式查看附近人的书架，可以进入"TA"的书架,看"TA"的藏书。如果碰到喜欢的书籍可以点击偷书按钮,偷走"TA"的藏书放到自己的书架上阅读。此外,当当读书4.0版还首次提出了"读书分男女",根据男女性别所关注的不同类型的书籍进行有针对性的推荐,让大家更容易地找到自己想要看的书。

据《南方都市报》开展的一项民意调查结果显示,逾六成受访者表示主要购书途径是"网络",仍然坚持到新华书店购书的不到18%。尤其值得注意的是,在受访读者中,有23.4%的人以电子阅读为主,与传统纸质阅读为主者比例相当接近。近五成受访者表示,目前的阅读习惯是电子阅读与纸质阅读"各占一半"。调查显示,电子书的阅读量已经不容小觑,所以做好电子书的用户体验刻不容缓。这种迫切需求也是从电子书现状发出的,现在网络上的电子书质量良莠不齐,主要体现在两方面,一方面是阅读内容的差强人意,阅读不经过甄选,劣质读物大量存在,而且大多是盗版图书。另一方面,阅读软件的技术不过关,在格式上、阅读细节上都缺乏精致设计。

当当网作为中国规模最大的图书电子商之一,拥有图书出版产业链和资源的优势。基于现有的电子书书库和与出版社良好的合作关系,当当网开展电子书阅读市场有着不可小觑的优势。

在内容上,当当读书4.0拥有超过20万册正版电子书,涵盖各类畅销书、首发书等海量正版资源,其中更有大量免费资源,包括青春文学、历史经管、流行小说、社科教育、投资理财、旅游等四十多个图书品类,应有尽有。当当读书4.0通过20万正版电子书、纸电打通、版权合作三大举措,为用户带来史无前例的优质内容饕餮盛宴。电子书数量的巨大和种类的丰富性使读者可以自由选择,在阅读App繁杂充斥市场的情况下,只要选择一款拥有图书数量多的就足够了,而当当读书的图书是经过正版授权并经过筛选的优质图书。正版电子书在排版和内容上要优于盗版电子书,这对阅读体验是至关重要的。而对图书内容的筛选会使读者远离内容品格不高的图书,节省挑选时间,也可以树立优质的品牌形象。与此同时,依托于当当网，当当读书的选书和支付相对便捷。读者可以选择在当当网挑选电子书，也可以直接在 App 上挑选，这样也有助于读者在纸质书和电子书中随意切换。

在技术上，当当阅读实现了读书秒开、翻页顺滑、护眼模式及 24 种书籍排版样式供用户选择的 UI\UE 全面升级，云书架界面炫酷、支持快速搜索，高规格的 epub 格式专业排版，带来超一流的视觉体验，完美适配各种机型。通过对产品技术的提高，使屏幕阅读更接近于书本阅读，同时提供了比书本阅读更方便的阅读体验如调节字体、改变排版等功能，而且此款 App 适合多种手机型号，增加了用户范围。

除此之外，当当读书充分体现了"赢在细节"的至理名言。当当读书运用当当网积累的用户数据，对用户阅读行为进行数据挖掘，向用户推荐可能感兴趣的书单、书评等。其次，"偷书"功能，让书友互换读书，增加了社交阅读的趣味性。再者，72 小时免费借阅功能，增加了用户黏性。最后，当当读书也推出了"私人订制"服务，根据读者性别推荐推送相关书籍。这些细节增加了电子书阅读的趣味性，更为读者提供了方便，大大增强了用户体验。

（二）阅读工具，鸟枪换炮——Kindle 阅读器

Amazon Kindle 是由亚马逊生产的一系列电子书阅读器。用户可以通过无线网络使用 Amazon Kindle 购买、下载和阅读电子书、报纸、杂志、博客及其他电子媒体。大部分使用 E-ink 十六级灰度电子纸显示技术，能在最小化电源消耗的情况下提供类似纸张的阅读体验。亚马逊是全球第一大网络书店，Kindle 的竞争力除了丰富的资源外，还有它的网络支持功能，包含 WiFi 和 4G 两种网络方式。Amazon 提供逾 9 万种电子书供用户下载，大多数的电子书售价为 9.99 美元，而且还可以订阅报纸杂志，诸如纽约时报、华尔街日报、华盛顿邮报和时代周刊、福布斯等，甚至还可以订阅 blog，但是需要付费。Kindle 版本众多，主要包括电纸书和平板电脑两大类别。此外，Amazon 还发布了免费的 Kindle 应用版，比如我们可以在电脑上或者 iPad、iPhone 上用 Kindle 应用来阅读。在琳琅满目的消费类电子设备中，Kindle 无法成为像 iPhone、iPad 一样流行的设备，毕竟认知并习惯于 E-ink 阅读的群体是非常有限的，但 Kindle 无疑已经成为这个市场上难以撼动的力量——除了在 Kindle 产品上一直坚守的沉浸式阅读体验，还有自身强大的物流仓储、全球第一大在线销售渠道及体量巨大的内容资源。

自 2012 年 12 月 Kindle 中文书店上线，电子书数量已经达到 14 万本。其中包括超过 5 万种进口原版图书，6000 多本免费的电子书。亚马逊从不公布 Kindle 在华销量，但它无疑是中国数字阅读产业最关键的推动者。

Kindle 的最新版本 Kindle Paperwhite 取消了实体按键，取而代之的是全触屏，机身显得更加简洁。而亚马逊表示该电子书翻页速度提升了 15%。全新的 Kindle Paperwhite 与传统电子书相比更轻、更薄，添加了前光功能，电池续航能力有所提升，屏幕分辨率也变得更高。Kindle Paperwhite 比之前 Kindle 电子书使用的屏幕像素高 62%，达到 212ppi，在阅读小字体或显示图片时更为清晰。亚马逊宣称 Kindle Paperwhite 比 Kindle Touch 的对比度提升了 25%。此外亚马逊为 Kindle Paperwhite 增加了前光，方便用户在暗光线环境下阅读。虽然有了光，但前置光源意味着光线不会直射人眼，长时间阅读不会像用 LCD 那么容易疲倦，尤其是在黑暗环境下。最新的 Kindle Paperwhite 厚度仅为 9.1 毫米，比一本杂志还要薄，重量仅为 7.5 盎司。Kindle Paperwhite 配备了更为强大的电池，即使在背光开启的情况之下（每天阅读半小时，亮度为 10，WiFi 关闭），也能工作长达 8 周。

市场上阅读器的品种很多，国外有 iPad、Rocket eBook、Cybook、Nook 等，中国的汉王、博朗、津科也推出了自己的阅读器。而 Kindle 的市场占有率是排名第一的，这与 Kindle 的用户体验和背后亚马逊电子书存量是密不可分的。首先，Kindle 最独特的地方要属它的电子墨水显示屏了，高分辨率的电子墨水显示屏，采用了内置背光的设计，避免了对人眼的刺激，在长时间阅读的情况下，不容易产生眼疲劳，同时不会影响其他人。显示屏会根据环境光线的强弱自动调整到适宜人眼阅读的亮度。Kindle 的电子墨水显示屏效果接近打印页面的效果，相比之下，iPad 等阅读器是明亮、背光式的液晶显示屏，不利于在强光下阅读，长期阅读会刺激眼睛，使眼睛感到疲劳，只适合在室内阅读。所以说，Kindle 的电子墨水显示屏的用户体验更好，更有助于阅读。

其次，亚马逊作为最大的电子书供应商，其提供超过 9 万种电子书供用户下载，这样庞大的电子书数量是其他阅读器所没有的。读者可以自由地选择自己喜欢的电子书并下载阅读，也可以订阅杂志，期刊等。再者，Kindle 的体积小、重量轻，方便携带和移动阅读。一本 Kindle 的容量相当于数百本书，相比于背着纸质书，Kindle 轻便和容量大的优势凸显。而且，电子书的价格要远远低于纸质书，这满足了读者大量购买书籍的需求，也为书籍的广泛传播提供了可能。而 Kindle 的"一键下单"服务，方便了读者在线购买书籍，购买程序快捷方便，更帮助读者节省了去书店的时间。与此同时，与 iPad 等综合媒体终端相比，Kindle 只能阅读的特点，可能会减少一部分需求用户，但是 Kindle 只专注于阅读也增加了其阅读体验的品质。在看书的时候，更可以使读者专注于阅读，而不被其他媒体内容所转移注意力。除此之外，Kindle 提供在线词典，方便不同语种的阅读。Kindle 的书签功能提醒读者的阅读进度，读者也可以在阅读过程中做笔记。Kindle 的图书推荐，除了畅销书，更多根据的是数据分析，推荐读者喜欢或与其阅读习惯接近的书籍。

Kindle 阅读器的诞生为电子书的普及提供了强大的动力。Kindle 阅读器以接近纸质书的质感为用户提供体验，同时又在很大程度上体现了电子阅读的优势，在数量和便捷上取胜。所以，当以 Kindle 为首的电子阅读器引领电子书阅读的热潮时，可见电子书阅读最终还是要靠良好的用户体验。

(三)Flash"滚粗","小鲜肉"接班——HTML5 技术

我们从微信朋友圈的一款小游戏认识了 HTML5 技术，它所展现给用户的是结合音乐、图片、视频、链接的多彩网页形式，这只是 HTML5 的一小部分。HTML5 技术的应用范围很广，从浏览器到 App，而在阅读领域，HTML5 也渐渐展现自己的魅力，抢占着阅读市场。

苹果普及了 HTML5 技术，Facebook 押注在 HTML5 上，却受到不小的打击，导致在后来一段时间里，唱衰 HTML5 的言论成为媒体的一种幸灾乐祸的态度，人人避而不谈。

微信通过公众号的形式以游戏、营销重新焕发出 HTML5 的青春。HTML5 是一个基于浏览器的协作标准，可以让各种不同的素材在浏览器中流畅运行，它最大的优点在于跨平台性、易开发及开发成本低。早在 2010 年的时候，乔布斯在封杀 Flash 的言论中，就预言 HTML5 将会成为取代 Flash 的下一波技术浪潮。

从那时候开始，HTML5 与 Flash 之间的争论就一直成为程序员之间茶余饭后的谈资。2010 年，YouTube 宣布让 HTML5 默认成为视频播放器，这一举动在当时看来似乎是不敢想象的。要知道在那时候，Adobe 还吹嘘全球有 75% 的网站在视频中采用 Flash 技术。而如今，HTML5 的普及已经广泛被人们所接受，有 85% 的网站都在使用 HTML5 技术。

在国内市场，BAT（百度、阿里、腾讯）都在努力推动 HTML5 技术，比如 2014 年百度推出了直达号，成为商家在百度移动平台的官方服务帐号。阿里巴巴的 Yun OS 更是围绕着 HTML5 应用为核心来打造，但最终推动 HTML5 被广泛运用的还是微信。利用朋友圈的私密社交性，以及 HTML5 跨平台、低成本开发、速度快等特性，不少公司在朋友圈做了一次又一次的营销传播。

搜狐董事局主席兼首席执行官张朝阳表示，手机搜狐网日均 UV 已经达到 3500 万。持续专注于 HTML5 技术积累和开发，也让手机搜狐网满足了众多用户不同终端的阅读体验，包括板块阅读、长尾阅读及社交链式

阅读在内的三大信息消费模式。相比新闻客户端 App 及目前移动端各类信息、资讯类 App，基于 HTML5 技术的手机搜狐网拥有很多优势，除了"轻 App"的入口，还拥有浏览器、社交类 App、搜索引擎等入口，而且基于这些入口而来的用户群体分布均匀、质量很高。

更重要的是，HTML5 使手机里的很多原生应用被"轻应用"取代。强大的 HTML5 网页使许多本来仅能在 App 中实现的功能可以直接在网页中得以实现，这些基于网页的应用就是轻应用。与原生应用相比，轻应用的优势显而易见。用户使用起来不那么麻烦了，手机内存也不会不够用了。[1]

处境堪忧的 Adobe Flash 还将面临另一次打击，在线文档最终也开始表明立场。目前网上大部分文档（PDF、Word 文档、幻灯片）只能在 Flash 播放器内部播放，无法显示为完整的网页。而随着在线文档分享网站 Scribd 上的数百万份文档不再使用 Flash 播放，而是转化为本地 HTML5 网页。这些文档不仅可以在 iPad 上完美显示，而且还可以把文档的丰富字体和图片带到网页上。Scribd 创始人兼首席技术官 Jared Friedman 称："我们将放弃为期三年的 Flash 开发，把公司的希望寄托在 HTML5 上，因为我们相信，相对 Flash 而言，HTML5 可以大幅改进阅读体验。现在任何一份文档都可以成为一个网页。"文档将转化成为大篇幅网页，通过书签功能你可以记住文档位置。Scribd 文档尤其适合 iPad 浏览。和苹果的 iBooks 书店和亚马逊的 Kindle 应用不同，读者只需查看是否拥有电子版图书，然后就可以在浏览器里直接阅读，无须下载。读者还可以通过 Facebook、Twitter 分享这些文档，或者发到好友手机上。在 HTML5 与 Flash 的大战中，苹果和微软等公司站在了 HTML5 一边，现在 Scribd 也加入了 HTML5 的阵营。Scribd 此前采用的 Flash 播放器和 YouTube 所用播放器差不多。但有了 HTML5 标准之后，公司把文档从

1　吴辰光. 手机搜狐网 3.0 版掘金 H5 技术 [N]. 北京商报，2015-01-21.

Flash 设定的框框中解放出来。Friedman 预计将有 97% 的浏览器可以读取 Scribd 的 HTML5 文档。此外，用户还可以通过 iFrame 嵌入 HTML5 文档。尽管 Adobe 也开始拥抱 HTML5，但对 Flash 来说，互联网正在渐行渐远。

从国际上看，极其重视用户体验的苹果公司率先采用 HTML5 技术，随后的 YouTube、Facebook、Scribd 也加入到 HTML5 的行列，虽然 Facebook 在使用 HTML5 技术的过程中遭遇滑铁卢，但是不得不承认，HTML5 已经是大趋势。国内的三大网络巨头，以及搜狐、新浪等网络公司也都在积极推广 HTML5 技术的应用。

从公司角度出发，HTML5 易开发，甚至连没有软件开发基础的普通人也可以自己制作 HTML5 页面。而且 HTML5 开发成本低，它的流畅性和稳定性也很强。对于用户来说，最大的优势莫过于它无与伦比的用户体验了。在阅读方面，HTML5 页面是文字、图片、音乐、视频等的综合展示，给用户前所未有的视觉冲击、听觉享受以及良好的屏幕触感。相比于 App，HTML5 网页技术更节省流量和手机内存。

如今，微信、微博、新闻客户端等都积极开发和应用 HTML5 技术，其动态视觉化元素使信息可视化，使新闻报道更加生动易懂，对增强用户的信息接受有很大帮助。HTML5 将信息图片化、声音化、视频化，是符合时代发展的信息传播模式。

屏幕阅读已经成为常态，创造出更适合于阅读的移动阅读终端才能赢得更多的用户。正如不愿放弃纸质书的人认为纸质书有其独特的质感和味道，而作为电子书世界的"土著"，电子书经销商也应该考虑到读者对电子书的喜欢和依赖程度。做有质感的电子书，做有味道的电子书，这样才能使读者更习惯屏幕阅读，享受屏幕阅读。手机 App 也好，专业的电子阅读器也罢，利用现代科技和人性化的设计才是将屏幕阅读进行到底的关键。

十、传统出版遇夕阳，数字出版正青春

互联网的发展不只给传统阅读带来了挑战，也为阅读产业带来了机遇。传统阅读的转型与改革已势在必行。互联网巨头的加入更是形成了阅读产业的新业态，出现了跨地区、跨行业的传媒产业并购重组。[1]传统出版业向数字出版业转型的关键在于能否把握数字出版的特质和发展规律，建立新的运营模式和盈利模式。数字出版实质上是全媒体的"大融合"，将网络与电视、广播、图书、报纸杂志结合起来，进行资源和功能整合。[2]

在互联网的冲击下，不仅是传统纸质书籍，就连报业也受到了影响。所以在新媒体时代，报业转型是必然的。报业集团的媒体定位、体制机制、传播理念等都面临着重组和改革，最主要的是要实现以用户为核心的数字化创新融合。互联网打破了信息接收的方式，用户在互联网面前处于平等状态，所以以用户为核心成为报业集团转型的重中之重，将纸媒以往的单一传播信息和广告营收模式转变为尊重用户、培育用户群体的现代传媒形式。

（一）全媒体出击——浙江日报

目前，国内传统出版业转型主要有三条道路。第一条是坚持"内容为王"，不断提升出版内容的质量，以优质的内容吸引读者；第二条是多元发展道路，除了媒体业外，跨界发展，涉及很多其他行业领域；第三条是互联网道路，以市场为导向，走新媒体与互联网融合之路。浙江日报报业集团就选择了第三种道路。

2000年6月，浙江日报集团成立。2011年，浙江日报集团在上海证

---

[1] 蒋国兴.我们选择拥抱互联网[J].传媒评论，2014（1）.
[2] 严利华.媒介融合背景下的公众阅读与出版转型[J].出版发行研究，2014（12）.

交所上市，成为全国第一家媒体经营性资产整体上市的省级报业集团，也成为浙江省第一家上市的国有文化企业。2013年，浙江日报集团总资产达50亿元，年营业收入30亿元，媒体数量和产业规模居全国前列。

浙江报业传媒控股集团提出"全媒体"发展战略，加快主流媒体和新兴媒体的融合发展，围绕科学发展观，不断提升舆论引导能力。"传媒梦工场"作为浙江日报集团的创业孵化器，是中国首个新媒体创业孵化器。通过对"传媒梦工场"的孵化和投资，为新媒体发展培养采编、技术和研发等领域的专业人才。大浙网是浙江日报集团并购边锋、浩方平台与腾讯合作创办的。目前，大浙网拥有三亿用户和4000万活跃用户，立志成为互联网枢纽型传媒公司。

除此之外，浙报集团成立了数字采编中心。数字采编中心数据库收集各媒体用户的数据，建立并发布了自己的移动客户端"浙江新闻"、手机报、门户网站以及网上党报。浙江日报集团作为国有企业，在与自媒体等网络媒体竞争的同时，凸显浙江特点、原创特点，彰显党报性质，以更开放的心态去迎接互联网的挑战。

可以看出，浙报集团并没有像许多传统报业公司一样坚持传统"纸媒"的老路，而是顺应了互联网的发展趋势，积极建立以读者为中心的机制，加快企业内部体制改革、运营模式和运营内容的革新和转变。浙报集团已经从传统的单向新闻资讯传输者转变为综合文化服务新闻资讯媒体，结合自身优势，以市场为导向，利用网络和新媒体，走综合型媒体集团道路，为许多国有媒体集团树立了很好的改革范例。

（二）教育出版的涅槃重生——时代出版

传统出版业在受到互联网冲击的同时，也开始通过积极加大与新媒体的融合，进行产业重组和升级，实现变革。安徽时代出版作为老牌的出版集团，在互联网时代下积极转型，结合自身固有优势打造新的出版运营模式。时代出版依托丰富的出版和内容资源，打造了针对不同人群的服务平台，其中包括时光流影 TimeFace、时代教育在线、时代漫游"豚宝宝"等。

时代教育在线是学生、老师和家长学习交流的平台。时代教育在线提供大量的网络学习资源，其中包括 5 万种电子书、超过 15 万道的试题以及接近 5T 的多媒体教育资源，同时为学生、老师以及家长提供个性化的服务。这就形成了时代教育在线的"一站式"出版运营模式。目前，时代教育在线已经得到了安徽省教育主管部门的认可，与安徽省合作推出了安徽省基础教育应用平台，并被安徽省近 2 万所学校的 15 万学生和 13 万学生使用。

2014 年，"时光流影 TimeFace"的上线，标志着时代出版已经意识到社交媒体的重要性，"时光流影 TimeFace"是基于互联网的社交数字平台，致力于建立自己的出版传媒数据库，是一个集合了音频、图片、文字和视频的多媒体平台。"时光流影 TimeFace"填补了印刷产业和按需出版的空白，采用云编辑、云数据库和云印刷。2014 年，该平台已经拥有近万用户，无论是用户数量还是网站访问量都在逐年增加。2014 年报告显示时光书的日最高印刷量达到 2000 多本。除此之外，"时光流影 TimeFace"还与安徽的联通、移动、电信三大通信运营商合作，在九个国家及地区开设了"海外时光站"。

2015 年，"时光流影"2.0 版本上线，与社交媒体展开了更为深入的合作。设计了"时光书""时光圈"功能，用户可以通过"时光书"将自己微信"朋友圈"中发布的内容进行打印，并根据个人喜好和需求任意设计和排版，实现个性化定制。"时光书"并不是"时光流影"平台唯一的个性化出版产品，而是"一键成书"功能的延伸产品。"时光流影"充分挖掘个人社交软件和社交平台数据，并实现资源整合，利用自动排版和印刷技术，实现了私人定制化的社交内容出版。此功能不仅给用户带来了良好的体验，也为出版业开创了新的发展空间。

"豚宝宝"系列是时代漫游针对幼儿推出的电子教材，适用于传统数字终端也适用于现代互联网终端。而"豚宝宝妙趣盒"是时代漫游开发的一款融合交互软件、图书、玩具、游戏、动漫的产品。除此之外，时代漫游还开展了线下运营，策划建立早教中心。

可以看出，综合性的媒体集团并不一定要涉及更多领域，可以专注自己擅长的领域，并在这个领域将产业链做深做强。时代出版就是结合自身教育资源的优势，在传统教育资源的基础上，利用互联网和新媒体研发出针对不同用户的教育产品。目前国内的教育市场充满商机，不少互联网公司都在瞄准发力，推出了许多互联网产品和课程。时代出版作为传统的出版企业，相比于新兴的互联网公司，拥有无与伦比的教育资源和独特的竞争力。扶持出版业并不是一味的故步自封，更该积极地接受和利用互联网技术和理念，让出版业在互联网时代通过融合和创新获得新生。

（三）凤眼看世界，见证数字时代

今日女报与时代出版都是在传统出版业中找到了自己擅长的领域，并在领域内实现了互联网和新媒体融合创新的典型案例。今日女报社的理念是坚持"凤眼看世界"，将新闻关注的重点放在女性新闻资源，充分利用互联网思维和新媒体平台。今日女报社在保证传统报纸发展的前提下，优化报纸产业结构，发展相关产业，力图延伸报纸产业链，并不渴求盲目的多元横向扩张。今日女报建立了自己的门户网站"凤网"并实现了纸媒、互联网、移动端的全覆盖，形成了完整的传播体系。凤网主要由凤网博客、凤网社区以及凤网咨询构成。社区活动可以带动人气，博客可以制造话题、扩大用户群，特色咨询丰富网站内容，三个板块相互联结，互为补充。

除此之外，今日女报社还建立了凤网女性创（拓）业数字服务平台。希望通过这一平台成为具有强大影响力的女性网络媒体信息平台。该平台包括企业人才招募（就业）平台、女性创（拓）业融资（理财）平台、品牌推广经营平台、女性电子商务销售平台企业人才招募（就业）平台、女性创（拓）业优秀企业项目库。该平台致力于服务女性创业者，帮助她们经营品牌、招募人才、融资理财和销售产品，为其提供一体化的数字服务。进入女性优秀企业项目的企业是通过全省各级妇联组织和女性媒体甄选的、具有前景的女性企业。

"凤网女性创（拓）业数字服务平台"的建立，不仅对女性创业有所帮助，同时对湖南妇联工作的开展及湖南文化产业都有促进作用。凤网的商业模式创新彻底打破了传统报业靠广告盈利的模式，为传统媒体的发展提供了一个成功的盈利模式。利用数字技术和网络技术，利用平台优势，发展相关产业，带动了报纸杂志、网站协同发展。今日女报社由信息集散功能向商业资源、社会资源、金融资本集散功能转化，全力打造O2O、B2C、P2P等传媒盈利新模式，为传媒平台开辟全新的价值增长空间。

十一、版权保护，势在必行

版权是出版行业的生命线，支持正版是出版行业的底线和商业道德。数字阅读增加了保护的难度，同时也对版权保护提出了新需求和新可能。在互联网阅读时代，版权保护不再是法律层面的规范，新技术为版权保护提供了可能。

法律仍然是互联网阅读最重要的保护屏障。积极推行法律制度建设，规范版权法规是数字阅读健康发展的重要保障。首先应该从立法层面逐步完善版权立法，加强对网络传播的监管力度，做到有法可依，执法必严。应该对载有盗版内容下载链接的网站给予法律制裁，同时对数字阅读读者行为有所规范，打击下载传播盗版行为。也应该对正版消费者的权利有所保障，建立网络消费者维权平台，从权利和义务的角度对消费者行为进行保障和约束。

司法部门和行政部门应加强沟通协作，实现行政执法和诉讼维权有效对接。在拥有完善的版权法律基础上，做到执法必严和违法必究。国家版权局作为国家版权部门的执法机构，应该加大监管力度，加大对非法转载、恶意抄袭等违法行为的监管力度，加强版权审核和监督。同时对传统媒体和新兴媒体可能触及的版权行为做规范性指导，从源头杜绝侵犯版权行为，完善网络版权环境，创造良好的版权交易环境。

版权保护离不开市场主体的参与，互联网公司应当从自身加强版权保护意识，不仅应做到不侵犯他人版权，同时也应拿起法律的武器保护自己的版权。加强行业自律，维护版权交易环境是互联网公司生存的必要条件。与此同时，改变运营模式，加大对正版内容和原创内容的支持力度，加强版权转化意识，才是互联网公司的生存之道。在知识经济的背景下，版权的经济价值大大提升，延长版权产业链，对版权内容进行深度挖掘，开展相关行业的版权开发。

除此之外，版权保护还可以依托高新技术和平台优势，根据不同的运营模式和运营内容，开发相应的版权自助投诉平台和版权管理系统，方便创作者在受到侵权时简便快捷地保护自己的合法权益。[1]互联网企业也应该积极研发防盗版技术，对正版内容进行加密或者特殊的技术处理，从技术角度避免盗版行为发生。只有不断完善法律、法规，完善版权交易机制，才能创造一个良好的版权生态。这需要企业、执法部门和读者的共同努力，同时也需要高新技术以及版权平台的支持。[2]

（一）版权界的"英雄联盟"

"在线反盗版联盟"是由中文在线和国内众多知名作家、各地律师事务所及国内知名出版机构联合发起的，得到了国家版权局和中国出版工作者协会的大力支持。"先授权，后传播"是"在线反盗版联盟"的原则，采取多种维权方式保护创作者的权益，同时秉承"尊重知识，在线维权"的理念，保护数字正版市场，保护知识产权。

2012年，苹果商店未经许可就将载有周海森、海岩等作家作品的App

---

1 马化腾，张晓彤.加强网络版权保护需行政与司法联动［N］.人民法院报，2015-03-07.
2 严利华.媒介融合背景下的公众阅读与出版转型［J］.出版发行研究，2014（12）.

放到 Apple Store 中，侵犯了中文在线独家享有的网络传播权。中文在线状告苹果公司，并取得胜诉。2013 年苹果公司上诉至北京高等法院，而 2015 年高等法院的二审，仍判中文在线胜诉。

可以看出中文在线有决心加强版权保护，为创作者营造一个良好的版权环境。中文在线通过"在线反盗版联盟"保护作家的著作权，同时为自己获得更多优质的正版内容。"在线反盗版联盟"成立法律服务中心，与遍布北京、成都、上海等城市的知名律师事务所合作，为合作的作家、出版社等提供版权保护的法律支持。除此之外，中文在线的法律服务中心还为传统出版社提供数字出版服务，为其提供数字出版的法律咨询，并对其现有的版权资源进行梳理和盘活。

中文在线发起的"在线反盗版联盟"为中国版权界建立了一个保护版权的平台，集结作家、出版商和法律机构，为作家和出版商提供法律支持和法律保障，成为中国反盗版的一股强大势力。通过苹果版权纷争案例可以看出，只有运用法律手段才能保证创作者的权益。如今 IP 授权流行，版权保护是 IP 授权的基础，也是 IP 盈利的保障。一家出版企业或者一个作家的权利受到侵害时，自身力量可能不足以对抗强大的侵权方，但是以联盟的形式就可以扩大影响力。如果没有其他声讨和援助，那么侵权的风气就会破坏整个产业的发展，损害的不仅仅是一家出版社或者一位作家。联盟形式是保护版权的强大力量，当所有出版人团结在一起，共同制定行业规范和惩罚措施，才是维护版权、拯救出版业的最佳举措。版权行业协会应该树立规范、带头遵守规范并对侵权行为给予惩罚，出版业才可以健康发展。

（二）网络平台力争"洗白"，齐发"版权联盟宣言"

虽然新兴反盗版技术对网络抄袭和盗版行为所有遏制，但随着抄袭手段的升级，也加大了打击抄袭盗版的难度。微信作为当下人们阅读最常使用的平台之一，微信文章抄袭现象也极为严重。在新华社发出批评后，微信平台推出了许多"零容忍"举措,声讨微信平台文章抄袭现象,得到了许多原创平台和原创者的响应。

反盗版联盟形式的影响力被新闻出版界所认可。不只中文在线的"在线反盗版联盟"采取了以联盟形式保护版权,今日头条等八家互联网平台也共同发布了《保护原创版权声明》,希望通过联合声明打击盗版抄袭,保护创作者和消费者的权益。

《保护原创版权声明》是由新媒体排行榜发起的,主要参与者包括今日头条、网易新闻客户端、百度百家、微博、搜狐新闻客户端等。这些媒体平台希望通过此声明增强内容消费者对版权保护的意识,保护创作者的权益,惩罚抄袭者,营造一个很好的创作环境。[1]

其实除了媒体联盟以外,政府和社会各界都对版权保护作出了相应的举措。从立法角度讲,我国《著作权法》规定保护录音录像制作者、作者、表演者的信息网络传播权,奠定了互联网版权法律保护的基础,而《信息网络传播权保护条例》则明确规定了保护网络信息传播权的方式。2013年,为适应互联网发展的形式,国务院对《信息网络传播权保护条例》进行了修改。我国版权保护的一大特色是结合行政保护和司法保护。2015年版权局发布的《关于规范网络转载版权秩序的通知》彻底杜绝了不经授权、随意转载的问题,为中国媒体界营造了良好的生态环境。

互联网时代,人们都习惯接受免费的享受阅读服务,缺乏对互联网虚拟产品的购买习惯和热情。因此政府需要在全社会进一步营造尊重版权、使用正版的风气和氛围,为文化产业的更好更快发展打造良好的外部环境。通过政策扶持等方式,积极引导原创内容产业做大做强,真正实现文化产业与互联网的齐头并进。治理盗版和抄袭是一项综合性工程,需要立法部门、司法部门、行政部门和消费者的共同参与和努力。

---

1 魏骅.八大互联网平台共同发布《保护原创版权声明》[N].中国新闻出版报,2015-03-17.

（三）让版权身披铠甲——数字版权保护技术

数字阅读的兴起对版权保护提出了新挑战，而从技术层面对版权进行保护也是产业发展的必然要求。如今，国内外阅读企业已经意识到开发和使用版权保护高新技术的重要性和必要性。数字版权保护技术就是以一定的计算方法，实现对数字内容的保护，包括电子书、视频、音频、图片等数字内容。

数字版权保护技术是通过对内容进行加密、数字标识、水印技术，以数据加密和防拷贝为核心防止内容被非法复制的技术。除此之外，数字版权保护技术还包括加密技术、储存技术、电子交易技术等。

在数字内容嵌入隐藏的标记，平时看不见这种标记，只有用工具检测才能识别，这就是水印技术。水印技术可以保证内容被转载的时候会注明出处，内容不会被随意非法使用。水印技术可以在不改变原作视觉效果的情况下又在作品中保留作品的著作权信息，水印技术被广泛应用在音乐作品、电影作品上。但是水印技术很容易被破解，而且不能做到提前杜绝抄袭和盗版的发生，所以也存在着很大的局限性。

使用数据加密技术可以确保只有得到授权的用户才能看到正版内容，而得到授权的用户会得到一个秘钥，秘钥通常只能对用户的一个或几个硬件信息绑定。数据加密技术充分起到了版权保护的目的。电子书的数字版权保护技术相对成熟。国内的电子书数字版权保护系统主要有方正 Apabi 数字版权保护系统，而国外的电子书数字版权保护系统包括 Microsoft DAS、Adobe Content Server 等。电子文档的数字版权保护系统有 Authentica Active Rights Management、Sealed Media Enterprise License Server 以及方正 Apabi Office DRM、方正 Apabi CEB DRM 等。[1]

版权保护已经成为数字出版发展壮大的瓶颈之一，版权保护需要良好的法律环境，法律固然可以制约网络平台公司，数字版权保护技术可以从

---

1 楼文高，孟祥辉．数字版权保护技术的现状及其发展趋势［J］．出版与印刷，2007（4）．

技术上减少盗版现象的出现，但是企业的版权保护意识才是推行版权保护的根本。

十二、品牌为帆，驶向远方

传统阅读在面临互联网挑战的同时也被互联网推向了改革的前端。而随着全球化进程的加快，国内的阅读企业和阅读市场也受到国外企业和产品的入侵。在与国外阅读企业和产品竞争的过程中，也应该意识到国外阅读企业和产品的优点，积极向国外学习并积极开展全方位各领域的合作。与此同时，应该积极应对国际市场的机遇与挑战，将我国的阅读企业和产品推向国际市场。坚持做传统阅读的企业面临着亏损和倒闭，而阅读产业出现的新业态、新技术和新产品也给阅读企业带来了新的商机。阅读产业的发展要迎合市场趋势，借助高新技术，走创新之路。单靠国内的阅读企业以及国内的技术已经不能满足全球化的需要，应该借助国内和国际两种资源和两个市场，才能使阅读产业更好更快发展。

除了向国外的阅读科技学习，也应该积极拓展与国外阅读企业多领域的合作，如将国内的阅读产品借助国外的数字产品销售平台销售出去。目前国内的出版企业有的还故步自封，只重视传统出版，导致市场越来越小，盈利不断下降。而不少出版企业已经积极投身到数字出版领域，积极转型。当前数字化的浪潮对于传统的出版企业是一种"危机"，而当"危"与"机"并存的时候，应该努力抓住机遇，打破陈规，积极改革，赶上数字化时代的步伐。[1]

（一）浙江少儿出版社打造精品，助推阅读

阅读产品的质量是阅读企业参与国际市场竞争，使阅读产品推向海外

---

[1] 李广超，李欣.中国传统出版企业的数字化转型[J].今传媒，2014（12）.

的基础。浙江少儿出版社坚持精品阅读，将儿童文学作为出版重点，坚持原创。由浙江少儿出版社推出的《动物小说大王沈石溪·品藏书系》《墨多多谜境冒险——查理九世系列》《淘气包马小跳系列·典藏版》等作品都收获了良好的市场和口碑。浙江少儿出版社不仅推出了一系列的经典少儿作品，也培养了一批优秀作家如汤素兰、金波、任溶溶等。浙江少儿出版社如今取得的市场竞争优势和品牌效应，都归功于不断坚持创新、改革，坚持走市场化道路。浙江少儿出版社坚持原创，不断优化产品结构，不断完善建设渠道，坚持市场化运作，重视畅销书资源的拓展和维护，同时也着力培养新锐作家，开展与少儿出版相关的其他业务。

出版社的品牌建设不仅可以成为阅读产品的质量保证，也可以成为吸引读者的重要条件。浙江少儿出版社推出了动漫绘本、幼儿读物和少儿科普图书等优质阅读产品，并不断推进传统出版与新媒体的融合，树立了良好的市场口碑和品牌效应。

少儿出版市场竞争激烈，浙江少儿出版社坚持"品牌、市场、作品、作者"四大要素，实现了"十二连冠"的市场业绩。但浙江少儿出版社仍然不断挑战和创新，做好作者队伍储备和建设。通过对品质的不断追求，市场影响力不断提升，坚持追求社会效益和经济效益的和谐统一。

（二）中文在线"走出去"

在2012年的首届京交会上，中文在线与英国出版科技集团签署了"海外数字图书馆"项目合作协议。中文在线借机参与国际阅读企业竞争，将阅读产品推向国际市场。英国出版集团作为世界最大的出版科技与服务提供商之一，建设了英捷特全球数字图书馆平台。英捷特全球数字图书馆平台的用户来自一百七十多个国家的二万五千多个机构与图书馆。英捷特全球数字图书馆平台的一万六千多种电子期刊和出版物可以为中国的阅读企业提供国际市场资料。中文在线在与英捷特合作后，可以掌握国际市场的动态，并了解国际市场客户的需求。

除此之外，中文在线与中国科学出版集团有限公司、中国教育出版传媒集团有限公司、中文在线与中国出版集团公司共同签署了《促进数字出版产业良性发展，推进数字出版"走出去"倡议书》，这也是中文在线推动中国出版业"走出去"的另一举措。如今国内出版企业都在积极探索产业模式创新，不断加深产业链，拓展相关产业发展。中文在线不断加强与国内外的出版企业交流与合作，争取全媒体发展，以读者为中心，维护正版的发展环境。只有在政府和阅读企业的共同努力下，借助国内和国外的经验，才能不断完善我国数字出版的传播和发展环境。中文在线不仅是互联网企业，更成功扮演着推动中国文化"走出去"的角色。

（三）辽宁科技出版社借"外"力转型

当前传统出版市场被互联网挤压严重，传统阅读方式和产品也不能满足互联网时代下的读者需求，所以传统出版社一直在寻求成功的转型模式。辽宁科技出版社借助北方传媒的资源优势，结合自身情况，建立了自己的数据库，并走向了专业出版数字化发展模式。

辽宁科技出版社的数据库储存了大量关于建筑设计、家居装饰设计和汽车维修技术的专业信息，可以为数字出版提供很好的支持。除此之外，辽宁科技出版社积极开展了与美国数字出版商 Actrace 的合作，将部分建筑设计类图书内容进行数字化转换，并在美国的电子书平台进行推广销售。仅 2012 年，辽宁出版社就在国际市场上推出了 200 种电子书。辽宁科技出版社与美国数字出版商 Actrace 采取了"利润分成"的模式，这种模式可以便捷快速地打进国际市场，但还处于合作的初级阶段，在不断积累国际合作的基础上，应该不断探索合作的新模式。[1]

在互联网时代，只有充分了解用户的需求，注重用户体验，才能不断创新和颠覆。不能只接受用户的反馈，同时应该掌握阅读产业的发展动

---

[1] 李广超，李欣.中国传统出版企业的数字化转型［J］.今传媒，2014（12）.

向，培养用户的阅读习惯。只有不断完善企业创新和管理机制，进行技术革新、渠道创新，提高企业品牌竞争力，才能在市场竞争中立于不败之地。辽宁科技出版社作为传统的出版社，积极寻求转型并放眼世界，应对国内和国际市场带来的机遇与挑战。只有具有先进的品牌意识，才能找到适合自身的转型之路，并走向世界。

"走出去"是中国文化产业所面临的问题，同样也是中国阅读产业和阅读企业共同面临的机遇和挑战。"走出去"肩负着中国文化的传承和发扬使命，也是在全球化环境下企业增收和树立国际品牌形象的重要举措。阅读企业是阅读"走出去"的主体，应致力于提升企业品牌形象，树立国际视野，打造高品质的阅读产品。同时在面对国际市场的考验时，应不断提升企业抗风险能力和竞争力，立志打造成国际化的阅读企业。

未来篇

　　无数的变革造就了阅读史，各种新发明正在塑造阅读的未来。技术推动着阅读形态和结构的演变，展示着人类智慧的足迹。从最早的莎草纸到羊皮纸，从简策、帛书到纸张，大批印刷书籍开始填充世界各地的家庭书架和图书馆。同样，电子纸张和其他衍生物如电子图书，无疑将会宣告阅读领域另一个划时代革命的到来。

第八章 预言家：阅读文明的未来

一、未来的一天

未来的一天，或许是这样的：

清晨睁开眼睛，就开始阅读。显示着时间的闹钟也是一个小小的阅读屏，实时更新、滚动着每天的新闻。同时还会显示工作邮件和朋友们发来的短信，只要轻轻滑动就能读取，轻轻点击就能消失。

起床后，走进浴室。梳洗台墙上的镜子也是一个显示器，继续显示着刚才没有读完的新闻和信息。墙壁上的屏幕显示的是一幅每天都会根据天气、主人情绪调整更新的艺术品。梳洗完毕后，站在更衣室衣柜的屏幕前，屏幕上会根据我们的体型、工作安排、天气搭配出最适合我们出行的服饰。

在厨房里，我们可以一边吃饭一边阅读新闻。餐桌是一个水平的桌面显示器。只要轻轻滑动，屏幕上的新闻就能根据我们的阅读速度自动滚动。对于我们不感兴趣的新闻，快速略过；而当遇到我们感兴趣的新闻时，这条新闻就会滚动得很慢，而且会呈现更加详细的内容，同时出现各种相关链接，方便我们随时点击查阅。

上班的途中，我们可以继续阅读。开车的时候，车载屏幕会自动连接到我们刚才阅读的新闻，并通过语音自动"读新闻"给我们听；道路两旁的显示屏也会通过扫描我们的个人资料，推送针对我们个人的广告信息；车载屏幕还会为我们实时显示交通路况，自动为我们选择方便快捷畅通的交通路线。

办公室被精心设计的显示器环绕。到了办公室，所有的显示器都已准备就绪。我们只需拍拍手，或者发布一个只有我们自己知道的指令，所有的显示器都会立即进入工作状态：滚动工作文件，查看邮箱，不同工作项目的自由切换，等等。甚至可以随时进行虚拟会议，真正实现无纸化办公。

借助互联网，我们能够迅速高效地完成工作。下班以后，我们就能彻底地放松。晚饭时，让桌面屏幕调节出适宜的情绪颜色，在屏幕上查看资讯或者处理一些琐事。晚饭后，躺在舒适床上，对着天花板屏幕阅读喜欢的书籍，直到进入梦乡。

这是在 Valiz 出版社出版《走到哪读到哪》（*I Read Where I Am*）一书中对"未来生活"描述的场景，其中涉及关于"未来阅读"的情境描述令人期待。

二、阅读的未来

无数的变革造就了阅读史，各种新发明也在塑造阅读的未来。

技术推动着阅读形态和结构的演变，展示着人类智慧的足迹。从最早的莎草纸到羊皮纸，从简策、帛书到纸张，大批印刷书籍开始填充世界各地的家庭书架和图书馆。印刷术的出现推动着中国从古代时期进入现代时期。同样，电子纸张和其他衍生物如电子图书，无疑将会宣告阅读领域另一个划时代革命的到来。

20 世纪 90 年代，图书馆首次提供不受版权控制的网络阅读文本。但当时的人们普遍认为，电子书的阅读方式与我们传统的阅读方式和感觉相去甚远，电脑阅读太过疲惫，与轻巧、便捷的纸质书相比，很不方便。但随着便携式电子阅读器，特别是手机、平板电脑、Kindle等移动阅读终端的不断出现，电子书成为人们阅读生活不可替代的重要部分。

毫无疑问，电子图书的前景无限广阔。未来的社会，人们会更多地使用电子书进行阅读。电子书由一系列处理芯片构成，相当于不断更新显示内容的电脑屏幕。随着技术的发展，其质感和阅读体验会与纸质书无异。读者不仅可以下载整个图书馆珍藏的书籍，随时随地地想阅读就阅读，还能够保持与外部世界的联系，接受实时信息、咨询交流互动、定制优化阅读内容，等等。超文本链接技术与电脑软硬件相结合，使用户不仅可以轻松、愉快地进行阅读文本的查询、浏览、创建、保存和共享，还能够根据自己的喜好，实现不同文本的随意转换。电子书以其便捷、可编辑等优势迅速占领市场，推动阅读活动发生质的飞跃，使阅读真正成为一场华丽的精神盛宴。

伴随着新技术的不断涌现，阅读终将进入以往书面文字不曾涉足的领域，现代阅读活动日益丰富，耐人寻味。首先，阅读出版物不再仅仅是纸质的印刷品，屏幕阅读已经成为全球数十亿人的日常生活。互联网技术能够帮助人们实现对大量纸质阅读内容的归类、存档，并低价出售。阅读变得低廉且容易获得。随着互联网技术的发展，小说、教材、新闻等各种资讯信息、学习材料都会存储在电脑里，并实时更新，人们可以不受时间、地域、语言、国别限制，随时随地进行阅读。随着互联网技术的发展，书面文字日益退居历史的主要舞台，成为不可逆转的事实。

其次，阅读突破"看"的界限，延伸到人类日常生活的方方面面。特别是随着短信息、MSN、QQ、微信的出现，以"阅读信息"为核心的网络聊天取代人与人之间"面对面"的沟通对话，图书、家庭互动、户外活动让位于电脑，让位于智能手机、iPad等移动终端。借助于互联网，阅读在有声文本和无声文本之间搭建了一个桥梁，赢得读者特别是年轻读者的青睐。随着互联网的发展，网络语言逐渐取代口头语言，我们阅读的语言将会比我们听到的语言还要多。未来社会对阅读的需求将会越来越广泛、越来越急迫。

阅读无时不在，阅读无处不在。

（一）书籍的未来

书籍的未来是什么，要从什么是图书说起。古人云"河出图、洛出书"，这便是"图书"的起源——图是用线条和颜色表现出来的形象，书是按照一定排版格式装订成的册子。同时，文字起源于图画。除此之外，《尚书·序疏》中"百氏六经，总曰书也"，从书的内容的角度定义了书的概念；而"著于竹帛谓之书"，则从图书形式的角度定义了书的内涵。总之，在传统的观念中，图书具有物理属性，既是能够长期保存的有形形态，也有功能属性，方便阅读、交流。但是，随着时代的发展，社会的进步，图书已经发生了翻天覆地的变化。

互联网时代，电子书的出现，使得所有方便获取信息、知识的载体都可以称之为图书，阅读活动也因此更加丰富多彩。然而，图书变化的是载体，书本的纸页正在退居二线，载体的变化使得未来图书更易于阅读、保存、传承；不变的是内容，是书的概念结构，即由同一主题贯穿一堆文本所形成的体验，这种体验需要时间来消化完成。

虽然，关于电子书的批判不绝于耳。互联网时代，人们花费数小时的时间在网络上阅读编排好的资讯和新闻，还没来得及简单思考，就会被另一条更加引人注意的信息转移注意力。读者读到的都是支离破碎的信息碎片，但这就是网络阅读的魅力——一个松散的、杂糅的资讯库。

但随着技术的发展，独立的专业移动阅读器出现，似乎能在一定程度上缓解阅读的无目标性、无计划性。谷歌在版权纠纷事件之后，推出"Buy Anywhere, Read Anywhere"项目。该项目利用大数据、云计算技术将所有的谷歌电子书存储到谷歌云图书馆中，读者可以借助手机 App、电子阅读器等进行阅读。我国也陆续出现了一系列的电子阅读器，如汉王电子书、盛大锦书Bambook、番薯YamBook、方正Wefound、翰林电子书，等等。通过电子阅读器，读者不仅可以进行安静专心的阅读，而且能够查询云图书馆中所有的电子书籍，还可以免费试读然后购买全书，发表书评、推荐图书等。阅读的专注性可以通过技术的提高得到实现。

1.像报纸一样折来折去

关于书籍的未来形态，我们可以放心大胆地进行畅想。比如，阅读的屏幕是不是可以更小？早期，大家都以为屏幕阅读不可取，版面的限制不方便阅读。但事实上，最终大家都接受了这种阅读方式，通过随意选择自己喜欢的屏幕大小，任意切换到自己熟悉的字体和字号，阅读速度也是可调整的。由此看来，人类的能力是无限的、可挖掘的。我们并没有真正了解到，人们到底能接受多小的阅读屏幕。或许，我们可以做一个实验，将播放屏幕设置成一个"字"或一个"单词"的大小，每次只滚动显示一个"字"或"单词"，测量读者能够接受多快的播放速度。如果试验是可行的，我们就能断定，未来的书籍可以无限的"小"。

电子墨水的出现，也推动了书籍发生质的飞跃。利用电子墨水技术的阅读屏幕就像一张白纸，反射环境光，在纸上呈现深色的阅读文本。在普通人眼看来，电子墨水的阅读效果，就像传统墨水在书纸上的显示效果，一样地清晰可读。Kindle正是借助着第一代电子墨水技术，畅销全球的。但Kindle的阅读界面是固定的，尽管Kindle已经推出不同尺寸的阅读器，但是不同的人会喜欢不同的阅读界面，不一样的阅读内容也需要不同尺寸的阅读界面来展现特定的阅读效果。

未来，随着电子书的发展，电子书或许能够实现像报纸一样的折叠。电子书展开后和现在的报纸一样大，或许也和报纸一样有很多板块。阅读完成后，像折纸一样将电子书折成我们所想要的任何形状，也能成为阅读的一种乐趣。或许，可以实现在同一张报纸上扫视多个长专栏，各个专栏可以在不同新闻之间来回切换。

或者，我们可以直接突破"纸"的限制，利用便携的激光投影设备，将身边任何一个平面作为屏幕或者书页，进行投影阅读。

2. 谁说只能是平板

再或者，电子阅读器不再是一个平板。Kindle 是个平板，只有一页。"翻页"需要依靠平板上的按钮来完成，一页褪去，另一页浮现。但是未来，阅读器可以不平板。按照市场经济发展的一般规律，电子墨水终将实现大规模、批量生产，价格便宜且能够弯曲。那么，我们就可以按照传统图书的形式，将一百多页的电子墨水装订成册，加上书脊，用漂亮的封面和封底包装起来。这样，电子书看起来就跟纸质书差不多了。读者能够像阅读传统书脊一样，翻页，夹书签，立体阅读图书。想要重新翻看某条信息，需要在脑子里回想一下页码，然后按照记忆翻找过去。想要更换一本图书阅读时，只要轻按书脊，就会成功切换到另外一本书的阅读当中去。立体书能够给予那些追求纸质书阅读效果的读者，更加真实享受的阅读体验。拥有一本有质感的立体电子书——光滑的书面、超薄的书页，想想就是一件很酷的事情。

3. 你看我时，我也在看你

未来，技术的革新带来的不仅仅是图书载体的变换，还将会有功能的延伸。目前的个性化阅读服务，无非就是利用大数据对我们的阅读记录进行整理、分析、挖掘，然后向我们推送、推荐感兴趣的资讯。未来，书籍能反过来"阅读"我们。我们可以假设有这样一种可能，通过阅读载体，假设是平板，内置的与摄像头功能相连接的"眼睛"软件，能够清晰拍摄人脸，解读读者阅读时的表情变化。随着互联网技术的发展，人脸识别功能将会根据读者的表情，识别读者的阅读情绪，最重要的是根据读者对"书籍"的注意力程度，识别读者是否对这条信息感兴趣。这意味着，文本能够追踪记录读者真实的阅读感受，并反馈给作者，使作者及时把握读者的阅读情绪进行结构和内容调整。当然书籍本身也能适时作出调整，如调整字体大小号、背景颜色、滚动速度。再或者，当读者遇到不了解的信息时，电子书能够迅速转换用词，或者加以解释说明，等等。

一直都有人尝试做自适应文本的实验，即根据读者的阅读情况，呈现不一样的人物和情节。如在小说中，超文学形式，是人们很早就想尝试的叙事方法，即在一个文学作品中，多条故事线平行发展，而不是从始至终的一个故事。但是在阅读市场中，惨遭滑铁卢。当时的读者似乎更希望由作者去决定故事的发展趋势和结局。但近年来，随着网络游戏的兴起，这种多条故事线交融的复杂情节设定大受欢迎。游戏玩家希望参与游戏情节的设定，并推动其发展，提供游戏过程中的参与性和自主性。互联网时代，个性化、体验感、参与性是主要关键词。互联网时代的书籍，也应该慢慢朝这个方向努力和发展。未来，书籍有可能实现这一点。

4. 会"动"的图书

目前，大部分的图书，即使有图片也都是静止的，图画书、艺术类书籍都是如此。但电子书没有必要也是静止的，它有能够提供"动态图书"的技术和便利条件。我们需要明确一个概念，不是所有会动的图片都是电影。利用电子书，我们将实现文本和动态图像的结合。文本可以出现在动态图像里，动态图像也可以穿插在文字间，如在四季变化、斗转星移的文字描述中，穿插动态图像，就能使阅读更加真实生动，在阅读中畅游世界不再是一件遥远的事情。

在文本中穿插动态图像的技术比较容易实现，但是在动态图像中穿插文字却相对困难一些。未来，我们需要实现像操作文本一样方便、容易、快捷地去操作动态图像，随时随地进行索引、查阅、剪切、粘贴、总结、引用、链接以及内容改写，等等，随着信息技术的快速发展，我们可以制作更多高度可视化的书籍，特别是用户培训、教学。这类书籍可以是能观看的图书，也可是能阅读的电影音乐，等等。

5. 一本书即一个图书馆

互联网时代，书籍之间的超链接使得每一本书都成为一个联网项目。目前的技术只能实现不同图书之间书名的链接。随着互联网信息技术的发展，超文本链接技术将链接细化到句子，或者直接实现双向链接，那么我们将实现不同书目、段落、内容的链接。如一本书中的某一段文字是引用的，就可以出现参考书目原文的内容链接，最后的参考书目也是直接超链接着原书的电子版全文或者某一具体的段落。这样，我们就能组成一个书籍网络，每一本书都是联网书籍。这种形式类似于维基百科、百度百科的运营模式。维基百科就像是一本超大型的百科全书，每一个网页词条都是是一页书纸，而每一页书纸上，都有很多带有下划线的蓝色词语，这些词语就是与其他词语有着超链接关系的词语。

随着互联网信息技术的发展，最终所有的书籍都能实现完全的数字化，通过丰富深入的超链接技术将所有网络书籍连接成一部巨大的图书，那么一部书即一个图书馆。未来，随着人们阅读需求的改变，在互联网技术的帮助下，可以实现世界上所有的书都编程在一个单独的联网书籍里。读者能够围绕某个观点、某段文字生成社交图谱，或者形成关于某个概念的时间线，或图书馆内任何一个观念的影响力网络地图。但是值得注意的是，在联网书籍里，没有哪个作品、哪种观点是独立存在的，所有优秀的、真实和美妙的事情，都是由各个零散部分、相关实体和类似作品交织而形成的网络和生态系统。书籍成为集体编写的产物，关于一本书所展开相关活动——引用、讨论、共享以及超链接，等等，将是协作完成的。

除此之外，图书馆式联网书籍的独特性在于，这是一本永远不会完结的书。它不再是一个文本的纪念物，而是一个过程，一种存储形态。这本书将永远处于不断的编辑、修订之中，就像维基百科不断有人更正、添加词条链接一样。随着网络写作、更正修订、添加更新、修订版获批这些流程的出现，书籍也逐渐成为文字的溪流。

值得关注的是，未来的图书将更加自由化、流动化。现有的电子图书管理机构，无论是Kindle、谷歌还是其他发行商，从版权保护的角度，提供给读者不可再修订的电子阅读物，不允许读者对阅读文本进行任何形式的改动，增加了读者复制、剪切、粘贴阅读作品的难度，限制电子图书的流动性。但图书的真正价值是在读者对图书的注释、标记、摘要、比照、超链接、共享及对话中得以完美展现的。不过，随着互联网技术的发展，电子书的流行性将越来越强，图书的本性将得到更加完美的释放。

最新一代 Kindle 帮助电子书实现了初步的自由化。使用 Kindle 进行阅读时，如果读者遇到了喜欢的文字和段落，点击"高亮"就可以进行标记。读者还可以将阅读中所有"高亮"的段落进行摘取，以便以后重温阅读。随着互联网技术的发展，未来，读者或许可以通过"高亮内容集"实现"精品阅读"。数字化带来阅读信息的鱼龙混杂，精品阅读变得异常困难。但如果借助互联网的大数据技术，在读者允许的情况下，将所有读者的"高亮内容"加以整合聚集，做成"高亮内容集"，便可实现"高亮内容"的可视化共享，这将带来一种新的阅读方式。在这里，读者不仅有机会阅读朋友、学者、专家的高亮读本，更可以有幸看到他们的批注，从而更好更广阔地理解我们所阅读的内容。也许，未来，通过"点击关注"，读者还可以实现"阅读批注"的订阅服务。我们不仅可以追随所喜欢的"阅读明星"的阅读书目，还能通过他们的阅读批注——高亮、笔记、问题和思考，了解他们的阅读心得和阅读情感。这样，阅读的社交性将得到充分的体现。

无论是现在，还是未来，我们都一直在探索最适合电纸书的载体。图书如果从纸质书中解放，那它所需要承载和包容的也会更多。读者喜欢 PDF 文件的简单轻巧，却不喜欢它必须借助软件载体的不便性和死板的外观；读者喜欢 iPad 的多功能性，却不喜欢它像传统书籍一样又大又沉；Kindle 拥有集中注意力的优势，像真实的图书阅读一样，但是人们还是能够挑出各种各样的问题。

未来，真正的难题在于发明出一种"图书"，它能够集中阅读所需要的注意力，促使读者集中精力阅读，且不会因其他干扰而分心。那么，这种"图书"设备应当集软件设计、页面设计、读者观感等为一体，书籍的撰写也将以这些设备为基础。目前乃至未来，无论是 iPad、Kindle，再或者别的新型技术下衍生出来的书籍形式，都将朝着优化阅读体验的方向前进。

电子书方兴未艾，其终极形态尚不可知，但可以肯定，未来的图书与今天的图书会迥然不同。纸质书不会消亡，延续几个世纪甚至更久，完全不是天方夜谭。更可以肯定的是，纸质书更多的会转向艺术品的功能，精致的装订和设计成为主要构成，一如既往的受收藏者青睐，成为人们珍爱的艺术品，更成为质量和传统兼顾的不朽的"珍品"。纸质图书能够使文字真实可见，这是电子书永远无法实现和替代的。尽管阅读有形图书和电子图书在本质上是相同的，都是通过眼睛将书面文字传达给大脑进行思考编码再解码的过程，但是或许，随着互联网信息技术的发展，电子图书能够为读者提供更加丰富多彩、不可估量的阅读体验，如动画文本、超链接文本等。

电子书，将以其丰富多彩的形态，最终定义"阅读"这一概念。

（二）图书出版的未来

屏幕出版，是未来图书出版的主战场。

关于屏幕出版，著名的设计师克莱格·莫德（Craig Mod）认为："事实上，我们应该认为书只是各种关系组成：想法与接受者之间的关系，作者和读者之间的关系，读者和其他读者之间的关系。"詹姆斯·布莱德欧（James Bridle）则从"电子图书即书签"的角度，认为："想象一下这样一个未来，你不是把书借给别人，而把你的书签借给别人。你的笔记、注释和参考资料可以在不同平台和应用程序之间同步，你的书签属于你自己，不管你在哪里或者曾如何读过一本书，这个记录都会被保存下来并且安全的存储起来。"[1]

阅读，准确地来说，是一个过程概念。互联网时代，人们的关注点不

---

1 凯文·凯利．技术元素［M］．张行舟，余倩，等，译．北京：电子工业出版社，2012．

再是静态的图书概念，而是动态的出书过程，从思考、到写作、到编辑、到再写作、再到分享、编辑、阅读、思考，等等，在这个过程中，有些活动并不需要图书这个实体。纸质书，甚至是电子书，都只是图书出版中一个小小的环节。

　　传统的图书出版过程相对比较简单，写作、设计、排版、印刷、发行、营销等环节都融合到未来"图书营销"的过程中。Kindle的出现使图书出版发生质的转变，从某种程度上简化了出版过程，以至于图书出版的门槛降低，混入图书市场的书籍变得参差不齐。一些粗制滥造、仅仅依靠复制粘贴而成的、毫无内涵的图书汹涌而来。这也难怪，注意力是互联网经济的核心，不在乎书的质量，通过精心设计和编排书只要具备吸引点总是能收获更多的关注。在鱼龙混杂的阅读市场，出版一本真正有价值的图书变得更难，也更有价值。

　　假如，未来真正出现了"一本书即一个图书馆"的联网书籍，那么图书的出版又会是什么样呢？图书出版会变成像写博客、发表朋友圈一样常见的东西。就像克莱格·莫德所说的那样，出书激发读者和作者之间的关系，它融合故事、人物、情节、读者、作者等复杂的关系网络，我们有多种编织和解读方法。

　　除此之外，图书出版和屏幕阅读的关系也在模糊。互联网时代，屏幕阅读将成为人们日常生活必不可少的一部分，但读者在屏幕时不仅仅是阅读，还可以同时进行图书出版。互联网推动了阅读方式的延伸，也不断扩展、加速、影响、重新定义着"图书出版"的过程。

　　图书不会终结，"图书出版"更是才刚刚开始。

（三）书店的未来

　　互联网时代，电子书出现，屏幕阅读的发展对实体书店的生存和发展提出了挑战。伴随着互联网发展而成长的新一代读者已经养成电子书阅读、网络购书的习惯。屏幕阅读成为时代的宠儿，存储海量、便携的电子书日益成为时代的主体。除此之外，迫于店面房租、经营税收、人工成本等多方面的压力，实体书店在与网络书店的竞争中惨遭溃败。尽管爱书人士并不承认，但随着网络书店的兴起，实体书店的衰败是个不争的事实，也无法逆转。

然而，这并不意味着实体书店最终会走向灭亡。正如美国知名网络媒体人罗伯特·奈尔斯所说："书店就像很多东西，未必需要，只是想要。"尽管举步维艰，但是互联网时代，书店仍然不会走向穷途末路。好在值得庆幸的是，实体书店早就看到了这一点，通权变达，较早的做出了尝试和努力，重塑书店形象，激发和展现实体书店的不可替代的吸引力和价值：宽敞开阔、格调高雅，带给读者无限的惊喜。在书体书店里停留，已经成为一种独特的人生体验。曾几何时，图书按照特定的名录编排，林立在庄严而又高不可及的书架上，令人望而却步。如今，随着实体书店的转型，书店变成一个温馨舒适的书岛，为读者营造出一个融洽、有氛围的阅读环境。图书分区管理，检索方便，通过精心设计和造型陈列着各式各样的经典读物，吸引着读者的驻足翻阅。在这里，有电脑迷、影迷、体育迷，也有美食家、音乐发烧友、旅游爱好者，亦不乏儿童读者。转型后的实体书店不仅成为读者寻求心灵慰藉、躲避尘世喧嚣的世外桃源，更成为读者发现自我、超越自我的福地洞天。正如全球最大的连锁书店——巴诺书店的创始人兼 CEO 史蒂芬·里吉奥 (Stephen Riggio) 所说："书店是个舞台，而卖书好比剧院。人们到书店来不仅是为了挑选自己喜欢的作品，也是为了消闲娱乐。"

台湾地区的文案女王李欣频在她的《诚品副作用》中写过，"诚品（书店）之于我，与其说是一间书店，不如说是一种态度，一种事件，一种耽溺，一种自恋，一种性格，一种过瘾，一种感染，一种必要。"互联网时代，实体书店制胜的关键在于利用图书本身的文化内涵，通过书店的陈设、阅读环境充分发挥其文化属性。

在很多城市，一些实体书店经过多年来的苦心经营已经成为一个城市的文化艺术中心，一个城市真正的创意文化艺术生活空间。互联网时代，连锁书店的数量会减少，书店不单纯是卖书的地方，实体书店会成为文化娱乐休闲场所。人们希望在实体书店寻求的是一种充满人文气息的生活方式。正如现在的诚品书店的复合式经营模式，将食品、小商品零售等融入在书店之中。但未来的书店更倾向于个性化，细分化，类似于沙龙的效果。人们可以根据自己的喜好选择电影书店、艺术书店、文学书店、音乐书店等。人们可以在书店里跟自己志同道合的人一起讨论喜欢的话题。书店里定期地举行沙龙活动，让人们可以畅所欲言，交流思想。书店从一个交易场所转型成娱乐休闲场所，人们可以全天候的在书店中放松休闲。在未来，实体书店会成为人们生活的一部分，变成一种大家交流交友的公共场所。实体书店不再以卖书为生，一方面实现多元化经营，将经营范围扩展至艺术馆、餐厅、咖啡厅、艺术馆等领域，通过周边文化创意产品的售卖补贴书店经营。二是收取会员费，赚取服务费。互联网时代，在数字化浪潮的冲击下，书店很难成为读者购买读书的场所，但是因其特定的文化属性，具备吸引读者进行文化消费的独特魅力。不同于网络书店，实体书店能够身临其境的空间价值是其宝贵的财富。除了售卖图书，依靠空间环境衍生出来的服务也能成为实体书店的主要经营项目，如阅读沙龙活动等。

"拿着一本自己喜欢的书，闻着咖啡的浓香和茶叶的清香，沐浴着柔和的阳光，坐在充满书卷气的书店中惬意地阅读。"这是传统书店里最美好的画面，而未来的书店将在更加注重读者的阅读体验，加强数字化的融合。"走进一家书店，没有高耸林立的书架，也没有堆落成山的图书。有的是无处不在的开放的无线网络，方便人们随时通过互联网阅读书店存储的各种电子图书、电子报、电子杂志等。只要你在书店里，就能依靠高新科技随便查询书店库存里的阅读资料。"这或许就是书店的未来。

（四）图书馆的未来

图书馆是最古老的机构，但图书馆从来都不是图书仓库，而是学习中心，未来仍将如此。它在知识世界的中心位置赋予它能够同时包容纸质印刷品和电子出版物。图书亦是如此，无论是印刷在纸张上还是存储在电子服务器中，书籍都装载着知识，它的权威绝不仅仅来源于其赖以形成的技术。

博尔赫斯称"天堂就是图书馆的模样"，这句话被后人无数次的引用、流传，无外乎就是认可图书馆"富有文化、威严、非功利、纯粹、平等自由"的文化形象，再加上对其宏伟壮丽、庄严威武外观的尊重。图书馆自带的神圣光环，代表富有文化内涵的、至高无上的荣耀。

互联网时代，数字化浪潮汹涌而至，互联网通信技术、移动智能技术的快速发展，大众教育普及，人们的文化素质水平普遍提高，知识走向大众化、平民化，使得作为知识宝库的图书馆自带的神圣光环日益暗淡。大众无需像过去那样，仰视着图书馆，图书馆也不再遥不可及。随着数字化的全面深入，人们利用图书馆会更加便利，渐渐地，图书馆的神秘感、神圣感就会完全淡化。图书馆数字化的过程，就是其光环淡化的过程。

特别是随着移动互联网技术的发展，智能手机、iPad 等移动终端设备成为一个个可移动的手持图书馆。借助于移动智能设备，各种文化、图书资源将极大的均衡化，知识鸿沟也将逐渐消失。"图书馆为人人，人人有图书馆"不再是一个不切实际的"幻想"。

未来，是图书馆建筑环境和信息环境迅速分化发展的时代。未来图书馆的传统精品收藏和智能数字化功能将"互惠共存"。一方面，图书馆将继续发扬图书存储的功能，特别是精品图书的收藏，通过环境设计和氛围营造，朝着文化馆、博物馆、艺术馆等方向发展。另一方面，图书馆会紧跟时代发展潮流，伴随着图书的数字化而走向数字化、网络化的发展道路。

未来，图书馆将走向数字化。未来的图书馆势必会被专业的数字化阅读器所包围。读者可以借助电子阅读器查阅清晰的电子版珍藏书，轻轻触动屏幕即可翻动书页，做书签笔记，甚至调整显示效果以便做进一步的研究学习。借助互联网，读者能够访问世界上所有的图书馆。尽管目前的技术还不能满足读者对所有图书的阅读需求，但随着电子扫描技术的快速发展，数据录入技能的精进和加速，电子书将实现爆发式增长。网络图书馆将成为人类生活必不可少的一部分。

未来，图书馆将走向空间化。未来的图书馆将充分发挥其空间地理和文化氛围优势，增加与阅读、图书有关的展览项目、交易项目等，朝着文化馆、博物馆、艺术馆等方向发展。甚至可以在互联网的推动下，向"创客空间"发展。图书馆是构建"创客空间"的理想场所。在这里，读者可以根据自己的兴趣，成立兴趣组，聚众交流、探索和发展他们在某一阅读领域的兴趣。

除此之外，随着互联网技术的发展，像3D打印这种高新智能科技也将不断涌现。借助于这些高新智能技术，未来图书馆将更加人性化。如，图书馆将成为有眼睛障碍的读者的阅读天堂。无论是纸质书还是电子书，都不方便盲人阅读，现代图书馆更是于无形中将盲人拒之门外。而借助于3D打印技术，阅读成为可触摸的事情，通过精心设计和人性化关照，未来图书馆将成为盲人的阅读天堂。

未来，图书馆在"变"与"不变"中发展。"变"的是读者的数量，信息的存储容量，信息的承载方式，图书馆的具体形态，管理方式，等等。"不变"的是图书馆的使命——通过构建信息资源体系满足读者不断发展的阅读需求，推动人类文明的发展。"在眼花缭乱的电子图书及其衍生品所构成的未来知识海洋里，一座座纸质图书所组成的文化海岛作为一道道靓丽的风景线从容的竖立着，并时不时散发光芒。"这是所有爱书人士的愿望，当然，这并不是幻想。互联网技术革命给社会各方面带来翻天覆地的变化，但无论未来如何变化，只要人类还需要知识、还需要思考，社会就离不开信息资源体系。阅读的本质不会变，作为人类精神高塔的图书馆就不会消失，建设知识平等自由分享平台的图书馆，未来还任重道远！

未来，除了实体化的图书馆依然存在外，虚拟图书馆也将散发着迷人的光芒。一切，都不只是梦想！

三、阅读的归宿

无须质疑，互联网时代，纸质书不会灭亡，但是阅读会发生"质"的改变。

读者从被动阅读变成无意识的主动阅读，甚至可以更积极、主动的参与到图书的制作、设计与编排当中去。借助超文本链接技术，读者可以自由地在不同的故事情节间转换，重新编排故事情节，从而获得不同的阅读体验。当纸质的图书文本变成实时更新的、互动性更强的、开放式的电子文本时，阅读发生了翻天覆地的变化。每一位读者都能成为作者，原作者及其创作意图变得不再那么重要。总之，电子图书不是孤立的、固定的文本，而是与周边事物相联系的、具有较强可塑性的文本，阅读内容情节的走向有赖于读者的参与和互动才能完成。这一变化超越了传统文学的概念，融探险、表演、创作为一体。

技术不断推动阅读向一个全新且陌生的领域拓展，我们一方面享受阅读变革带来的惊喜，另一方面也更加疑虑：阅读究竟是什么？

法国哲学家、小说家、剧作家让·保罗·萨特回忆说："和柏拉图一样，我更关注知识和关注知识主体，相对于物质世界的现实我更了解意识中的现实。我首先获得的是知识，而它是以物质形态体现出来的，那就是图书。在书籍中，我得以邂逅整个世界，世界是分门别类的，彻底认识他绝非易事。但书是思考与领悟的结晶，很多人都可以通过阅读这一'二手'的方式，间接体验大千世界，丰富自身的。"

阅读以学习为首要目的但不是唯一目的，它调动人类所有的知觉，并利用知觉间的相互感染相互作用，从而成为人类的"超感觉"。通过阅读这种"超感觉"，人类可以创造出与现实世界截然不同的世界。但是这种"超感觉"不是天生具备的，而是需要通过不断学习重构才能够掌握，其能力取决于读者的智力水平和后天的阅读训练。阅读是一种累积的能力。每个人生阶段的进步都以阅读为基础，并为以后的阅读人生不断拓宽道路。博览群书、善为所学，这是更古不变的道理。

全球居住人口的知识文化水平都在不断提高，这意味着阅读永远不可能终结。欧洲、北美、东亚及大洋洲的大部分国家纷纷出台阅读政策并投入巨额国际基金，全力提高全球阅读覆盖率。新的阅读群体不断出现，新的市场不断被创造，新的就业机会不断涌现，世界将真正实现物质、精神、文化、意识方方面面的富裕。

所以，归根到底，阅读只有一种归宿，那就是知识。

解读未来，我们会发现，阅读的未来前景广阔。与考试、就业、工作、晋升等相关的实用性阅读将继续繁荣发展，小说和纪实等文学阅读将会继续跟随文明的步伐前进，体现全球日益加速的文明化、科技化、网络化一体化趋势。

正如五百年前，印刷机推动了阅读的进步，现代互联网技术也将在阅读的发展过程中，发挥举足轻重的作用。科技引领发明，创造服务社会，以盈利为目的的技术创新将一如既往地成为阅读产业发展的原动力。但无论技术如何发展，世界如何变换，都将阅读引向它的最终归宿——知识。而技术的一切进步也无须质疑地归功于人类不同寻常的超感觉——阅读。

主要参考资料

［1］阿里研究院.互联网＋：从 IT 到 DT［M］.北京：机械工业出版社，2015.

［2］安·布莱尔.工具书的诞生：近代以前的学术信息管理［M］.徐波，译.北京：商务印书馆，2014.

［3］彼得·门德尔桑德.当我们阅读时，我们看到了什么［M］.应宁，译.北京：北京联合出版公司，2015.

［4］操菊华，康存辉."云"环境下的全民阅读活动机制研究［J］.武汉纺织大学学报，2014（5）.

［5］曾绚琦.全民阅读的时代意义与实现途径［J］.现代出版，2014（1）.

［6］陈建华.逆网络生存［J］.书屋，2015（3）.

［7］陈杰.BAT 的"文化圈地运动"［N］.北京商报，2014-04-04.

［8］陈梦丽.实体书店的现状与未来［J］.东南传播，2012（3）.

［9］陈曦.实体书店的艰难时刻［J］.中国新时代，2012（3）.

［10］陈颖青.数字出版与长尾理论［M］.北京：华夏出版社，2013.

［11］程竹.独立书店：该以什么理由生存［N］.中国文化报，2014-03-03.

[12] 崔保国.2009年中国传媒产业发展报告［M］.北京：社会科学文献出版社，2009.

[13] 戴维·芬克尔斯坦.书史导论［M］.何朝晖，译.北京：商务印书馆，2012.

[14] 迪昂.脑的阅读：破解人类阅读之谜［M］.周加仙，等，译.北京：中信出版社，2011.

[15] 冯宏声.出版的未来：从"互联网＋"到"内容＋"［J］.出版人，2015（5）.

[16] 葛孟玲.民营实体书店的困境及其改革之路［J］.长春理工大学学报（社会科学版），2012(7).

[17] 谷红.产业视角下中国媒介融合研究的演进路径和核心议题——2005-2009年中国媒介产业融合研究综述［M］.国际新闻界，2010（3）.

[18] 郭全中.2013年广告市场将比去年乐观［J］.新闻界，2013（2）.

[19] 郭亚军.基于用户信息需求的数字出版模式［M］.北京：世界图书出版公司，2010.

[20] 洪九来，蔡菁."活着还是死去"：拷问实体书店的生与死［J］.编辑学刊，2012（1）.

[21] 洪玉华.第十二次全国国民阅读调查结果发布我国成年国民图书阅读率为58%［N］.中国新闻出版报，2015-04-21.

[22] 胡燕磊."报纸消亡论"视角下报媒的生存路径探析［D］.重庆：重庆大学，2013.

[23] 花培娟.论实体书店的发展与未来［J］.神州民俗(学术版)，2012（1）.

[24] 霍学文.新金融，新生态［M］.北京：中信出版社，2015.

[25] 贾森·爱泼斯坦.图书业［M］.杨贵山，译.北京：中国人民大学出版社，2006.

[26] 蒋国兴.我们选择拥抱互联网［J］.传媒评论，2014（1）.

[27] 蒋艳平,姚广军.实体书店的经营困境、原因及出路分析[J].经营管理者,2013(21).

[28] 杰拉尔德·格罗斯.编辑人的世界[M].齐若兰,译.北京:新星出版社,2014.

[29] 卡斯多夫.哥伦比亚数字出版导论[M].徐丽芳,刘萍,译.苏州:苏州大学出版社,2007.

[30] 凯文·凯利.技术元素[M].张行舟,余倩,等,译.北京:电子工业出版社,2012.

[31] 凯文·凯利.失控:全人类的最终命运和结局[M].东西文库,译.北京:新星出版社,2007.

[32] 匡文波.纸质媒体还有明天吗[J].现代传播,2004(4).

[33] 黎万强.参与感:小米口碑营销内部手册[M].北京:中信出版社,2014.

[34] 李广超,李欣.中国传统出版企业的数字化转型[N].今传媒,2014(12).

[35] 李桂君.实体书店的功能分类及其发展分析[J].中国出版,2014(21).

[36] 李善友.互联网世界观:思维的起点,商业的引爆点[M].周涛,译.北京:机械工业出版社,2015.

[37] 李新祥.全民阅读推广"热"的"冷"思考[J].出版广角,2013(7).

[38] 刘丹.我国传统出版向数字出版转型的困境与出路[J].现代交际,2015(3).

[39] 刘佳.7年不融资:掌阅的4.8亿用户是怎么来的[N].第一财经日报,2015-04-24.

[40] 刘蒙之.中国民营书业发展的多维历史情境分析[J].现代出版,2012(3).

［41］刘奇葆．加快推动传统媒体和新兴媒体融合发展［N］．人民日报，2014-04-23．

［42］刘颖悟，汪丽．媒介融合的概念界定与内涵解析［J］．传媒，2012（1）．

［43］刘志伟．移动阅读多极格局出版社面临合作新抉择［N］．中国出版传媒商报，2014-04-04．

［44］陆一．不能眼睁睁看着实体书店倒掉［J］．中国出版传媒商报，2011（1）．

［45］罗伯特·达恩顿．阅读的未来［M］．熊祥，译．北京：中信出版社，2011．

［46］罗杰·夏蒂埃．书籍的秩序［M］．吴泓缈，张璐，译．商务印书馆，2013．

［47］马化腾，张晓彤．加强网络版权保护需行政与司法联动［N］．人民法院报，2015-03-07．

［48］马化腾．互联网＋：国家战略行动路线图［M］．北京：中信出版社，2015．

［49］马李灵珊．iPad将带来什么［J］．南方人物周刊，2010(13)．

［50］马修·巴特尔斯．图书馆的故事［M］．赵雪倩，译．北京：商务印书馆，2013．

［51］尼古拉斯·卡尔．浅薄：互联网如何毒化了我们的大脑［M］．刘纯毅，译．北京：中信出版社，2010．

［52］芮哲非．谷腾堡在上海：中国印刷资本业的发展（1876-1937）［M］．张志强，译．北京：商务印书馆，2014．

［53］邵培松．传统媒体和新兴媒体融合发展路径刍议［J］．新闻世界，2015（2）．

［54］慎海雄．遵循新闻传播规律抢占媒体融合制高点——新华社媒体融合发展的实践与思考［J］．新闻与写作，2014（11）．

[55] 史蒂文·罗杰·费希尔. 阅读的历史 [M]. 李瑞林, 译. 北京: 商务印书馆, 2009.

[56] 斯蒂芬·克拉生. 阅读的力量 [M]. 李玉梅, 译. 乌鲁木齐: 新疆青少年出版社, 2012.

[57] 唐金龙. 新形势下媒体融合变迁初探 [J]. 新闻研究导刊, 2014 (18).

[58] 唐金龙. 新形势下媒体融合变迁初探 [M]. 新闻研究导刊, 2014 (18).

[59] 田雨. 民营工作室: 破产化蝶的前景 [J]. 编辑之友, 2009 (5).

[60] 汪耀华. 中国书业30年成长历程 [J]. 编辑之友, 2008 (6).

[61] 王吉斌. 互联网+: 传统企业的自我颠覆、组织重构、管理进化与互联网转型 [M]. 北京: 机械工业出版社, 2015.

[62] 王勇. "报纸正在消亡"吗? ——对近八年世界日报发行量前100名的比较研究 [J]. 新闻界, 2010 (5).

[63] 维克托·迈尔·舍恩伯格. 大数据时代: 生活、工作与思维的大变革 [M]. 杭州: 浙江人民出版社, 2013.

[64] 魏骅. 八大互联网平台共同发布保护原创版权声明 [N]. 中国新闻出版报, 2015-03-17.

[65] 吴海珍. "碎片化"阅读的时代审视和理性应对 [J]. 河南图书馆学刊, 2014 (3).

[66] 吴周吉. 我国实体书店存在的问题及对策研究 [J]. 编辑之友, 2012 (11).

[67] 谢新洲. 数字出版技术 [M]. 北京: 北京大学出版社, 2002.

[68] 薛金福, 李忠玉. 互联网+: 大融合与大变革 [M]. 北京: 中国经济出版社, 2015.

[69] 严利华. 媒介融合背景下的公众阅读与出版转型 [J]. 出版发行研究, 2014 (12).

[70] 杨凌星.报纸消亡,为时尚早——对"报纸消亡论"的梳理和思考[J].新闻世界,2015(4).

[71] 郑万青.论电子书的三大法律挑战[J].中国出版,2013年(23).

[72] 周蔚华.后现代阅读方式的兴起与出版转型[J].中国人民大学学报,2007(1).

[73] 周正兵.实体书店的外部性与文化生态补偿——兼论实体书店倒闭现象及其应对[J].中国出版,2011(11).

后　记

　　人类文明的进步总是与阅读同在。有人把互联网当作继造纸术、印刷术后的第三次阅读革命。信息化、网络化、全球化的发展趋势，一方面给阅读产业带来难得的发展机遇，另一方面也使阅读产业遇到了前所未有的挑战。《互联网时代的阅读产业》重点研析互联网时代阅读产业的发展问题。互联网时代，新旧媒体融合不可逆转，全民阅读上升到国家战略高度，移动APP"你方唱罢、我方登场"，使得阅读技术、阅读媒介、阅读终端、阅读内容、阅读方式和阅读习惯发生了翻天覆地的变化。尽管关于纸质书、实体书店等的讨论从未间断，但是"阅读无时不在，阅读无处不在"已达成共识。未来，阅读产业将朝着更加光明、璀璨的道路前进。

　　本书汇聚了中国传媒大学文化发展研究院师生的集体智慧和辛勤劳动。全书写作分工如下：第一、二、三、八章由蒋多、杨矞负责，第四、五、六章由蒋多、李明负责，第七章由蒋多、杨娜和邓晴月负责。全书写作过程历时半年多，经历了资料整理和汇集、前期调研、提纲撰写、形成初稿、结构调整、编辑校对、查重送审等过程。其中，召开研讨会数十次，进行了4次大规模的修订，8次校对，3次查重，归根结底是希望将高质量的书稿奉献给读者。

感谢中国传媒大学文化发展研究院范周院长及全院各位老师在本书撰写过程当中提供的真知灼见；感谢中国传媒大学文化发展研究院2014级硕士研究生李明、杨娜、邓晴月三位同学，他们收集、整理、翻译了大量的国内外数据资料和相关案例，并对书稿的写作付出了巨大的努力；特别感谢中国新闻出版研究院魏玉山担任本书的专家审读人，他认为本书是目前为止对数字化、网络化环境下阅读行为进行全景式描述的系统著作，给予了我们莫大的鼓舞和继续研究的动力；感谢知识产权出版社编辑卢媛媛在本书的编校过程中提出了许多重要的意见和建议。

无须讳言，本书有很多大胆的假设和创新的概念，由于时间和能力所限，不当之处在所难免，敬请各位读者批评指正。

2015年11月